Claude Steiner

In Zusammenarbeit mit Paul Perry

Emotionale Kompetenz

Aus dem Amerikanischen von
Susanne Hornfeck

Carl Hanser Verlag

Titel der Originalausgabe:
Achieving Emotional Literacy
Avon Books, New York 1997

1 2 3 4 5   01 00 99 98 97

ISBN 3-446-19130-5
© 1997 by Claude Steiner and Paul Perry
Alle Rechte der deutschen Ausgabe:
© Carl Hanser Verlag München Wien 1997
Satz: Filmsatz Schröter GmbH, München
Druck und Bindung:
Franz Spiegel Buch GmbH, Ulm
Printed in Germany

Meiner Mutter Valery

Inhalt

Einleitung
Seite 9

– 1 –
Was ist emotionale Kompetenz?
Seite 21

– 2 –
Wie man emotionale Bewußtheit erlangt
Seite 41

– 3 –
Emotionale Kompetenz erwerben
Seite 70

– 4 –
Erste Phase
Das Herz öffnen
Seite 79

– 5 –
Zweite Phase
Die Gefühlslandschaft erkunden
Seite 106

– 6 –
Dritte Phase
Verantwortung übernehmen
Seite 141

– 7 –
Liebe, Elternschaft und Arbeitswelt
Seite 186

– 8 –
Der Gefühlskämpfer
Seite 219

– 9 –
Ein Wort zum Schluß
Seite 237

Anmerkungen für Philosophen
Seite 239

Literatur
Seite 251

Dank
Seite 253

Hinweise
Seite 256

Einleitung

Wir alle kennen diese dramatischen Erlösungsgeschichten: Der hoffnungslose Alkoholiker, der von der Flasche loskommt und keine Mühe scheut, anderen Abhängigen zu helfen; der Mann, der seine Frau prügelte und sich jetzt für Frauenhäuser einsetzt, oder der rücksichtslose Kapitalist, der zum Menschenfreund wird und die Geschäftswelt mit seinen moralischen Grundsätzen reformieren möchte. Auch meine Geschichte gehört in diese Kategorie. Es ist die Geschichte eines Mannes, der sich vom einen Ende der emotionalen Skala zum anderen bewegt hat und dem klar wurde, welche Kraft man aus dem kompetenten Umgang mit Gefühlen ziehen kann.

Als weißes männliches Wesen europäischer Herkunft wuchs ich in Mexico City zum waschechten »Macho« heran. Ich ignorierte nicht nur meine eigenen Gefühle, sondern auch die meiner Mitmenschen. Rückblickend muß ich sagen, daß ich mit meinem fühllosen Verhalten viele verletzt habe. Zu allem Übel war ich Naturwissenschaftler, und von dieser Zunft erwartet man Abgeklärtheit und objektives, von keinem Gefühl beeinflußtes Denken. Und man möchte meinen, daß es Interesse an menschlichen Gefühlen war, was mich dazu brachte, Psychologie zu studieren. In Wirklichkeit hatte mein Interesse an der Psychologie aber mit dem Glauben zu tun, ich könnte damit Macht über Menschen gewinnen, um ihnen so zu helfen, aber auch, um sie an den Pranger zu stellen. In meiner Ausbildung als Psychologe mußte ich lernen, einem Frosch bei lebendigem Leib einen Draht in die Wirbelsäule zu rammen, um seine Nervenstränge zu zerstören. Ich redete mir während solch grausamer Prozeduren ein, daß ich meinen Abscheu unterdrücken müsse, wenn ich ein guter Wissenschaftler werden wollte.

Später arbeitete ich an einem Experiment mit Ratten, die ausgehungert wurden, um ihre Reaktion auf dauerhaften Nahrungsentzug zu testen. Die Ausbildung führte dazu, daß ich meine eigenen Gefühle und die Gefühle anderer nur um so konsequenter ignorierte. Leider muß ich gestehen, daß dies ganz besonders für die Frauen in meinem Leben galt.

Wie wirkte sich diese grundlegende emotionale Inkompetenz aus? Ich sehe mich in dieser Phase meines Lebens als jemanden, der zwar flüchtige Leidenschaften, aber keine wirklichen Bindungen hatte, der im Umgang mit seinen Mitmenschen wenig Respekt, Reue oder Schuldbewußtsein zeigte. Ich konnte keine dauerhafte Freude empfinden und erinnerte mich an keinen einzigen meiner Träume. Ich weinte nie. Obgleich ich über einen beträchtlichen IQ verfüge, war ich, so muß man es heute sehen, ein emotionaler Idiot, ein junger Mann mit einem ausgesprochen niedrigen EQ.

Emotionen und persönliche Macht

Es war ein langer Weg, bis ich zu dem wurde, der ich heute bin. Erst in den späten sechziger Jahren lernte ich meine eigenen Gefühle kennen, oder besser, ich stieß auf sie wie der Entdecker auf ein exotisches Land. Ich war fasziniert und gefesselt von der Gefühlslandschaft, die sich in mir auftat und mich umgab, und beschloß, Emotionen zum Gegenstand meiner psychologischen Arbeit zu machen. Auch wenn ich heute besser über menschliche Gefühle Bescheid weiß als damals, so bleibt noch vieles unklar. Doch die Suche nach einem tieferen Verständnis jener Bereiche scheint mir lohnenswert, und ich ziehe Freude und Kraft aus dieser Aufgabe.

In unserer modernen Gesellschaft setzen wir Macht häufig mit der Kontrolle über Menschen und/oder Maschinen gleich. Stellt man sich eine Person mit großer Machtfülle vor, dann ist das in der Regel ein Industriemanager oder ein skrupelloser Politiker, und nur in den seltensten Fällen ist es eine Frau. Wir sehen etwa das Bild eines Spitzensportlers – zum Beispiel einen Baseball- oder Basketballspieler –, der ungeheure Summen verdient, tolle Autos fährt und sich mit Traumfrauen umgibt. Der verbindliche Donald Trump, der unerschütterliche William Buckley, der umgängliche und gelassene Michael Jordan und der arrogante Charles Barkley – solche Menschen vermitteln uns den Eindruck, daß der Mächtige seine Gefühle immer im Griff hat. Wir beobachten an ihnen eine eindrucksvolle Körperbeherrschung und emotionale Gelassenheit, die wir mit Macht gleichzusetzen gewohnt sind.

Die meisten Menschen werden eine solche Macht niemals erlangen, sie sind auch gar nicht darauf aus. Die meisten wünschen sich aber, persönliche Macht zu besitzen, die aus befriedigenden Beziehungen und fruchtbarer Arbeit erwächst.

Emotionale Kompetenz ist ein Lebenselixier von persönlicher Macht. Interaktionen in der Welt von heute sind nur zu oft mit Zynismus belastet und immer in Gefahr, sich in Angst und Schwäche zu verwandeln. Die immer wieder gemachte Erfahrung, in zwischenmenschlichen Beziehungen zu scheitern, ist die Quelle für Hoffnungslosigkeit und Depression. Wenn dann unsere privaten Interaktionen, zu Hause, mit Freunden oder Arbeitskollegen, vielversprechend und wechselseitig befriedigend verlaufen, dann fühlen wir uns ermutigt und optimistisch. Unsere Lebensfreude, unsere Kampfbereitschaft, unsere Energie wachsen. Emotionale Kompetenz garantiert keinen Zugang zu unbegrenzten Reichtümern, aber sie macht es möglich, daß Gespräche, Kontakte mit anderen Menschen und Partnerschaften uns mit reichen Geschenken belohnen.

Erweitert jemand seine emotionale Kompetenz, so wird er erfahren, daß er mit seinen Gefühlen anderen Kraft geben kann. Emotionale Kompetenz ist der Schlüssel zu persönlicher Macht, denn Gefühle als solche sind machtvoll. Läßt man sie für sich arbeiten, statt gegen sie anzukämpfen, werden sie einem Kraft verleihen. Das ist es, was ich in meinen Trainingsprogrammen immer wieder zu vermitteln suche.

Was war es nun, das mich mit meinen eigenen Gefühlen konfrontiert hat? Zwei Menschen, die im Abstand von sieben Jahren in mein Leben traten und mir danach eng verbunden blieben, haben diese Veränderung bewirkt: Ein Psychiater und eine feministische Partnerin. Beide Begegnungen waren von jener seltenen Art, wo es zwei Menschen auf Anhieb gelingt, die Kluft zwischen sich zu überbrücken.

Lebensverändernde Begegnung

Die erste große Veränderung brachte der fünfundvierzigjährige Psychiater Eric Berne in mein Leben. Er hatte damals gerade seine Ausbildung zum Psychoanalytiker am Mount-Zion-Krankenhaus in San Francisco wegen Differenzen mit seinem Analytiker abgebrochen und erprobte eigene Wege, die ihn von der traditionellen Psychoanalyse wegführten und die später als Transaktionsanalyse bekannt werden sollten.

In seiner Wohnung unweit von Chinatown traf er sich jede Woche mit einer kleinen Gruppe seiner Anhänger.

Ein Freund nahm mich zu einer dieser Zusammenkünfte mit. Was Berne zu sagen hatte, interessierte mich, und bald war ich in die angeregte Diskussion verwickelt. Nach der Sitzung lud Berne mich ein, wiederzukommen, was ich gerne tat. Danach habe ich bis zu seinem Tod 1971 kaum eines dieser Treffen versäumt. Ich wurde sein Schüler, und er hat mich am Entstehen seiner Theorie teilhaben lassen.

Diese Theorie ist die Transaktionsanalyse, eine Technik zur Erforschung zwischenmenschlicher Beziehungen, die zu erfassen sucht, was genau sich bei einer Interaktion abspielt. Es handelt sich um eine einfache, aber wirkungsvolle Methode, mit der man untersucht, wie Menschen miteinander umgehen und wie sie ihre Verhaltensfehler korrigieren. Das war eine entschlossene Verabschiedung der traditionellen Psychoanalyse, die sich darauf konzentriert hatte, was im Innern von Menschen geschieht, nicht auf die Beziehungen zwischen ihnen. Die radikalste Idee von Berne war es aber, daß es tatsächlich möglich sei, Menschen bei ihren emotionalen Problemen zu helfen, indem man ihnen zeigt, wie sie auf die unterschiedlichste Weise in ihren sozialen Beziehungen interagieren sollen, und nicht dadurch, daß man ihnen zu verstehen hilft, weshalb sie emotional gestört sind.

Damals galt unser Augenmerk eigentlich gar nicht den Gefühlen; wir wollten zwischenmenschliche Vorgänge mit rationalen Methoden analysieren, und ihre emotionale Seite schien uns dabei völlig irrelevant. Dennoch ist das Training zur emotionalen Kompetenz ohne die Berneschen Konzepte nicht denkbar. Zum einen verdanke ich Berne das Konzept des »Natürlichen Kindes«, der Quelle unseres emotionalen Seins, auf das ich später noch eingehen werde.

Das Kindheits-Ich ist einer der drei Aspekte einer Persönlichkeit, die Berne bei seiner Arbeit als Psychiater entdeckt hat. Die beiden anderen sind das Eltern-Ich und das Erwachsenen-Ich. Er nannte diese drei Teile der normalen Persönlichkeit Ich-Zustände und zeigte uns, wie wir jeweils aus einem dieser drei Zustände heraus agieren.

In jedem Buch über Transaktionsanalyse werden Sie diese drei Ich-Zustände beschrieben finden. Hier soll es genügen, zu sagen, daß das Kindheits-Ich der kreative, emotionale Teil unseres Selbst ist; das Erwachsenen-Ich funktioniert wie ein rationaler »menschlicher Computer«, und das Eltern-Ich ist einem Set von bespielten Bändern vergleichbar, auf denen Einstellungen zu unseren Mitmenschen und zum Leben überhaupt vorprogrammiert sind.

Berne hielt uns dazu an, auf die »sozialen Transaktionen« zwischen Menschen zu achten und darauf, aus welchen Ich-Zuständen heraus jeweils agiert wird. Das System der Transaktionsanalyse beruht nämlich auf der Annahme, daß man alles über einen Menschen erfahren kann, indem man seine oder ihre Ich-Zustände in der Interaktion mit anderen beobachtet.

Ein weiteres, ebenfalls von Berne stammendes Konzept ist etwas, das wir mit »Stroke« bezeichnen wollen.* Jemandem einen »Stroke« geben heißt, so wie wir den Begriff hier verwenden werden, jemandem seine Zuneigung ausdrücken. Wenn ich zu einer Person sage, »Du siehst aber heute gut aus«, dann gebe ich ihr einen »Stroke«. Dasselbe geschieht, wenn Sie ihrem Kind liebevoll auf die Schulter klopfen oder Ihrem Partner aufmerksam zuhören. Strokes können also körperlicher oder verbaler Natur sein und gelten als Grundeinheiten der Anerkennung.

Diese und andere Konzepte bildeten den theoretischen Ausgangspunkt für meinen nächsten Schritt: die Erforschung von Emotionen und emotionaler Kompetenz mit den Methoden der Transaktionsanalyse.

Zum Fühlen gezwungen

Ich hätte diese Verbindung zwischen Transaktionsanalyse und emotionaler Kompetenz sicher nie hergestellt, hätte 1969 nicht eine andere folgenreiche Begegnung mein Leben verändert und mich in die Welt der Gefühle gestürzt. Fast über Nacht begann die tiefe Beziehung mit der Feministin Hogie Wyckhoff, und in den folgenden sieben Jahren hat diese Frau mir die emotionalen Grundlagen des Feminismus nahegebracht. Sie forderte von mir, meine Gefühle offenzulegen, sie mir selbst einzugestehen und zu sagen, was ich wirklich wollte; vor allem aber lernte ich bei ihr, aus vollem Herzen »Ich liebe dich« zu sagen.

Es fiel mir nicht leicht, diesen Anforderungen zu genügen; sie stellten mich vor enorme Schwierigkeiten, aber Hogies liebevolle, aufmerksame Anleitung bewirkte einen radikalen emo-

---

* Der Begriff *stroke*, im Deutschen: Hieb, Streich, Schlag, Stoß, hat in die transaktionsanalytische Praxis Eingang gefunden. Eine deutsche Übersetzung nähme diesem Begriff seine charakteristische Bedeutung. So wie es mit dem Begriff »Streß« gang und gäbe ist, könnte auch mit »Stroke« verfahren werden. (Anm. d. Übers.)

tionalen Durchbruch. Es war harte Arbeit für sie, und am Ende gab sie auf. Aber als sie mich verließ, war ich ein anderer Mensch.

Ich traf Hogie, während ich an der Free University of Berkeley einen Kurs in Radikaler Psychiatrie gab. Später haben wir beide dann (zusammen mit anderen, die in der Danksagung erwähnt werden) das RAP Center an der Berkeley Free Clinic gegründet. RAP steht für »radical approach to psychiatry«.

Wir eröffneten eine Reihe von Kontaktgruppen, in denen wir den Teilnehmern vermittelten, wie man Transaktionsanalyse auf kooperative Beziehungen anwenden kann. Die vielleicht wichtigste Kontaktgruppe, die aus dieser Arbeit hervorgegangen ist, nannte sich »Stroke City – Freiraum zum ungehinderten Ausdruck der Liebe«. Dort haben wir Methoden entwickelt, mit denen man emotionale Kompetenz lernen kann. Ihr Ziel ist es – wie in Kapitel 4 beschrieben –, das Herz zu öffnen.

Dreimal wöchentlich versammelte sich »Stroke City« in einem großen Raum im RAP Center.

Dort konnte man Strokes geben und Strokes empfangen, man konnte welche einfordern, ja sogar sich selber mit Strokes versorgen. Ein Gruppenleiter überwachte jede Transaktion. Seine Aufgabe war es, die Qualität der ausgeteilten Strokes zu beurteilen, sicherzustellen, daß sie angenommen wurden, und falls nötig auch korrigierend in eine Transaktion einzugreifen.

Bei diesen Treffen sollten die Leute lernen, in einer harten und von Konkurrenzkampf bestimmten Welt liebevoll und kooperativ miteinander umzugehen. Bald stellte sich bei den Sitzungen ein unerwarteter Nebeneffekt ein. Es kam häufig vor, daß sich die Teilnehmer nach einigen Stunden im Raum umsahen und wörtlich erklärten, alle dort Anwesenden zu lieben. Fast alle von ihnen verließen die Sitzung leichten Schritts und mit einem Leuchten im Gesicht. Es war offenkundig, daß diese Übungen nicht ohne Wirkung auf die Liebesfähigkeit der Teilnehmer blieben. Diese Einsicht bildete den Ausgangspunkt für das Training zur emotionalen Kompetenz.

Der »Kritische Elternteil« wird entdeckt

Bei den Sitzungen in »Stroke City« wurde auch die Wirkungsweise des allgegenwärtigen »Kritischen Elternteils« entdeckt. Dieser »Kritische Elternteil« (oder das »Elternschwein«, wie wir es damals nannten) ist der verinnerlichte Tyrann, die Stimme in unserem Kopf, die uns daran hindert, von uns selbst und von anderen eine gute Meinung zu haben.

Wenn zum Beispiel einige der Gruppenteilnehmer einen positiven Stroke geben oder empfangen wollten, dann konnten sie in ihrem Kopf im wahrsten Sinne des Wortes »Stimmen hören«, die sie mit den unterschiedlichsten Begründungen daran zu hindern suchten. In offener oder verbrämter Form redeten diese Stimmen ihnen sogar ein, daß sie häßlich, dumm, schlecht oder verrückt seien, wenn sie sich an diesen seltsamen Übungen beteiligten.

Wir fanden heraus, daß nahezu jeder einen solchen Tyrannen in sich trägt, der ihn einzuschüchtern und schlechtzumachen versucht. Wenngleich Berne diesen inneren Feind mit dem Erwachsenen-Ich in Verbindung brachte, so muß der Kritische Elternteil nicht notwendigerweise mit unseren leiblichen Eltern zu tun haben. Er setzt sich vielmehr aus all den Herabsetzungen zusammen, die wir als Kinder erfahren haben, wenn man versucht, uns zu kontrollieren und zu manipulieren. Man muß ihn sich vorstellen wie ein bespieltes Band, das die Gedanken und Meinungen der anderen aufgezeichnet hat. Dabei müssen wir uns immer vor Augen halten, daß dieses Tonband leiser gestellt oder ausgeschaltet werden, ja sogar gänzlich aus unserem Leben entfernt werden kann.

Jeder von uns hat Anerkennung nötig, aber dennoch kann es bei Leuten, die einen Stroke geben, einfordern oder empfangen wollen, zu ernsthaften Krisen des Selbstwertgefühls und manchmal sogar zu extremer Angst und zu Selbsthaß kommen.

Zu einigen von ihnen sagt die Stimme dann »Du bist egoistisch, du hast dieses Lob gar nicht verdient« oder »Das ist doch Unsinn, du wirst dich damit nur lächerlich machen, halt lieber den Mund«; andere empfinden eine unbestimmte Angst, wenn sie Strokes empfangen oder austeilen. Fast jeder wird von solchen inneren Stimmen eingeschüchtert, die einen immer wieder verleumden und vor allem da treffen, wo man besonders verletzlich ist. Ein wichtiger Teil der Arbeit in »Stroke City« – und in jedem Training der emotionalen Kompetenz – besteht darin, diesen Zerstörer unserer Selbstachtung zu erkennen und niederzuzwingen.

Meine Erfahrungen in »Stroke City« führten noch zu vielen derartigen Einsichten in die Welt der Gefühle. Ich stellte zum Beispiel fest, daß die Mehrzahl der Teilnehmer gern in die Gruppe kam und sich gut fühlte, daß es aber immer auch einige Unzufriedene gab; sie fühlten sich ausgeschlossen, ängstlich oder verletzt. Das veranlaßte mich dazu, jede Sitzung mit einer Übereinkunft zu eröffnen, die die Gruppenaktivitäten absichern sollte. Ich nannte sie den »Kontrakt zur Kooperation«, und sie sollte die Teilnehmer vor Machtspielchen und Lügen schützen. Außerdem war darin die Versicherung enthalten, daß jeder nur das tun würde, was er auch wirklich tun wollte, und sie versprach, daß der Gruppenleiter keine Transaktion zuließ, die vom Kritischen Elternteil ausging.

Nachdem ich diesen Kontrakt eingeführt hatte, verringerte sich die Zahl der Unzufriedenen deutlich, und ich habe diese beruhigende und vertrauensbildende Regelung als wichtigen Bestandteil in meine heutigen Trainingsprogramme aufgenommen. Sie bilden den Rahmen für die gelegentlich angsterregende und schwere Arbeit, die wir leisten müssen, wenn wir Gefühle zulassen und in unser Leben integrieren wollen.

Verfeinerte Erfahrung

Das RAP Center in Berkeley löste sich auf, aber die Erfahrungen aus »Stroke City« sind in meine Workshops für emotionale Kompetenz eingegangen. Im Lauf der zwanzig Jahre, die ich diese Workshops mittlerweile schon abhalte, konnte ich die Methoden aus den sechziger Jahren verfeinern und ausbauen.

So habe ich zum Beispiel bei der Arbeit mit Geisteskranken erfahren, daß Paranoia sich in der Regel um ein Körnchen Wahrheit herum aufbaut, wie die Perle um ein Sandkorn. In der Schulpsychiatrie begegnet man dieser Form der Angst, indem man sie Schritt für Schritt widerlegt und als Projektion entlarvt. Wenn also David überzeugt ist, daß Maria ihn haßt, wird die traditionelle Psychiatrie annehmen, daß David in Wirklichkeit Maria haßt und seinen eigenen Haß auf sie »projiziert«. Meiner Meinung nach befördert ein solches Vorgehen die Paranoia eines Patienten, anstatt sie zu heilen. Wir dagegen versuchen, Bestätigungen für das paranoide Empfinden von David zu suchen. Diese Methode geht auf die Arbeit des schottischen Psychiaters R. D. Laing zurück, der aufzeigt, daß wir Menschen erst zu geistigen Invaliden machen, indem wir ihre Erfahrungen oder Sehweisen abwerten und negieren. Sobald das besagte Körnchen Wahrheit in der paranoiden Phantasie ans Licht kommt, zeigt sich nämlich nach unserer Erfahrung, daß die jeweilige Person ihre paranoiden Vorstellungen in aller Regel überwinden kann. Wenn also Maria zugibt, daß ihr Davids Schlamperei tatsächlich auf die Nerven geht, muß dieser nicht mehr zwanghaft glauben, von ihr gehaßt zu werden. David sieht ein, daß sein Gefühl eine paranoide Übersteigerung war. Er hat eine bestimmte negative Empfindung Marias herausgepickt und sie über Gebühr aufgebauscht.

Ronald Laing fand heraus, daß selbst ein völlig gesunder Mensch an seinem Geisteszustand zu zweifeln beginnt, sobald man seine Wahrnehmung in Frage stellt. Statt dessen versuchen wir, die Wahrnehmung des anderen ernst zu nehmen und seine Vorstellung als vernünftig und nicht als verrückt zu betrachten. Im Gegensatz zum Ansatz der Schulpsychiatrie, die das Problem teilweise erst schuf, führte unser Vorgehen zu wirksamen Lösungen.

Falls, um ein weiteres Beispiel zu bringen, Junes Ehemann Chris sich von einer Nachbarin angezogen fühlt, wird June sicherlich Anzeichen seiner heimlichen Verliebtheit bemerken. Wenn sie ihm daraufhin ihre Befürchtungen immer wieder vorhält und er ebenso standhaft abstreitet, dann können sich ihre intuitiven Ängste zur Paranoia auswachsen.

Statt also einer Person ihre ungerechtfertigten Ängste vorzuhalten, sollte man jenes Körnchen Wahrheit suchen, das in jeder paranoiden Phantasie steckt. Hat man es, so klein es auch sein mag, erst einmal aufgespürt, kann man eine solche Beziehung von Angst und Verweigerung befreien und zu Verständigung, Feedback und Offenheit zurückführen. Deshalb habe ich fortan davon gesprochen, daß Paranoia erhöhtes Bewußtsein ist.

EQ in der Praxis

Diese und andere Methoden zum Training der emotionalen Kompetenz setzen Aufrichtigkeit, Vertrauen und den Wunsch nach Veränderung voraus. Im Lauf der vielen Jahre, die ich an diesen Techniken gearbeitet habe, habe ich sie auch auf mich angewandt und meine Familie, Freunde und Mitarbeiter dazu ermutigt, sie zu übernehmen. Ich habe Bücher geschrieben, Vorlesungen gehalten und Workshops veranstaltet, und während dieser Arbeit hat sich mein »EQ« immer weiter entwickelt. Ich habe gelernt, wie ich ohne Hemmungen Liebe und Zuneigung geben und empfangen kann; ich lege mir Rechenschaft über meine Gefühle und den Grund ihres Entstehens ab; ich bin mir selbst gegenüber ehrlich und gehe nicht mehr automatisch in die Defensive, wenn jemand mir gegenübertritt; auch habe ich gelernt, meine Fehler einzugestehen und mich aufrichtig dafür zu entschuldigen. Am wichtigsten ist jedoch die Erfahrung, daß meine emotionalen Möglichkeiten ausbaufähig sind und ich meine emotionale Kompetenz immer noch erweitern kann.

Einer der häufigsten Strokes, die ich von Freunden und Trainingsteilnehmern bekomme, bestätigt mir, daß ich lebe, was ich lehre, daß mein Verhalten sich mit meinen Theorien deckt. Das heißt nicht, daß ich bereits vollkommene emotionale Kompetenz erreicht hätte, sondern nur, daß ich auf dem richtigen Weg bin und gut dabei vorankomme.

Die Kapitel, die Sie nun lesen werden, enthalten ein anerkanntes Trainingsprogramm zur Entfaltung Ihrer emotionalen Kompetenz. An mir und an anderen habe ich beobachten können, daß es funktioniert. Daher bin ich sicher, daß es auch bei Ihnen funktionieren kann.

I

Was ist emotionale Kompetenz?

Drei Fähigkeiten sind gemeint, wenn wir von emotionaler Kompetenz sprechen: die Fähigkeit, die eigenen Gefühle zu verstehen, die Fähigkeit, anderen zuzuhören und sich in deren Gefühle hineinzuversetzen, und die Fähigkeit, Gefühle sinnvoll zum Ausdruck bringen.

Ein emotional kompetenter Mensch ist in der Lage, mit Gefühlen so umzugehen, daß sie seine Persönlichkeit stärken und die Lebensqualität in seiner Umgebung verbessern.

Und für jeden von uns gibt es etwas zu lernen, wenn es um Gefühle geht. Einige Menschen haben bereits nach der Pubertät ein hohes Maß an emotionaler Kompetenz erreicht, aber es gibt wohl kaum einen, der sich nicht noch verbessern könnte. Wir alle machen im Umgang mit Gefühlen gelegentlich etwas falsch, deshalb können wir alle von einem emotionalen Kompetenztraining profitieren.

In den vielen Jahren, die ich solche Trainingsprogramme nun schon durchführe, habe ich Hunderten von Menschen dabei geholfen, ihre emotionale Intelligenz zu erweitern. Ich konnte immer wieder beobachten, wie das Wort »Gefühl« bei vielen anfänglich großes Unbehagen hervorrief. Dies gilt besonders für Männer. Viele von ihnen fürchten, daß durch das Zulassen von Gefühlen tief verborgene, schmerzliche Geheimnisse ans Licht kommen könnten, und meinen, durch ein solches Training etwas von ihrer Macht im Privat- und Arbeitsleben einzubüßen.

Die Macht der Gefühle

Natürlich kann man nicht sagen, daß Gefühle Macht bedeuten. Sie sind ein wesentlicher Bestandteil der menschlichen Natur; ohne sie wären wir allesamt Psychopathen. Doch wenn wir sie zur Kenntnis nehmen und richtig mit ihnen umgehen, dann werden sie unsere Macht stärken.

Emotional intelligent zu sein bedeutet, die eigenen Gefühle und die der anderen richtig einzuschätzen und ihre Beweggründe zu verstehen. Eine solche Einsicht ermöglicht den richtigen Umgang mit Gefühlen. In einem Training zur emotionalen Kompetenz lernen Sie, Ihre Empfindungen auszudrücken, die richtige Zeit und den richtigen Ort dafür zu wählen und zu registrieren, wie dies auf andere wirkt. Auch werden Sie dazu angehalten, die Verantwortung für die Auswirkungen Ihrer Gefühle auf andere Menschen zu übernehmen und wahre Empathie zu lernen.

Das Training macht Sie zu einem emotionalen Feinschmekker, einem, der mit Struktur, Aroma und Nachgeschmack der eigenen Gefühle bestens vertraut ist. Man wird Ihnen zeigen, wie rationale Fähigkeiten und Gefühle sich ergänzen können, wodurch Ihre Geschicklichkeit im Umgang mit Ihren Mitmenschen wachsen wird. Alles, was Sie zusammen mit anderen tun, wird davon profitieren: Eltern- und Partnerschaft, Arbeit und Spiel, Unterricht, Liebe und vieles mehr.

Wir alle sollten uns einer Art von emotionalem Training unterziehen, denn Fehler im Bereich der Gefühle sind weit verbreitet und können viel Schaden anrichten. Wenn Sie das nicht glauben wollen, so sehen Sie sich die folgenden Beispiele für emotionale *Inkompetenz* an, die ich über die Jahre aus der Zeitung gesammelt habe:

- Als man Kent Baker von der Thomas-Jefferson-Schule in Virginia den zweiten Preis im landesweiten Wettbewerb der Marching Bands überreichte, warf er den Pokal in die Müll-

tonne. Der zweite Rektor der Schule, Phil Simon, legte sich mit den Preisrichtern an und behauptete, Kents Band hätte den ersten Preis verdient. Viele Eltern der Wettbewerbsteilnehmer fanden dieses Verhalten unangemessen, zumal die Schule für hochbegabte Schüler berühmt ist und unter den Abgängern überdurchschnittlich viele nationale Preisträger sind.
• Im Anschluß an ein Nachwuchs-Football-Turnier in La Habra, Kalifornien, überschüttete eine erboste Mutter den Schiedsrichter mit obszönen Beschimpfungen und packte ihn von hinten, als er vom Platz gehen wollte. Drei Männer beteiligten sich daraufhin an der Schlägerei. Sie schlugen dem Schiedsrichter ins Gesicht und brachen ihm den Unterkiefer, der für mehrere Wochen mit Draht ruhiggestellt werden mußte.
• Warren Moon, Quarterback der Minnesota Vikings, wurde wegen Mißhandlung seiner Ehefrau verhaftet, nachdem die Kinder des Paares die Polizei in einem verzweifelten Notruf darüber informiert hatten, daß »unser Papa unsere Mama verhaut«.
• Dick Morris, einer der wichtigsten Berater von US-Präsident Bill Clinton, mußte aus dessen Wahlkampf-Team ausscheiden, nachdem bekannt wurde, daß er einer Prostituierten Staatsgeheimnisse verraten hatte, um bei ihr Eindruck zu machen.
• In England machten ein reicher Untersuchungsrichter und seine Frau unter Eid eine Falschaussage, indem sie behaupteten, die Frau sei am Steuer des Range Rovers gesessen, als dieser gegen eine Mauer fuhr. Beide hatten getrunken und fürchteten für seinen Führerschein und sein Amt. John Bosomworth, 50, und seine Frau Anne, 38, wurden mit 15 beziehungsweise 9 Monaten Gefängnis bestraft, nachdem ihre Aussage durch Zeugen widerlegt worden war. Ihre Ehe zerbrach, weil sie von ihrer Umgebung als Lügner gebrandmarkt wurden.

Tag für Tag finden sich derartige Geschichten in den Zeitungen. Erfolgreiche und ansonsten als intelligent geltende Menschen versagen in emotional aufgeladenen Situationen. Angst, Furcht oder Scham veranlassen vernünftige Menschen zu törichtem Verhalten und lassen sie am Ende machtlos dastehen.

Jedem von uns unterlaufen solche emotionalen, wenn auch nicht immer so extremen Fehler, auch wenn wir damit nicht gleich in die Schlagzeilen kommen. Wenn wir ehrlich sind, müssen wir zugeben, daß wir uns von Angst, Furcht, Unsicherheit oder Eifersucht gelegentlich schon zu unverhältnismäßigen Reaktionen verleiten ließen oder daß wir uns vor der Verantwortung für eine ungehörige Handlungsweise gedrückt haben. Letztlich schwächen solche Ausrutscher uns und unsere Lieben, denn emotionale Inkompetenz ist gleichbedeutend mit Machtlosigkeit.

Ein intimes Abendessen

Ich bin der festen Überzeugung, daß emotionale Kompetenz die persönliche Macht stärkt, und werde dies in diesem Buch immer wieder zu zeigen suchen. An diesem Punkt möchte ich zur Illustration eine Geschichte erzählen, die ganz harmlos als Essenseinladung für einen alten Freund begann und sich rasch zu einer sexuellen Begegnung entwickelte. Hätten die Beteiligten nicht mit der Situation umzugehen gewußt, dann wäre daraus leicht einer jener unangenehmen Vorfälle entstanden, von denen wir so oft in der Zeitung lesen.

Robert war bei Nancy und Jonathan zum Abendessen eingeladen. Nancy und Robert sind alte Schulfreunde und hatten für kurze Zeit auch einmal eine Beziehung miteinander. Nancy hatte hervorragend gekocht und zur Feier des Tages sogar Kerzen angezündet. Doch als sie sich zum Essen hinsetzten, schien Robert weder Augen für die Gerichte noch für die Tischdekoration zu haben.

Während er auf seinem Teller herumstocherte, erzählte er, daß seine Frau sich von ihm getrennt habe. Eines Abends sei sie von der Arbeit nach Hause gekommen und habe verkündet, daß sie ihn verlassen werde. Sie versicherte ihm, ein anderer Mann sei nicht im Spiel, konnte ihm aber keine weitere Begründung für ihren Entschluß geben. Er war niedergeschlagen und ratlos.

»Seien wir doch ehrlich«, stieß er nach zwei Gläsern Wein hervor, »sie hat mich eben einfach satt. Wie soll ich jetzt noch jemand anderen kennenlernen? Mit den Jahren wird man nicht schöner, und durch Bars ziehen und auf Anzeigen antworten, dazu habe ich keine Lust.«

Nancy wußte genau, wovon ihr alter Freund sprach. Aus Angst, älter auszusehen, als es ihren Jahren zukam, hatte sie sich seit einigen Monaten angewöhnt, ihr Gesicht im Spiegel nach Falten abzusuchen. Da draußen herrschten die Gesetze des Dschungels, das war ihr klar, und während sie sichtbar alterte, empfand sie ein ungekanntes Gefühl der Verunsicherung. Sie goß sich Wein nach.

Jonathan, der einen harten Tag hinter sich hatte, entschuldigte sich und ging bald ins Bett. Es war noch nicht Mitternacht, als Robert und Nancy sich allein gegenübersaßen.

Die beiden Freunde redeten weiter über Roberts gescheiterte Ehe. Dann wandte sich das Gespräch den romantischen Anfängen ihrer eigenen Beziehung und der dauerhaften Freundschaft zu, die daraus entstanden war. Als Robert weitere Bemerkungen über seine schwindende Attraktivität machte, versicherte ihm Nancy, wie gut er aussähe und daß er bestimmt keine Schwierigkeiten haben würde, eine neue Beziehung anzufangen. Den Tränen nahe, drückte er ihre Hand, Nancy kam zu ihm auf die Couch herüber und nahm ihn in die Arme.

Dann berührten sich ihre Wangen und Lippen, und plötzlich waren sie in einem Kuß vereint.

»Halt«, sagte Nancy. »Das dürfen wir nicht.«

Robert erhob sich sichtlich erschüttert und sagte, die Augen niedergeschlagen: »Ich gehe jetzt besser.« Mit einem letzten Blick auf Nancy verabschiedete er sich und verschwand in der Nacht.

Den Überblick verlieren

Nancy schlief schlecht in dieser Nacht. Nachdem sie lange wachgelegen und gegrübelt hatte, erzählte sie ihrem Mann, was passiert war. Sie seien beide ein wenig betrunken und deprimiert gewesen, erklärte sie den Vorfall. Robert wäre so trostbedürftig gewesen, und da hätte sie für einen Augenblick die Kontrolle verloren.

Jonathan war zwar zunächst bestürzt, erinnerte sich dann aber an ihr gegenseitiges Versprechen, stets aufrichtig zu sein. Nancy hätte ihm die Sache ja genausogut verheimlichen können, dann hätte er wahrscheinlich nie davon erfahren. Er stellte sich vor, wie unangenehm es gewesen wäre, wenn ihm ein Jahr später ein reuegeplagter Robert beim Bier gebeichtet oder Nancy sich aus Versehen verplappert hätte.

Jonathan war sich Nancys Zuneigung sicher, und er erkannte, daß sie ihn durch ihre Offenheit nur schützen wollte. Er konnte sehen, wie Nancy einerseits mit Robert litt und andererseits befürchtete, Jonathan werde ihr nicht verzeihen. Außerdem hatte er bemerkt, daß Nancy in letzter Zeit unzufrieden mit ihrem Aussehen und daher besonders anfällig für Roberts Aufmerksamkeit war.

So konnte er seinen anfänglichen Zorn zügeln und die Handlungen und Motive der Beteiligten – sich selbst eingeschlossen – genau analysieren. Er kam zu dem Schluß, daß jedem einmal so ein Ausrutscher passieren konnte. Statt sich seinem Schmerz und seiner Wut hinzugeben, versuchte er, die Sache aus Nancys Perspektive zu sehen.

Auf diese Weise konnte er mit Wut und Eifersucht fertig werden. Trotz seines unmittelbaren Bedürfnisses, sich körperlich von Nancy zu distanzieren, nahm er sie liebevoll in den Arm. Dann sagte er ihr, daß er mit Robert reden wolle, und fuhr quer durch die Stadt zu dessen Apartment.

»Nancy hat mir alles erzählt«, sagte er, als er sich in Roberts Wohnzimmer auf der Couch niederließ. »Ich kann das irgend-

wie verstehen und bin auch nicht weiter wütend. Aber ich gehe davon aus, daß so was nicht wieder vorkommt.«
»Um Himmels willen, nein«, versicherte Robert.
»Na dann ist ja alles in Ordnung. Ich danke dir«, und Jonathan streckte ihm freundschaftlich die Hand hin.

Geschichten wie diese nehmen meist ein unglückliches Ende. Für gewöhnlich bleiben emotionale Ereignisse von dieser Art ein dunkles Geheimnis, das die betreffende Beziehung untergräbt. Kommt die Wahrheit dann ans Licht, führt das oft zu Streit – verbal oder auch tätlich – und nicht selten zu schwärenden Wunden und schließlich zur Scheidung.

Nur wenige Menschen sind wie Jonathan in der Lage, innezuhalten und zu überlegen, bevor sie auf eine emotional so schwierige Situation reagieren. Weil er sich die Zeit nahm, die Lage einzuschätzen, konnte er sich über seine eigenen Gefühle klarwerden, sie unter Kontrolle halten und sein Leben vor der Katastrophe bewahren.

Dieser emotional kompetente Umgang miteinander hat Nancys und Jonathans Respekt füreinander wachsen lassen, es war ihnen möglich, in einen Dialog zu treten, wovon ihre Ehe dann letztlich profitiert hat. Sich über ihre Gefühle zu verständigen, hat sie nicht verunsichert, sondern stärkte ihren Einfluß und ihr Selbstvertrauen innerhalb der Beziehung. Es hat sie in ihrer Partnerschaft weitergebracht, und auch die Freundschaft zu Robert konnte bestehenbleiben.

In vielerlei Hinsicht umreißt diese Geschichte genau, was mit emotionaler Kompetenz gemeint ist. Jonathan gestand sich ein, daß er wütend, verletzt und eifersüchtig war. Und er verstand, warum er so fühlte. Er konnte Nancys Wunsch, Robert zu trösten, ihre Hinwendung zu ihm nachvollziehen. Auch hatte er Verständnis für Roberts Trauer und dessen Angst vor dem Alleinsein. Jonathan hat dem Impuls, um sich zu schlagen, widerstanden. Und er hat erkannt, wie wichtig es war, an dem Versprechen zu gegenseitiger Offenheit festzuhalten.

All dies erfordert Fähigkeiten, die manche Leute schon sehr früh im Leben erwerben, die aber jeder von uns auch später noch erlernen kann. Nimmt sich jemand die Zeit für diesen Lernprozeß, so erweitert er damit seine emotionale Kompetenz.

Das Herz vergessen

Die meisten Leute würden sich eben nicht so verhalten wie Jonathan in unserer Geschichte. Aber warum nicht? Warum benehmen sich gerade intelligente Menschen oft so töricht? Weil sie die Beziehung zu ihren eigenen Gefühlen verloren haben. Und das kommt daher, daß wir wieder und wieder unter schmerzlichen Erfahrungen leiden und unser Gefühlsleben sich allmählich dagegen abgeschottet hat.

Was bringt uns dazu, unsere Gefühle auszuklammern? Um diesen Vorgang zu illustrieren, möchte ich das Beispiel einer körperlichen Verletzung wählen. Vor einigen Jahren verletzte sich mein Nachbar, der junge Weinbauer Chuck aus Mendocino County, als seine Hand aus Versehen in den laufenden Heulader geriet. Er fühlte einen Schlag in der rechten Hand, der sich den Arm hinauf fortsetzte.

Er zog die Hand zurück, um nachzusehen, und fragte sich mit erschreckender Gelassenheit, wo Mittel- und Zeigefinger geblieben waren. Erst als er die Hand umdrehte, merkte er, daß die zwei Finger an Hautfetzen herabbaumelten.

Zunächst fühlte er nichts. Dann setzte der Schmerz brutal ein, und endlich begriff er, daß die beiden Finger abgeschnitten waren. In mehreren Operationen konnten Chucks Finger wieder angenäht werden, aber sie blieben leblos und verkrümmt und erinnern ihn heute noch ständig an seinen Unfall. Er kann inzwischen ruhig darüber sprechen, während andere schon bei dem Gedanken daran zusammenzucken.

Warum hat Chuck zunächst nichts gespürt? Weil sein Nervensystem ihn vor dem unmittelbaren Entsetzen bewahren wollte und daher mit Schock reagiert und den Schmerz kurzzeitig ausgeschaltet hat. Diese Schockreaktion kann lebenswichtig sein. Solange Chuck den Schmerz nicht spürte, hatte er Zeit, zu erfassen, was passiert war, und konnte noch einigermaßen klar denken.

Betäubung ist eine natürliche Reaktion auf traumatische Erlebnisse. Indem wir für eine Zeitspanne frei von Schmerzen bleiben, haben wir die Chance, zu fliehen oder eine lebensrettende Entscheidung zu treffen, was uns in der Agonie des Schmerzes oder des Schreckens nicht mehr möglich wäre. Gleichwohl bleiben uns in dieser schmerzfreien Phase, die der Verletzung unmittelbar folgt, nur ein bis zwei kurze Minuten, bevor der Schmerz richtig einsetzt.

Anders ist es bei der Betäubung, die einer emotionalen Verletzung folgt. Manche Menschen haben so oft seelische Verwundungen durchlebt, daß sie sich durch emotionale Erstarrung dagegen schützen. Unsere Waffe gegen diese Art von traumatischer Erfahrung ist das Errichten einer Mauer, die uns isoliert und vor beunruhigenden Gedanken, Erinnerungen und Alpträumen abschirmt. Das scheint eine nützliche Einrichtung zu sein, doch unter Umständen müssen wir teuer dafür bezahlen. Die psychischen Mauern, die wir errichten, trennen uns vom Schmerz, aber gleichzeitig auch von unseren tiefsten Gefühlen. Was uns von einer Schmerzempfindung fernhält, hält uns auch von Freude und Liebesgefühl ab. Außerdem können diese Mauern bei entsprechendem Anlaß zusammenstürzen, und wir werden von chaotischen, zum Teil bedrohlich starken Empfindungen überwältigt.

Um eine traumatische Erfahrung wirklich zu verarbeiten, müssen wir sie uns wieder und wieder ins Gedächtnis zurückrufen und mit einem einfühlsamen Zuhörer darüber sprechen. Aber in der Regel diskutieren oder verarbeiten wir solche Erfahrungen nicht, sondern verharren statt dessen in einem Zustand der Betäubung.

Dafür gibt es zwei Gründe. Zunächst gehören emotionale Traumata, wie zum Beispiel Kindesmißhandlung oder Alkoholismus, zu den Dingen, die man vertuscht und über die man nicht spricht. Zweitens sind solche Verletzungen der Gefühle meist kein Einzelfall, wie Chucks Unfall es war, sondern Teil eines langfristigen, zerstörerischen Musters. Eine solche Verwundung wird ein Leben lang bleiben, in den verborgenen Winkeln der Seele schwären, sie kann das Gefühlsleben des Opfers für den Rest seines Lebens verkrüppeln.

Diese Art der emotionalen Erstarrung findet sich häufiger, als man denkt. Meine jahrelangen Beobachtungen haben gezeigt, daß die Mehrzahl der Menschen an einer teilweisen Erstarrung des Gefühlslebens leidet und die Beziehung zu ihren Gefühlen weitgehend verloren hat. Die auslösenden traumatischen Erfahrungen und Empfindungen sind vergessen, und wir finden keinen geduldigen, einfühlsamen Zuhörer, der sie mit uns bearbeiten würde. Folglich gehen wir mit betäubten Gefühlen durchs Leben, mit verschlossenen Herzen, immer aufs neue enttäuscht von dieser abweisenden, Mißtrauen erregenden Welt.

Natürlich wurde nicht jeder von uns als Kind mißbraucht oder kommt aus einer Alkoholikerfamilie. Doch selbst die ganz normalen Probleme des Erwachsenwerdens und die Bewältigung unseres Arbeitsalltags können so schmerzhaft sein, daß wir uns in eine schützende emotionale Taubheit flüchten.

Emotionale Schockerlebnisse setzen schon in der frühen Kindheit ein. Wir werden angeschrien, wo wir doch gerade ein aufregendes neues Spiel ausprobieren (»Wirst du wohl einen Moment ruhig sein!«). Oder wir werden zu Hause allein gelassen, obwohl wir Angst haben. Unsere Eltern streiten sich oder beachten uns nicht. Wir werden von anderen Kindern geschlagen oder verspottet, manchmal sogar von denen, die wir für unsere Freunde hielten.

Eine Bekannte von mir erinnert sich, wie ihr ihre beiden besten Freundinnen einen Brief überreichten, in dem sie sich über ihr Aussehen und über ihre Art zu tanzen lustig machten, ihr mitteilten, daß sie dumm und hochmütig sei, und ihr die Freundschaft aufkündigten. Bis heute wird sie vom Gedanken an diese schreckliche schmerzliche Erfahrung überflutet.

Eine andere Freundin berichtet von einem Jungen, der sich jedesmal, wenn sie in der Junior High School in der Schlange an der Essensausgabe stand, über ihre Nase lustig machte, eine emotionale Folter, die über Monate anhielt.

Die Kindheit ist voll von emotionalem Streß, ja sogar von Mißhandlungen. Nicht selten wird uns die begehrte Zuneigung verwehrt oder dazu benutzt, unser Verhalten zu manipulieren. Nur wenn wir »brav« sind, wird sie uns gewährt, andernfalls nicht.

Ferner werden wir durch Familie und Schule stillschweigend dazu verpflichtet, unsere wahren Gefühle und Bedürfnisse zu verbergen. Unsere Gefühle vor anderen »auszubreiten« gilt als ungehörig und indiskret.

Unsere Eltern waren oft nur für unsere offenkundigen Probleme da – ob uns einer von den Großen terrorisierte oder ob wir Ärger mit den Freunden hatten. Unseren subtileren Nöten jedoch – Zurückweisungen, Peinlichkeiten, romantische Enttäuschungen oder Gefühle der Unzulänglichkeit – haben sie nur selten Interesse entgegengebracht. Manche Eltern erkundigen sich nie nach den Gefühlen ihrer Kinder und sprechen auch nie mit ihnen über die eigenen.

Hunger nach Gefühlen

Mit der Zeit passen wir uns diesen Bedingungen an, schließen unsere enttäuschten Leidenschaften und verletzten Gefühle in uns ab und können dann nicht mehr mit ihnen umgehen, sie nicht zulassen. Wir können nicht über diese Empfindungen sprechen und verstehen weder unsere eigenen Gefühle noch die der anderen. Im Zweifelsfall verstecken wir sie lieber, machen uns selbst und anderen etwas vor oder verleugnen unsere Empfindungen ganz und gar. Allmählich gewöhnen wir uns dann daran, unsere emotionale Existenz gänzlich auszuklammern, ja ihr sogar zuwiderzuhandeln.

Auch in unserem Liebesleben, wo sich die Emotionen ja eigentlich ungehindert entfalten sollten, haben viele von uns schon so viele Verletzungen erlitten, daß sie selbst in der leidenschaftlichsten Liebesbeziehung immer eine gewisse Distanz wahren. Längst vergessene Enttäuschungen hindern sie daran, sich voll und ganz auf eine Beziehung einzulassen; statt dessen wird innerlich ein schützender Abstand aufrechterhalten. Nur ganz selten lassen wir die tiefste aller emotionalen Erfahrungen zu – die höchst verletzbare vorbehaltlose Liebe zu einem anderen Menschen.

Den meisten von uns ist irgendwie bewußt, daß ihrem Leben etwas fehlt. Im Grunde unseres Herzens lechzen wir nach der Intimität wahrer Gefühle und nach der Verbindung zu anderen, danach, den anderen zu verstehen und von ihm verstanden zu werden. Wir wissen, wie erstrebenswert es wäre, ein leidenschaftlicher Mensch zu sein, der weinen, sich wirklich freuen und auch entsprechend leiden kann. Tatsächlich aber begnügen wir uns mit indirekten, künstlichen Gefühlsregungen sekundärer Art. Wir greifen zu Drogen, springen mit einem Gummiseil um die Knöchel von der Brücke oder mit einem Fallschirm aus dem Flugzeug. Wir verlieben uns in einen unerreichbaren Partner, begnügen uns mit Action, Horror und Romanzen, wie sie uns das Kino liefert, oder suchen in törichten Fernsehserien nach emotionaler Stimulation. Bei alldem verspüren wir einen Abklatsch dessen, wonach wir uns eigentlich sehnen, müssen aber selber kein wirkliches emotionales Engagement riskieren.

Im Grunde wünschen wir uns nichts sehnlicher als emotionale Stimulation, und wir sind zu fast allem fähig, wenn es darum geht, sie zu beschaffen. James Gilligan hat in seinem Buch *Violence* ein besonders erschreckendes Beispiel für solchen Hunger nach Gefühlen gegeben. Gilligan hat viele Jahre mit Gefangenen gearbeitet, die wegen Mordes einsaßen. Er fand heraus, daß diese Männer durchweg in völliger emotionaler Abgestumpftheit lebten. Sie gaben an, kaum je irgendwelche Empfindungen zu verspüren, und viele sahen sich bereits als lebendige Tote.

Ihre unbeschreiblich grausamen Taten hätten sie in der Hoffnung begangen, so sagten sie, mit Hilfe dieser Exzesse ihre emotionale Taubheit zu überwinden und endlich wieder etwas zu fühlen. Brutales Töten kann eine solche Person für einen kurzen Moment aus ihrer todesgleichen Taubheit reißen. Doch die durch das Verbrechen stimulierte Erregung legt sich bald wieder, und die Taubheit kehrt zurück.

Natürlich hat die emotionale Taubheit dieser Männer ihre Gründe. Wie Gilligans Studie zeigt, waren sie alle selbst Opfer von Mißbrauch und wiederholten traumatischen Erfahrungen. Ihr Beispiel belegt auf ernüchternde Weise, daß solche Traumata zu Fühllosigkeit und schwerer psychischer Deformation führen. Wird nichts dagegen unternommen, so kann diese Deformation an die nächsten Generationen weitergegeben werden. Es existiert ganz offensichtlich das starke Bedürfnis, aus diesem Teufelskreis von Gewalt und emotionaler Taubheit auszubrechen. Eine Möglichkeit, die eigenen Gefühle wieder zulassen zu können, besteht darin, das Mit-leiden zu lernen – die Fähigkeit, zu fühlen, was andere fühlen. Indem wir uns den Gefühlen anderer öffnen, treffen wir eine moralische Entscheidung zwischen zwei emotionalen Extremen.

Der Einfühlsame und der Psychopath

Zwei Typen von Menschen scheinen wie geschaffen zu sein für die Machtpositionen in dieser Welt: die Psychopathen, die überhaupt nichts fühlen, und die Einfühlsamen, die sich ganz in die Gefühle anderer hineinversetzen können. Diese Typologie sollte nicht zu streng genommen werden. Im wirklichen Leben gibt es diese Typen nicht, sie sollen aber zwei Extreme markieren.

Psychopathen sind weitgehend frei von den Beschränkungen, denen das Verhalten anderer Sterblicher unterliegt. Sie lügen, stehlen, erpressen, verstümmeln und morden ohne Schuldgefühle. Gelingt es ihnen, sich andere untertan zu machen, entfalten sie eine enorme Machtfülle. Man denke an den römischen Kaiser Caligula oder Leute vom Schlage eines Adolf Hitler, Al

Capone oder Saddam Hussein. Dies sind nur die ausgeprägtesten Vertreter dieses Typus, der sich natürlich überall in Politik und Wirtschaft, in Mafiakreisen und auch in manchen Familien findet.

Im Gegensatz dazu stehen die Einfühlsamen, deren Macht auf ihrer emotionalen Geschicklichkeit beruht. Vielen von ihnen ist die Fähigkeit des Einfühlens bereits angeboren, und sie wird von ihren Familien und Lehrern im Verlauf ihrer Kindheit und Jugend weiter gefördert. Sie haben ein Talent zu liebevoller Kooperation und können die besten Seiten ihres Gegenüber zutage fördern. Dadurch sind sie in der Lage, dem Schaden entgegenzuwirken, den die Psychopathen anrichten.

Viele einflußreiche Menschen sind weder hundertprozentige Psychopathen, noch gehören sie zu den Einfühlsamen. Beobachtet man sie jedoch genau, wird man eine Tendenz zu einem der beiden Typen feststellen.

Vielleicht empfinden Sie es als Verpflichtung, auf das Ideal der Einfühlung hinzuarbeiten. Um Ihrer selbst und Ihrer Nächsten willen sollten Sie es versuchen.

EQ und IQ

Intelligenz steht bei uns hoch im Kurs, wohingegen nicht jeder gleich einsieht, wozu emotionale Kompetenz gut sein soll. Wer einen hohen IQ (Intelligenzquotient) hat, wird mit einiger Wahrscheinlichkeit in der Schule gut abschneiden, produktiv und erfolgreich sein und gut dabei verdienen. Darüber hinaus ist ihm in vielen Fällen ein langes und gesundes Leben vergönnt.

Aber solche überdurchschnittlich guten Ergebnisse haben, auch wenn es zunächst so scheinen mag, nicht ausschließlich mit Intelligenz zu tun. Daniel Goleman hat in seinem bahnbrechenden Bestseller *Emotionale Intelligenz* gezeigt, daß emotionale Geschicklichkeit für eine erfolgreiche Lebensführung ebenso wichtig ist wie ein hoher IQ. Und er hat nachgewiesen, daß emotionale Intelligenz unerläßlich ist, wenn man ein »gutes Leben« führen und seine geistigen Potentiale nutzen will. Um gut zu leben, braucht der Mensch nicht nur einen hohen IQ, sondern auch einen hohen EQ (Emotionaler Quotient).

Der Begriff EQ klingt zwar ganz flott, ist aber weniger inhaltsreich, als Sie vielleicht vermuten. Es handelt sich um ein Marketing-Konzept und nicht um einen wissenschaftlichen Begriff. Man kann den »Emotionalen Quotienten« eines Menschen nicht messen wie den »Intelligenzquotienten«. Und selbst nach fast hundert Jahren solcher Messungen und Tests sind sich die Wissenschaftler noch nicht einig, was unter IQ genau zu verstehen ist. Manche sagen, mit Hilfe des IQ ließe sich eine angeborene Fähigkeit mit Namen Intelligenz genau bestimmen. Andere sehen darin eine weniger klar definierbare Qualität, die denjenigen eigen ist, die in der Schule und im späteren Leben erfolgreich sind. Wie auch immer, der IQ einer Person läßt sich verbindlich und verläßlich messen, und es hat sich als Vorteil erwiesen, dabei eine hohe Punktzahl zu erreichen.

Der EQ dagegen ist nicht meßbar. Den EQ eines Menschen schätzen zu wollen, ist so ähnlich als wollte man raten, wie viele Erbsen in ein 1000-Liter-Faß passen: Man hat zwar eine ungefähre Vorstellung, kann die Zahl aber nie genau bestimmen. Nachprüfen ist unmöglich, denn Emotionen sind noch viel schwieriger zu zählen als Erbsen.

Dennoch ist es sinnvoll, von einem EQ zu sprechen, solange wir nicht behaupten, absolute Meßwerte dafür zu haben. In Kapitel 2 findet sich ein Fragebogen, den Sie selbst auswerten können und der Ihnen eine Vorstellung davon gibt, wo in etwa Ihr EQ angesiedelt wäre, sofern man ihn messen könnte.

Emotionale Intelligenz und emotionale Kompetenz

Den Begriff »Emotionale Intelligenz« haben die Psychologen Peter Salovey und John Mayer geprägt. Goleman hat in seinem bereits erwähnten Buch eine fundierte Analyse dieses machtvollen Potentials vorgelegt und die umfangreiche wissenschaftliche Literatur zusammengefaßt.

Ich selbst habe bereits vor achtzehn Jahren den Begriff »emotionale Kompetenz« gebraucht. Er tauchte erstmals 1979 in meinem Buch *Healing Alcoholism* auf. Seither arbeite ich an einem Programm, das den Menschen dabei helfen soll, ihre emotionale Kompetenz zu erweitern.

Jeder von uns verfügt über emotionale Fähigkeiten, aber manche bringen es darin sehr viel weiter als andere. Bekommen Sie bitte keinen Schreck, wenn Sie meinen, zur Gruppe der letzteren zu gehören. Ein Training kann auch Sie auf der Skala der emotionalen Intelligenz weiterbringen, die aus fünf Fertigkeiten besteht:

1. Die eigenen Gefühle kennen: Sind Sie mit Ihren wahren Gefühlen vertraut? Viele Menschen sind sich über Empfindungen wie Liebe, Scham oder Stolz nicht im klaren und wissen nicht, was diese diffusen Gefühle in ihnen ausgelöst hat. Solche Menschen können häufig nicht einmal sagen, wie stark ihre Empfindungen sind; selbst dann nicht, wenn sie aufgefordert werden, ihnen Kategorien wie *schwach*, *stark* oder *überwältigend* zuzuweisen. Wenn man nicht in der Lage ist, die Intensität der eigenen Gefühle zu bestimmen, wie soll man dann abschätzen können, wie sehr sie einen selbst und andere betreffen?

2. Einfühlsamkeit besitzen: Nehmen Sie die Gefühle anderer wahr, und verstehen Sie, warum die anderen so empfinden? Können Sie sich mit anderen Lebenssituationen und Motiven identifizieren? Darin nämlich besteht die Fähigkeit, »für andere zu fühlen«, ihre Gefühle zu empfinden, als wären es die eigenen. Wenn wir einfühlsam sind, dann bringen die Gefühle anderer etwas in uns zum Schwingen. Wir entwickeln intuitiv ein Sensorium für sie und erkennen ihre Intensität und ihre Beweggründe. Manche tun sich schwer damit, aber es gibt Leute, die in den Gefühlen anderer lesen können wie in einem Buch.

3. Den Umgang mit den eigenen Gefühlen lernen: Haben Sie Ihre Gefühle unter Kontrolle? Emotionale Kompetenz erschöpft sich nicht darin, die eigenen Gefühle und die der anderen zu kennen. Wir müssen wissen, wann wir sie offenbaren und wann wir uns besser zurückhalten sollen. Und wir müssen abschätzen können, wie dieser Gefühlsausdruck – oder dessen Abwesenheit – auf unser Gegenüber wirken wird. Wir müssen lernen, positive Empfindungen wie Hoffnung, Liebe und Freude zu verstärken und negative Empfindungen wie Ärger, Furcht oder Schuld auf harmlose und produktive Weise auszuleben.

4. Emotionale Schäden wiedergutmachen: Können Sie sich entschuldigen? Sind Sie zu Zugeständnissen fähig? Es ist nur allzu menschlich, emotionale Fehler zu machen und andere zu verletzen. Aber wir müssen einsehen lernen, was wir da angerichtet haben, und es wiedergutmachen. Das geht nur, wenn wir Verantwortung übernehmen, um Verzeihung bitten und Zugeständnisse machen. Einfach ist das nicht, aber unterlassen wir diese Wiedergutmachung, dann können unsere Fehler die jeweilige Beziehung für immer vergiften.

5. Alles zusammenbringen: Haben Sie auf der Skala der emotionalen Kompetenz erst einmal Fortschritte gemacht, dann erwerben Sie mit der Zeit eine Fähigkeit, die ich »emotionale Interaktivität« nenne. Das bedeutet, daß Sie sich auf die Gefühle Ihrer Umgebung einstimmen und die emotionale Befindlichkeit der anderen richtig einschätzen können. Das wiederum befähigt Sie, sinnvoll zu interagieren.

Einer meiner Patienten setzte diese Fähigkeit erfolgreich ein.

Als Howard, ein Freund, den die Familie wegen seiner Menschenkenntnis schätzt, eintraf, merkte er sofort, daß der Haussegen schief hing. Alle Anwesenden – das Gastgeberehepaar, die drei erwachsenen Kinder und vier kleine Enkel – wirkten ungewöhnlich angespannt. Newt, einer der Schwiegersöhne, hatte sich mit seinem Drink in eine Ecke verzogen; andere Familienmitglieder lachten etwas zu schrill; die beiden Gastgeber wirkten bedrückt und traurig.

Howard nahm eine der Frauen beiseite und fragte, was denn los sei. Sie berichtete, der zu konservativen Ansichten neigende Newt hätte sich mit seiner liberalen Schwägerin Judith über Fragen der Kindererziehung in die Haare gekriegt. Die Kinder hatten herumgealbert, und Newt hatte ihr halb im Spaß vorgeworfen, sie verzöge ihre Kinder, und prophezeit, daß diese später nichts als Drogen und Sex im Kopf haben würden. Judith war beleidigt und sagte ihm, es seien schließlich nicht seine Kinder und wenn ihm ihre Art der Erziehung nicht passe, solle er verschwinden. Damit war die Stimmung natürlich beim Teufel.

Howard fühlte die erwartungsvollen Blicke der Umstehenden auf sich gerichtet und tat, was zu tun war. Er nahm Judith beiseite, und ließ sie ihren Unmut über Newts unerwünschte Kritik loswerden. Dann sprach er unter vier Augen mit Newt, der so Gelegenheit bekam, seine Ansichten über ungezogene Kinder und nachsichtige Eltern zu äußern. Anschließend brachte er die beiden mit Mark zusammen, einem der Ehemänner, den beide mochten. Newt, Judith und Mark hatten eine kurze Unterredung, in deren Verlauf die Wogen geglättet und Entschuldigungen ausgetauscht wurden. Als der Truthahn schließlich fertig war, hatten sich die Erwachsenen fröhlich singend ums Klavier versammelt.

Howard hatte mit den richtigen Personen in der richtigen Weise geredet und damit das einvernehmliche emotionale Klima wiederhergestellt. Später brachte er Newt und Judith dazu, sich mit ihm zu treffen und den Konflikt endgültig beizulegen. Sie taten das alle mit Leichtigkeit und liebevoll und, ja, mit offensichtlicher Freude.

Meisterschaft erlangen

Ist es schwierig, Howards fortgeschrittene Stufe emotionaler Kompetenz zu erreichen? Wie schon Daniel Goleman gezeigt hat, tut man sich natürlich leichter, wenn man bereits in der Kindheit mit dem Lernen beginnt. Es ist genau wie mit Fremdsprachen oder mit dem Geigenspiel, je früher man anfängt, desto besser. Erwirbt man solches Können bereits in der Kindheit, so kann man sich die Vorteile des »Fensters der Gelegenheit« zunutze machen.

Aber auch wenn man sich während der Kindheit keine emotionale Kompetenz aneignen konnte, so ist es zum Lernen auch als Erwachsener nicht zu spät. Bei den meisten wurden gewisse Grundlagen bereits in ihrer Kindheit gelegt, auf denen sie später aufbauen können.

Doch selbst mit durchschnittlichen Fähigkeiten und ein wenig Hilfe von Freunden kann man zurechtkommen. Jetzt, wo Sie dieses Buch vor sich haben, sollten Sie sich mit Mittelmäßigkeit nicht begnügen. Sie haben die Chance, Ihre emotionalen Möglichkeiten entscheidend zu verbessern. Sie müssen sich die Lehren, die diese Seiten für Sie bereithalten, nur zu Herzen nehmen und sie in die Tat umsetzen.

Zusammenfassung
Was ist emotionale Kompetenz?

Eine emotional kompetente Person findet sich auch in schwierigen, emotional aufgeladenen Situationen zurecht, die nicht selten zu tätlichen Auseinandersetzungen, Toben oder Lügen eskalieren und Menschen zu Schaden kommen lassen.

Wir sind beständig gezwungen, mit jenen Verwundungen zu leben, die uns vor allem durch die Härten des Alltagslebens, durch Verrat und Enttäuschungen zugefügt wurden. Vor diesem emotionalen Schmerz schützen wir uns, indem wir uns innerlich abkapseln. Doch diese Schutzhaltung führt unweigerlich dazu, daß wir den Kontakt zu unseren eigenen Empfindungen verlieren. Gleichzeitig büßen wir an Macht und Kontrollfähigkeit hinsichtlich unserer Emotionen ein.

Wir haben ein dringendes Bedürfnis nach emotionalen Erfahrungen und suchen sie in vielfältiger Weise. Ein Training zur emotionalen Kompetenz ist der direkteste und wirkungsvollste Weg, zu den eigenen Gefühlen zurückzufinden und sich damit auch ihre Kraft zunutze zu machen.

Man lernt dabei, seine Gefühle zuzulassen und andere damit zu erreichen. Macht muß sich nicht auf Terror und Kontrolle gründen. Statt dessen wird man zum Einfühlsamen, der die Macht der Liebe kennt und sie mit anderen zu teilen versteht.

Man kann sich dahin bringen, die eigenen Gefühle und die der anderen zu genießen, sie zu verstehen und in die richtigen Bahnen zu lenken, ja sogar emotionalen Schaden wiedergutzumachen. Nur dann wird man sich in der Welt der Gefühle sicher bewegen.

2

Wie man emotionale Bewußtheit erlangt

Wohl jedem von uns ist elend zumute, wenn ihn ein obdachloser Bettler um ein Almosen bittet. Viele unterdrükken das Gefühl aber sofort wieder und ignorieren diesen Menschen oder reden sich ein, er hätte sein Schicksal selbst verschuldet. Andere empfinden Schuldgefühle und nehmen sich vor, mehr Geld für gute Zwecke zu spenden, statt es für Luxusartikel wie CDs oder womöglich sogar dieses Buch auszugeben. Wieder andere werden wütend auf diesen Menschen, der sich da ungebeten in ihr Leben drängt.

Meine eigene Reaktion ist von Fall zu Fall verschieden. Manchmal empfinde ich Angst oder bin peinlich berührt; ein andermal verspüre ich Schuld oder Ärger. Wenn ich beschlossen habe, nicht zu helfen, schaue ich weg und beschleunige meinen Schritt. Im anderen Fall gebe ich dem Bettler ein paar Münzen, ohne ihm dabei in die Augen zu sehen. Sagt er dann »Gott segne Sie«, so fühle ich mich nicht gesegnet. Die Situation löst zu viele unangenehme, verstörende Vorstellungen darüber aus, wie es sein muß, wenn man so arm ist. Am Ende bin ich froh, wenn ich die Begegnung wieder aus meinem Bewußtsein tilgen kann. Gelingt mir das nicht, dann bin ich für eine Zeitlang aus der Ruhe und meinem emotionalen Gleichgewicht gebracht. Kein Wunder, daß ich der Begegnung mit einem Bettler aus dem Wege gehe, und müßte ich dazu sogar die Straßenseite wechseln.

Diese kleine Analyse meiner emotionalen Reaktion mag übertrieben erscheinen, doch Sie sollten sie mit Ihrer eigenen vergleichen. Fragen Sie sich, wieviel davon in einer vergleichbaren Situation auch auf Sie zutrifft und was davon Sie erleben, ohne sich Rechenschaft darüber zu geben? Den meisten von uns ist ihre starke erste Reaktion gar nicht bewußt, da sie sie nur allzuschnell unterdrücken.

Hat eine solche Begegnung emotionale Folgen für uns? Läßt sie uns erschüttert oder indifferent zurück? Reagieren wir ärgerlich, schuldbewußt oder selbstgerecht?

Auch wenn wir es für gewöhnlich nicht merken, unser Alltag ist voll von solchen schwierigen Situationen. Meist jedoch sind wir uns ihrer Komplexität gar nicht bewußt. Wir wollen jetzt derartige emotionale Erfahrungen genauer ansehen, um uns hinfort stärker dafür zu sensibilisieren.

Die Wurzeln emotionaler Bewußtheit

Gefühle sind eingeboren und entstehen ohne unser Zutun im primitivsten, entwicklungsgeschichtlich ältesten Teil unseres Gehirns, dem sogenannten limbischen System. Durch Furcht, Trauer, Scham, Schuldbewußtsein, Liebe und Glück werden wir ständig an unsere physischen Ursprünge erinnert. Aber natürlich werden diese Gefühle von den Erfahrungen, die wir im Laufe des Lebens machen, geformt und verändert. Die Wissenschaft hat zum Beispiel gezeigt, daß Kinder aus gewalttätigen Elternhäusern mit einiger Wahrscheinlichkeit selbst zu gewalttätigen Eltern werden und daß liebevoll erzogene Kinder zu liebesfähigen Mitmenschen heranwachsen werden.

Die meisten von uns sind sich nicht über die Stärke und die Beweggründe ihrer Gefühle im klaren. Tatsächlich wissen nur wenige, *was* sie eigentlich fühlen. Ohne dieses Wissen kann man aber nicht jene Einfühlsamkeit und Interaktionsfähigkeit erlangen, die für emotional kompetentes Verhalten so wichtig sind. Aufmerksam zu werden auf unsere eigenen Gefühle, das ist das Thema dieses Kapitels.

Mit Hilfe des folgenden Fragebogens können Sie herausfinden, wo Ihr Platz auf der Bewußtheitsskala ist. Es gibt zwar keinen dem IQ-Test vergleichbaren, verbindlichen »EQ-Test«, aber dieser Fragebogen kann Ihnen einen ungefähren Eindruck vom Stand Ihrer emotionalen Bewußtheit geben.

Wie wir gesehen haben, bedeutet emotionale Kompetenz die Fähigkeit, die eigenen Gefühle zu verstehen und produktiv einzusetzen. Emotionale Bewußtheit bedeutet:

- Wissen, was man fühlt,
- wissen, was andere fühlen,
- den Grund für diese Gefühle herausfinden – und
- den Effekt dieser Gefühle auf andere vorhersehen.

Fragebogen zur emotionalen Bewußtheit

Bitte beantworten Sie diese Fragen so ehrlich wie möglich. Es geht nicht darum, gut dazustehen, sondern den Grad der eigenen emotionalen Bewußtheit herauszufinden. Wenn Sie sich nicht für »ja« oder »nein« entscheiden können, dann wählen Sie »unsicher« als Antwort.

I.

A. Ich habe bemerkt, daß ich manchmal, wenn ich mit einem sehr emotionsstarken Menschen zusammen bin, erstaunlich ruhig und fühllos bin.

   ja ✗   nein ____   unsicher ____

B. Ich leide manchmal, wenn ich mit Leuten zusammen bin, unter Herzklopfen, Magenkrämpfen, trockenem Hals, Kribbeln oder Atemnot, ohne daß ich sagen könnte, warum.

   ja ____   nein ✗   unsicher ____

C. Manchmal werde ich von Gefühlen überwältigt, die ich nicht verstehe und die mich durcheinander bringen.

ja _____   nein __✗__   unsicher _____

D. Eine oder mehrere der folgenden Empfindungen verspüre ich bisweilen: Ärger, leichte Irritation bis hin zu Wut.

ja __✗__   nein _____   unsicher _____

E. Meistens kann ich ziemlich genau sagen, was mein Gegenüber gerade empfindet: etwa Angst, Glück, Trauer, Hoffnung oder Ärger.

ja __✗__   nein _____   unsicher _____

F. Ich genieße Situationen, bei denen die Menschen starke Gefühle wie Liebe, Hoffnung oder Freude zeigen, zum Beispiel Hochzeiten oder Gottesdienste.

ja __✗__   nein _____   unsicher _____

2.

A. Manchmal, nach einer belastenden Erfahrung mit einem anderen Menschen, fühlen sich Teile meines Körpers wie taub an.

ja __✗__   nein _____   unsicher _____

B. Ich nehme eines oder mehrere frei verkäufliche Medikamente gegen Kopf- oder Magenschmerzen, Verdauungsstörungen oder Gliederschmerzen, die sich der Arzt nicht erklären kann.

ja _____   nein _____   unsicher __✗__

C. Ich weiß, daß mich starke Gefühle umtreiben, kann aber nicht mit anderen darüber reden.

ja __✗__   nein _____   unsicher _____

D. Eine oder mehrere der folgenden Empfindungen verspüre ich häufig: Angst, vor Verhaftung und vor Terror.

   ja _____   nein __✗__   unsicher _____

E. Manchmal kann ich die Gefühle anderer an meinem eigenen Körper spüren.

   ja __✗__   nein _____   unsicher _____

F. Ich werde von anderen Menschen geschätzt, weil ich weiß, wie man emotional aufgeladene Situationen abkühlt.

   ja _____   nein __✗__   unsicher _____

3.

A. Es macht mir nichts aus, ein kleines Tier – etwa ein Huhn, ein Kaninchen oder eine Schlange – zu töten, und ich verspüre dabei keine besonderen Empfindungen.

   ja __✗__   nein __✗__   unsicher _____

B. Ich bin häufig unkonzentriert und reizbar und kann nichts dagegen tun.

   ja _____   nein __✗__   unsicher _____

C. Es kommt vor, daß ich hinsichtlich meiner Gefühle lüge, weil es mich verlegen macht, über sie zu sprechen.

   ja _____   nein __✗__   unsicher _____

D. Ich bin mir starker Gefühle bewußt: Liebe und Freude.

   ja __✗__   nein _____   unsicher _____

E. Ich tue für andere häufig Dinge, weil ich für sie Sympathie empfinde und nicht »Nein« sagen kann.

ja _____   nein __◯__   unsicher __✗__

F. Ich bin gut darin, anderen Menschen beim Durchschauen ihrer Emotionen zu helfen, weil ich verstehe, weshalb sie das oder das fühlen.

ja __◯__   nein _____   unsicher _____

4.

A. Es macht mir nichts aus, mich in Gegenwart von Menschen aufzuhalten, die starken körperlichen Schmerz empfinden.

ja _____   nein __◯__   unsicher _____

B. Wenn ich mit fremden Menschen zusammen bin, bekomme ich feuchte Hände.

ja _____   nein __◯__   unsicher _____

C. Ich weiß zwar, daß ich starke Gefühle habe, aber die meiste Zeit bin ich mir über sie nicht im klaren.

ja _____   nein __◯__   unsicher _____

D. Ich weiß ziemlich genau, was ich fühle, wie stark diese Empfindungen sind und warum ich sie verspüre.

ja __◯__   nein _____   unsicher __✗__

E. Manchmal liegen die Gefühle anderer offen vor mir, und das kann zu einem Problem für mich werden.

ja __✗__   nein __◯__   unsicher _____

F. Ich kann meist ganz gut mit Leuten umgehen, die starke Gefühle zeigen und an mir auslassen.

ja __✗__   nein _____   unsicher __?__

5.

A. Ich würde sagen, daß ich mich fast immer vernünftig verhalte und keine Probleme mit meinen Gefühlen habe.

ja __◯__   nein _____   unsicher __✗__

B. Ich war verliebt, und habe nun, unerklärlicherweise, dieses Gefühl vollständig verloren.

ja _____   nein __◯__   unsicher _____

C. Manchmal werde ich von schlechter Stimmung überwältigt.

ja __◯__   nein _____   unsicher _____

D. Wenn ich eine wichtige Entscheidung zu treffen habe, dann bin ich mir meiner Gefühle dabei bewußt, seien es nun Furcht, Nervosität, Wut oder sonst etwas dergleichen.

ja __◯__   nein _____   unsicher _____

E. In einer Konkurrenzsituation, in der ich überlegen bin oder gewinne, fühle ich mich manchmal schlecht gegenüber dem anderen.

ja _____   nein __◯__   unsicher _____

F. Bin ich in einem Raum voller Leute, so kann ich in vielen Fällen genau sagen, wie die Gruppe sich fühlt, ob sie zum Beispiel aufgeregt, verängstigt, gelangweilt oder wütend ist.

ja _____   nein _____   unsicher __◯__

6.

A. Ich weine nur ganz, ganz selten.

ja _____   nein __✗__   unsicher _____

B. Mir kommen, wenn ich ein Rührstück im Fernsehen anschaue, manchmal die Tränen, und ich kann nicht verstehen, weshalb.

ja _____   nein __✗__   unsicher _____

C. Wenn ich mich manchmal schlecht fühle, kann ich nicht sagen, ob das Furcht oder Ärger ist.

ja _____   nein __✗__   unsicher _____

D. Ich bin jemand, der sich bisweilen schämt und schuldig fühlt.

ja __✗__   nein _____   unsicher _____

E. Ich hatte Gelegenheit, ein Tier, einen Vogel, ein Kaninchen oder ein Reh, zu schießen, brachte es aber nicht fertig, weil ich mit dem Tier Mitleid hatte.

ja __✗__   nein __✗__   unsicher _____

F. Ich wechsle häufig mein Verhalten im Umgang mit anderen Menschen, weil ich damit rechne, daß das die Dinge zwischen uns leichter macht.

ja __✗__   nein _____   unsicher _____

Nachdem Sie alle Fragen beantwortet haben, können wir den Fragebogen jetzt auswerten.

Zählen Sie alle »ja«-Antworten zusammen, die Sie auf A-Fragen gegeben haben, dann alle »ja«-Antworten auf B-Fragen, ebenso für C, D, E und F. Diese sechs Zahlen tragen Sie nun beim jeweiligen Buchstaben in der folgenden Liste ein.

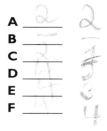

A _____
B _____
C _____
D _____
E _____
F _____

In dem Schaubild unten markieren Sie nun durch einen Punkt die von Ihnen errechnete Korrelation zwischen Fragestellung (Buchstaben) und Anzahl der entsprechenden »ja«-Antworten. Beispiel: Sie haben auf die A-Fragen sechs »ja«-Antworten gegeben, dann markieren Sie die erste Spalte (A) bei der Zahl 6 mit einem Punkt. Sind alle sechs Punkte verteilt, verbinden Sie diese durch eine Linie.

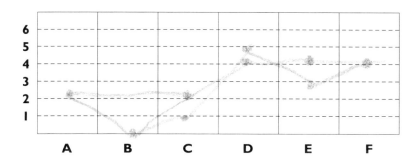

Dieses persönliche Diagramm, ein Bewußtheitsprofil, wird am Ende dieses Kapitels erläutert werden. Es beruht auf einer Skala für emotionale Bewußtheit, die ich im Laufe der Jahre entwickelt habe und die nun im einzelnen untersucht werden soll.

Skala für die emotionale Bewußtheit

Dieses Schaubild zeigt die verschiedenen Stadien auf der Bewußtheitsskala.

Taubheit: Menschen, die sich in diesem Stadium befinden, können keinerlei Gefühle oder Empfindungen wahrnehmen, selbst dann nicht, wenn sie unter dem Einfluß starker Emotionen stehen. Seltsamerweise sind sich Außenstehende der Gefühle solcher Menschen eher bewußt als diese selbst. Auch wenn die Person ihre Empfindungen nicht spürt, können die anderen sie aus äußeren Hinweisen wie Gesichtsausdruck, Erröten oder Stimmlage erschließen. Wenn man jemanden, der sich in diesem Zustand befindet, nach seinen Empfindungen fragt, wird er selbst unter dem Einfluß starker Gefühle nur von Taubheit und Kälte berichten. Das kommt daher, weil seine Gefühle sozusagen eingefroren und daher der eigenen Wahrnehmung unzugänglich sind.

Betrachten wir das Beispiel von Lucas, dem achtunddreißigjährigen Buchhalter, und seiner Frau Clara, die sich in einer Sitzung über ihre Eheprobleme klarzuwerden versuchen. Soeben hat Clara unter Tränen von der Wut und dem Schmerz berichtet, die sie in der Beziehung zu Lucas empfindet. Ich wende mich an Lucas, der steif und sichtlich unbehaglich dabeisitzt.

»Was empfindest du, Lucas?«

»Ich finde, daß sie ungerecht ist.«
»Okay, darauf kommen wir später zurück, wenn es um deinen Standpunkt in der Sache geht. Ich meine jetzt, wie fühlst du dich, wenn sie so über dich spricht?«
Er zögert, rutscht auf seinem Stuhl herum und denkt nach. Es ist ihm offensichtlich peinlich, als er schließlich sagt: »Nun, ich glaube, ich fühle gar nichts.«
»Und wie fühlt sich dein Körper an? Manche Leute haben Schmetterlinge im Magen oder einen Kloß im Hals; es kann auch ein schmerzhaftes Kribbeln oder ein Schwindelgefühl sein ...«
»Ja, ich fühle mich irgendwie total betäubt. Jetzt nicht mehr so, aber vorhin, während sie geredet hat.«
»Und du empfindest nichts?«
»Nein, nicht wirklich. Ich erlebe das hier alles wie durch einen Nebel.«
Für jemanden wie Lucas ist diese emotionale Unbewußtheit der Normalfall. Gelegentlich jedoch, unter dem Einfluß von Alkohol oder anderen Drogen, macht sich sein Ärger Luft. Dies führt zu kurzen, heftigen Ausbrüchen. Mehrmals im Jahr macht Lucas eine Sauftour. Dann wird er ausfallend und böse und schlägt auch schon mal das Mobiliar zusammen. Sobald er wieder nüchtern ist, fühlt er sich schuldig, beschimpft sich selbst und verwandelt sich wieder in den unbeteiligten, hart arbeitenden Buchhalter. Nach solchen Ausbrüchen ist er ziemlich mitgenommen und von Schuldgefühlen geplagt, doch seine eigenen Gefühle sind zu befremdlich für ihn, als daß sie ihn zu einer Einsicht führen könnten. Mit der Zeit kehrt dann die ursprüngliche Taubheit zurück.
In der Psychiatrie nennt man einen solchen Zustand emotionaler Taubheit Alexithymie.

Körperliche Empfindungen: In diesem Stadium verspürt der Betreffende zwar die körperlichen Empfindungen, die mit Gefühlen einhergehen, nicht aber diese selbst. Die Psychiatrie bezeichnet das als Somatisierung.
Ein Mensch merkt, wie sich sein Herzschlag beschleunigt, ist

sich aber nicht bewußt, daß er Angst hat. Ein anderer verspürt zwar einen Druck auf der Brust, erkennt ihn aber nicht als Anzeichen für eine Depression. Man fühlt, wie es einen heiß überläuft, wie einem plötzlich ganz kalt wird, wie sich der Magen zusammenkrampft und die Ohren sausen, man bemerkt ein Kribbeln, ja sogar einen stechenden Schmerz, nur die Gefühle, die all diese Empfindungen auslösen, die fühlt man nicht.

Selbst ein emotionsloser Mensch erlebt auf diese Weise eine gewisse Wahrnehmung. Lucas zum Beispiel schildert auf Befragen derartige körperliche Symptome, kann sie aber nicht mit einem Gefühl in Verbindung bringen.

Nachdem Lucas mir seine Taubheit beschrieben hat, frage ich weiter:

»Gut, das ist eine klare Schilderung der Empfindungen, die du hattest, während deine Frau sich über dich beklagte. Aber laß uns deine Reaktion genauer ansehen. Empfindest du noch andere der genannten körperlichen Symptome? Was spielt sich noch in deinem Körper ab?«

»Mir ist, als hätte ich einen Eisenring um den Kopf.«

»Noch etwas anderes?« Ich nehme sein Gesicht in Augenschein. »Hast du vielleicht Kopfschmerzen?«

»Noch nicht richtig, aber ich fühle sie kommen. Ich habe oft gemeines Kopfweh. Wenn wir nach Hause kommen, muß ich gleich ein paar Schmerztabletten nehmen.«

Menschen mit unterentwickelter emotionaler Kompetenz bekämpfen körperliche Symptome, die von Gefühlen ausgelöst wurden, häufig mit Drogen. Solche Drogen haben fast immer schädliche Nebenwirkungen, aber sie helfen, zumindest kurzfristig, mit einem emotionalen Konflikt zurechtzukommen. Sie tun dies, indem sie den Betreffenden von jenen Kopf- oder Magenschmerzen und sonstigen Symptomen befreien, die ihn eigentlich darauf aufmerksam machen sollten, daß ein emotionales Problem ansteht.

Natürlich ist der Konflikt damit weder aus der Welt geschafft noch gelöst. Die Droge betäubt nur kurzzeitig seine körperlichen Begleiterscheinungen und verbessert damit das Allgemeinbefinden. Sie bringt aber auch die körpereigene Chemie durcheinander und hat schädliche Kurz- und Langzeitfolgen.

Im Falle von Lucas sind es große Mengen an freiverkäuflichen Schmerzmitteln, die er gegen seine Rücken- und Kopfschmerzen einnimmt. Seit sein Arzt ihm gesagt hat, daß Ibuprofen und Acetaminophen in Verbindung mit Alkohol zu Leberschäden führen können, ist er auf Aspirin umgestiegen. Das macht aber seinen Magen rebellisch, und er muß Maalox nehmen, um ihn zu beruhigen. Zum Aufwachen trinkt er morgens zwei Tassen starken Kaffee, und über den Tag hält er sich mit Diät Cola wach; nebenbei raucht er, um mit Streß und Spannungen fertig zu werden, und abends muß er »ein, zwei Gläser« Wein trinken, damit er abschalten und einschlafen kann. Keine dieser selbstverordneten Drogen bringt ihm das erhoffte Wohlbefinden, aber zumindest lassen sich die Härten des Tages damit bewältigen.

Sobald Menschen regelmäßig größere Mengen an Drogen und/ oder Alkohol konsumieren, können sie die körperlichen Reaktionen ihres Körpers nicht mehr richtig deuten. Reagiert der Körper auf chemische oder emotionale Reize? Sind diese Reaktionen übersteigert oder unterdrückt? Gesund oder krankhaft? Ein Mensch, der häufig zu selbstverordneten Medikamenten greift, kann das nicht mehr unterscheiden.

In einem solchen Zustand reduzierter Bewußtheit kann man seinen Mitmenschen großen emotionalen Schaden zufügen. Starke Gefühle, die man selbst nicht registriert, lösen möglicherweise irrationales Verhalten aus. Dies wiederum führt zu emotionaler Taubheit und verengt die emotionale Wahrnehmung des Opfers so weit, daß es in den bekannten Teufelskreis der emotionalen Inkompetenz gerät.

Rudimentäre Wahrnehmung: In diesem Stadium ist sich ein Mensch seiner Emotionen bewußt, erlebt sie aber lediglich als ein erhöhtes verstörendes Energiepotential, das nicht verstanden und in Worte gefaßt werden kann. Diese Person ist durch Gefühle leicht anzusprechen, aber auch schnell zu verletzen, da ihr das tiefere Verständnis und die Kontrolle über ihre Empfindungen weitgehend fehlt. Menschen mit rudimentärer Gefühlswahrnehmung neigen eher zu unkontrollierten Ausbrüchen, impulsivem Handeln oder Depressionen als solche, deren Emotionen erstarrt und dadurch gänzlich ihrer Wahrnehmung entzogen sind. Wenn eine Gruppe unter Streß gerät, dann sind es in der Regel diese Menschen, die als erste zusammenbrechen.

Lucas, er ist ein Gegenbeispiel, ist an seinem Arbeitsplatz extremem Druck und Streß ausgesetzt. Man schätzt dort, daß er »einen kühlen Kopf« bewahrt, und überläßt ihm deshalb in Krisensituationen gern wichtige Entscheidungen. Seine Kollegen und Vorgesetzten mögen seine kühle Art zwar nicht besonders, doch wegen seiner Effizienz ist er ein bei allen geschätzter Mitarbeiter.

Aus diesem Widerspruch ziehen manche Leute den falschen Schluß, daß emotionale Bewußtheit und Ansprechbarkeit von Nachteil seien. In Wirklichkeit ist es so, daß auch in unserer emotional unterentwickelten Welt ein kompetenter Umgang mit Gefühlen und ihrem Informationspotential zu persönlicher Effizienz und Macht verhilft. Und das, weil ein Mensch mit hoher emotionaler Kompetenz weiß, wie Gefühle nötigenfalls kontrolliert werden. Das mag unmöglich sein in Situationen, in denen extreme Rücksichtslosigkeit und Gefühlskälte gefordert sind. Aber solche Situationen werden ja von jemandem mit emotionaler Kompetenz gerade vermieden.

Die Sprachbarriere: Nur in einem Klima, das emotionalen Informationen gegenüber aufgeschlossen ist, läßt sich die Sprachbarriere überwinden. Hat man es jedoch einmal geschafft, so stellt die Möglichkeit, über seine Gefühle sprechen zu können, eine wichtige Grundlage für den bewußten Umgang mit ihnen dar.

In der heutigen Zeit wird es immer schwieriger, diese Fähigkeit zu erlernen, da viele von uns ihren Arbeitsalltag in engem Kontakt mit Maschinen statt mit Menschen zubringen. Oft ist ihr Umgang mit den Maschinen nach Feierabend noch nicht zu

Ende. Sie gehen von der Arbeit nach Hause und widmen sich ihren Fernsehern, Videospielen, Stereoanlagen oder Computern. Menschen, die in solcher Isolation leben, verlieren das Interesse an emotionalen Dingen und haben kaum Gelegenheit, ihre eigenen Gefühle zu analysieren. Es gehört zu den traurigen Tatsachen unserer Zeit, daß die meisten Menschen im Zusammenleben ihren Gefühlsausdruck – sofern er überhaupt stattfindet – auf die Fernsehreklame beschränken.

Erst wenn die Beziehung mit dem Ehepartner oder den heranwachsenden Kindern schon in die Brüche geht, werden sie auf Krisen überhaupt aufmerksam.

Es ist zweifellos einfacher, sich vor den Fernseher zu setzen, als eine sinnvolle Diskussion mit einem Familienmitglied zu führen. Aber nur wenige bemerken, daß diese Option sie von den eigenen Gefühlen und denen anderer abschneidet. Eine Analyse unserer Gefühle ist die Voraussetzung, um aus emotionaler Taubheit, körperlichem Unbehagen und emotionalem Chaos herauszufinden und erfüllte Beziehungen zu anderen aufzubauen.

Dazu brauchen wir eine Umgebung, die das Gespräch über Gefühle fördert und ermutigt. Wir brauchen Menschen, denen gegenüber wir uns öffnen können und die uns gegenüber offen sind. Wollen wir emotionale Bewußtheit erlangen, dann müssen wir eine solche Umgebung finden. Selbst eine Gemeinschaft von zweien kann für den Anfang genügen.

Differenzierung: Dieses Stadium kennzeichnet bereits eine fortgeschrittenere Fähigkeit zur Wahrnehmung unterschiedlicher Gefühle und ihrer Intensität sowie die Möglichkeit, sich mit anderen darüber zu verständigen. Emotionen wie Ärger, Liebe, Scham, Freude oder Haß können in ihrer Verschiedenheit wahrgenommen werden.

Indem wir die Sprachbarriere passiert haben (für manche stellt sie eine regelrechte Mauer dar), wird uns zunehmend bewußt, daß wir häufig mehrere Empfindungen gleichzeitig verspüren. Einige davon sind stark und nicht zu übersehen, andere aber können versteckt und kaum wahrnehmbar sein; einige halten nur kurz an, während andere uns lange begleiten.

Wenn wir zum Beispiel von Eifersucht überwältigt sind, so werden wir vielleicht feststellen, daß das vorherrschende Gefühl die Wut ist. Daneben gibt es aber andere, schwächere Empfindungen, wie etwa unerwiderte Liebe vermischt mit Scham. Bei einem anderen mag sich das Gefühl der Eifersucht zusammensetzen aus Verletztheit, Haß und Furcht.

Doch verfolgen wir weiter, wie es Lucas, dem unglücklichen Buchhalter, geht. Als ich ihn frage, warum er so heftig auf die Anschuldigungen seiner Frau reagiert, antwortet er:

»Ich nehme an, das alles hat mich ein wenig geärgert.«

»Hat es dich denn auch verletzt?«

»Ich glaube schon. Ja, es hat schon auch wehgetan«, sagt er mit Nachdruck, »und außerdem habe ich befürchtet, daß ich die Beherrschung verlieren und ihr rausgeben könnte. Das würde sie sehr verletzen, sie hat ja eine so dünne Haut.«

»Wie wütend bist du jetzt?«

»Eigentlich nicht sehr. Bloß ein bißchen ärgerlich.«

»Aber wenn du nicht wirklich wütend bist, warum hast du dann Angst, die Kontrolle zu verlieren?«

»Wahrscheinlich bin ich doch ziemlich wütend.« Einen Moment lang ist er still, und ich kann beobachten, wie er rot im Gesicht wird. »Ja, ich denke, ich bin wütend.«

»Richtig wütend?«

Es folgt ein langes Schweigen. Lucas' Gesicht ist mittlerweile puterrot. Schließlich wendet er sich seiner Frau zu und sagt mit einer Stimme, die schuldbewußt und gequält klingt: »Ja, wenn ich es mir genau überlege, muß ich sagen, daß mich das tatsächlich stark getroffen hat.«

Während ich Lucas weiter befrage, vermeide ich es, ihm die Worte in den Mund zu legen. Ich helfe ihm, seine wirklichen Gefühle zu erkennen, und es stellt sich heraus, daß Lucas auf die Vorwürfe seiner Frau hin heftige, blinde Wut empfunden hat. Gleichzeitig hat er Angst, »es zu verlieren« und »auf sie loszugehen«. Als ihm das bewußt wird, fühlt er sich verletzt und niedergeschlagen.

Das sind schon eine ganze Menge Gefühle für jemanden, der zunächst behauptet hatte, überhaupt nichts zu fühlen.

Kausalität: Sobald wir die genaue Beschaffenheit unserer Gefühle zu verstehen beginnen, lernen wir auch ihren Ursprung besser begreifen. Wir sehen, welches Ereignis sie ausgelöst hat, warum wir mit intensivem Stolz oder Haß reagieren und woher unsere Ängste kommen.

Folgendes kann das ein wenig veranschaulichen. Peters Eifersucht begann an jenem Abend, als Jennifer über die Witze des gemeinsamen Freundes Michael lachte. Zunächst will Peter sich diese Empfindung nicht eingestehen, denn er hält sich etwas darauf zugute, vertrauensvoll und sicher zu sein. Dennoch ertappt er sich dabei, daß er Jennifer gegenüber ziemlich reizbar ist. Als er über diesen Stimmungsumschwung nachdenkt, muß er sich eingestehen, daß vermutlich Eifersucht der Grund für sein plötzlich so aggressives Verhalten war.

Hier ist der Punkt, wo man einsehen muß, wie stark die Menschen emotional miteinander vernetzt sind. Auch wenn wir das Gegenteil behaupten, werden wir in anderen bestimmte Empfindungen auslösen, genauso wie diese in uns. In unserem Fall hat Jennifers offensichtlicher Flirt mit Michael Peter eifersüchtig gemacht.

Allmählich beginnen wir, die Alchemie der Gefühle zu begreifen: Emotionale Anlagen in uns (Empfindlichkeit, Rechthaberei, Eifersucht) verbinden sich mit den emotionalen Neigungen und Verhaltensweisen anderer.

Mit der Zeit sind wir in der Lage weiterzuforschen, und wir werden in vielen Fällen herausfinden, warum wir fühlen, wie wir fühlen. Doch zurück zu Peters Eifersucht und Michaels Humor. Nachdem Peter seine Neigung zur Eifersucht, die ihm selber peinlich ist, erkannt hat, berichtet er Jennifer davon. Sie versichert ihm, daß sie ihn keineswegs eifersüchtig machen wollte, sondern es nur einfach entspannend fand, nach einer harten Woche einmal herzhaft zu lachen. Jetzt, wo sie von Peters Eifersucht weiß, nimmt sie sich vor, in Zukunft besser auf ihn zu achten, falls Michael wieder mal sein bekanntes Talent als Entertainer vor ihnen beiden entfaltet.

Einfühlung: Indem wir unsere Emotionen allmählich unterscheiden lernen, ihre Intensität einschätzen und ihren Ursprung erkennen können, verfeinert und strukturiert sich unser Sensorium für die eigenen Gefühle, und gleichzeitig schärft sich unsere Wahrnehmung auch für die Gefühle anderer.

Einfühlung ist eine Art der Intuition für Gefühle. Den Neuling erstaunt diese Fähigkeit zunächst, scheint sie doch in einer Art siebentem Sinn zu bestehen und auf bedenkliche Weise dem Hellsehen verwandt zu sein. Mit Hilfe von Einfühlung können wir emotionale Signale von anderen empfangen, und zwar auf einem separaten emotionalen Kanal.

Einfühlsam sein heißt nicht, daß wir über die Gefühle anderer nachgrübeln, sie sehen oder hören. Man hat diese Fähigkeit als ein eigenes Sensorium beschrieben, das emotionale Energien auf die gleiche Weise erfassen kann wie unsere Augen das Licht. Wenn das der Fall ist, dann müssen wir für die Intuition einen eigenen, von den anderen Sinnen getrennten Kanal annehmen, der die Signale unmittelbar unserer Bewußtheit zuführt. Wenn wir es in den prägenden Jahren unserer Jugend versäumt haben, diesen siebenten Sinn auszubilden, oder im Lauf der Zeit gelernt haben, ihn zu unterdrücken, so können wir emotional inkompetent werden. Manche Menschen besitzen angeborene Einfühlsamkeit und sind entsprechend sensibilisiert für Gefühle, andere besitzen keinerlei emotionales Gespür. Die meisten von uns agieren irgendwo in der Mitte, doch jeder von uns kann diese einfühlende Bewußtheit erlernen oder wiedererlernen.

Einfühlung als solche bleibt, wie jede andere Art der Intuition, zunächst ungenau und wenig ergiebig, bis wir unsere Wahrnehmung einer objektiven Bestätigung unterziehen.

Ich möchte das am Beispiel von Peter und Jenny illustrieren. Jenny hat mit der Zeit gemerkt, daß Peter sich in der Gegenwart von Michael unwohl fühlt. Ihre Intuition sagt ihr, daß er eifersüchtig ist, auch wenn er das zunächst abgestritten hat. Sie kann den Grund dafür nicht erkennen, denn wenn sie miteinander allein sind, ist sie Peter gegenüber ausgesprochen zärtlich und hingebungsvoll. Sie vermutet, daß seine Eifersucht etwas mit Michaels gutem Aussehen zu tun hat und Peter vielleicht mit sich selbst in dieser Hinsicht unzufrieden ist.

Jenny hat zuvor einen Artikel über emotionale Kompetenz gelesen und darin einige Techniken kennengelernt, von denen sie auch Peter berichtete.

Als Jenny Peter dann schließlich fragt, ob er tatsächlich eifersüchtig sei, verneint er zunächst. Er hält Eifersucht für kindisch und schämt sich, seine Empfindung zuzugeben. Doch diese Verneinung wirkt nicht sonderlich überzeugend. Das ist durchaus beabsichtigt, denn im Grunde möchte er seinen Ängsten Luft machen.

»Bitte sei ehrlich«, fordert ihn Jenny auf und versichert, daß sie ihm seine Gefühle nicht verübeln wird.

»Na gut, ich bin tatsächlich ein bißchen eifersüchtig«, gibt er endlich zu.

»Aber ich finde Michael gar nicht besonders anziehend. Du bedeutest mir viel mehr.«

»Darum geht es ja nicht. Du hast mit deinen Gefühlen für mich ja nie hinterm Berg gehalten«, grinst er verlegen. »Aber du weißt doch, daß ich manchmal ziemlich schüchtern bin. Michael ist so unterhaltsam und witzig, findest du das denn nicht attraktiv?«

Jennifer denkt einen Moment nach. »Ja, schon. Aber auf deine Art bist du auch witzig, wenn wir allein miteinander sind. Natürlich ist jemand wie Michael sehr unterhaltsam. Aber du bist der Mensch, mit dem ich eine Beziehung haben möchte. Es wird in unserem Bekanntenkreis immer Leute geben, an denen wir bestimmte Qualitäten schätzen. Aber ich bin mit dir zusammen, weil du die Qualitäten besitzt, die mir besonders wichtig sind, und weil ich dich liebe.« Sie nimmt ihn in die Arme, und für einen Moment halten sie sich glücklich umschlungen. Doch Peter muß noch etwas loswerden.

»Da ist noch was. Irgendwie hältst du dich von mir fern,

wenn er da ist. Sobald wir zu dritt sind, habe ich Angst, daß du das Interesse an mir verlierst.«

Sie ist völlig schockiert. »Aber das ist nicht wahr!« Doch nach einigem Nachdenken wird ihr klar, warum er so empfindet. »Ich hab' immer gedacht, daß es unhöflich ist, im Beisein eines Single Zärtlichkeiten auszutauschen.«

»Das kann ich verstehen.« Peter nickt nachdenklich. »Vielleicht bin ich damit zu weit gegangen. Wahrscheinlich können wir ruhig händchenhalten oder dicht beisammensitzen, ohne daß Michael sich deswegen schlecht fühlt. Ich werde das in Zukunft öfter machen. Ich wollte ja nur, daß deine Freunde mich mögen, deshalb habe ich mich besonders rücksichtsvoll verhalten.«

Peters Intuition, daß Jenny Michael in gewisser Weise attraktiv fand, hat sich bestätigt. Auch ihr distanziertes Verhalten, sobald Michael in der Nähe war, hat er bestätigt gefunden. Doch seine Angst, Jenny sei in Michael verliebt oder dieser wolle ihn ausstechen, hat sich als falsch erwiesen. Statt dessen hat er zu seiner Freude erfahren, wie sehr Jenny daran gelegen ist, von seinen Freunden akzeptiert zu werden, und wie sehr sie auf die Gefühle anderer Rücksicht nimmt.

Seine Intuition wurde bestätigt, seine Befürchtung entkräftet, und er hat etwas Neues und Liebenswertes an Jenny kennengelernt, nämlich ihre Umsicht.

Früher hat Peter Jennys Liebeserklärungen gelegentlich als übertrieben abgetan. Doch seit sie ihm ruhig dargelegt hat, warum gerade er es ist, mit dem sie leben will, kann er sich ihrer Liebe sicherer sein. Dies sind nur einige der vielen Früchte, die ein emotional offener Dialog bringen kann.

Wenn wir über Empfindungen objektiv und in vernünftiger Weise sprechen, dann werden wir die eigenen Gefühle und die, die uns andere entgegenbringen, eher zulassen können. Wir entspannen uns und können tiefer empfinden. So hilft emotional kompetentes Verhalten nicht nur über die Hochs und Tiefs im Alltag einer Liebe hinweg, es läßt uns diese Liebe auch stärker fühlen.

Indem Jenny ihrer Vermutung, Peter könnte eifersüchtig sein, nachgegangen ist, konnte sie ihre Intuition schärfen. Nächstes Mal wird sie wahrscheinlich den Ursprung seiner Gefühle noch genauer zu bestimmen versuchen. Es gibt keine andere Methode, sein Einfühlungsvermögen zu schärfen, als Fragen zu stellen. Man kann allerdings nur dann Fortschritte machen, wenn das Gegenüber auch zu ehrlichen Antworten bereit ist. Ehrliches Feedback ist das einzige Mittel, die einfühlende Intuition zu erweitern.

Ehrliches Feedback einzuholen ist notwendig, wenn wir die Genauigkeit unserer emotionalen Wahrnehmung erhöhen wollen. Wir werden auf die Gefühle anderer aufmerksam und können deren Intensität und Ursprung bestimmen. Manchmal empfinden wir sie dann so stark, als wären sie unsere eigenen. Mit dem weiteren Fortschreiten unserer emotionalen Kompetenz wird diese Wahrnehmungsfähigkeit immer akkurater und verläßlicher. Man erreicht dies durch ständige Sensibilisierung, durch Feedback und Korrektur von Mißverständnissen.

Hier ist es nun wichtig, den Unterschied zwischen Einfühlung, Empathie und Sympathie zu erläutern. Sympathie ist ein intellektueller Vorgang, bei dem wir uns die Gefühlsumstände anderer Menschen vergegenwärtigen und der uns dazu verhilft, zu verstehen und sogar vorauszusagen, wie diese Menschen fühlen und agieren werden. Sympathie ist jedoch kein emotionales, sondern ein mentales Geschehen, das sich zur Empathie verhält wie das Ausmalen eines Bildes nach vorgegebenen Zahlenwerten zur Gestaltung durch den Künstler. Man kann die entsprechenden Flächen mit den richtigen Farben beziehungsweise Emotionen ausfüllen und erhält dann ein erkennbares Faksimile des realen Gegenstandes, ohne dabei emotional in den Prozeß verwickelt zu sein. Empathie unterscheidet sich davon grundsätzlich. Sie läßt unsere eigenen Emotionen in den Prozeß einfließen, so daß wir verstehen, was andere fühlen. Sympathie ist ein kläglicher Ersatz für Empathie, aber es ist nicht ungewöhnlich, daß Menschen unfähig sind, Empathie zu anderen Menschen aufzubringen. Dann ist Sympathie natürlich besser als gar nichts. Um aber zur nächsten Stufe der emotionalen Bewußtheit voranschreiten zu können, ist wahre Empathie erforderlich.

Interaktivität: »Nur« ein einfühlsamer Mensch zu sein, bringt gewisse Nachteile mit sich. Der Einfühlsame ist sich eines komplexen Universums emotionaler Informationen bewußt, das andere zumeist gar nicht wahrnehmen, und diese Informationen können oftmals schmerzlich, ja unerträglich für ihn sein.

Wenn wir wissen, was andere empfinden, dann heißt das noch lange nicht, daß wir auch damit umgehen können. Das emotionale Verhalten anderer scheint eine Reaktion herauszufordern, aber oft ist diese Reaktion gar nicht erwünscht oder nicht realisierbar.

Emotionale Interaktivität erfordert ein Wissen darüber, wie Menschen auf die Gefühle anderer reagieren werden und wann diese Gefühle im Guten oder im Schlechten eskalieren können. Auch muß man einschätzen können, wie der einzelne auf Wut, Angst oder Trauer reagiert und wie er mit Sexualität, Freude und Optimismus umgeht.

Emotionale Interaktivität setzt ein Stadium höchster Bewußtheit voraus. Man muß nicht nur die eigenen Gefühle kennen und sich in andere hineinversetzen, sondern auch die Wechselwirkung solcher Gefühle voraussehen. Schließlich wird man in der Lage sein, das Verhalten zweier Menschen in einer gegebenen Situation aufgrund von deren sonstiger emotionaler Disposition zu antizipieren.

Empfindungen entstehen und verblassen, wachsen und verschwinden nebeneinander und über gewisse Zeiträume hinweg. Hat man eine hohe Stufe emotionaler Sensibilisierung erreicht, wird man selbst die komplexe Wechselbeziehung der Empfindungen – sei es in einer Person oder im Umgang von Personen miteinander – durchschauen.

Interaktive Bewußtheit beschäftigt sich damit, wie sich Emotionen – chemischen Substanzen vergleichbar – zu neuen Verbindungen fügen, die aufgrund der Ausgangssubstanzen so nicht vorhersehbar waren. Genau wie im Labor können sich Verbindungen als kreativ, träge oder explosiv erweisen. Nur wer über einen großen Erfahrungshorizont oder aber über Weisheit verfügt, wird solche Reaktionen im voraus bestimmen können.

Mein Freund David hat solche Weisheit unter Beweis gestellt, als er seiner heranwachsenden Tochter, die scheu und zurückhaltend ist, seine neue Freundin vorstellte.

Er kannte die Schüchternheit seiner Tochter gut genug, um zu wissen, daß eine Essenseinladung kein glücklicher Rahmen für eine erste Begegnung sein würde. So lud er seine Freundin einfach ein mitzukommen, als er die Tochter mit dem Auto zu ihrer Mutter brachte. Die Fahrt in die andere Stadt gab seiner Tochter Gelegenheit, ihn im Umgang mit der neuen Partnerin zu beobachten, während sie sicher und unbeobachtet auf dem Rücksitz saß.

Auf diese Weise konnte Davids Tochter sich ungestört und ohne den Streß einer förmlichen Einladung ein Bild von ihrer künftigen Stiefmutter machen und leichter Zuneigung zu ihr fassen.

Davids erhöhte Sensibilität hatte ihn vor der an sich naheliegenden Option eines gemeinsamen Abendessens gewarnt.

Hier noch ein weiteres, etwas komplexeres Beispiel. John und Deidre haben bereits seit Monaten Probleme miteinander. John ist böse, weil Deidre so viel Zeit für ihren neuen Job aufwendet, aber für sie ist es das erste Mal, daß ihr eine Arbeit wirklich Spaß macht und sie ausfüllt. Bisher war John der Hauptverdiener in der Beziehung, und er reagiert mit Eifersucht und Neid auf die neue Situation. Er neigte schon immer zu Gefühlsausbrüchen, aber in letzter Zeit verliert er bei jeder Kleinigkeit die Nerven.

Die beiden haben seit vielen Jahren ein stabile Beziehung, und John weiß, daß Deidre ihn liebt und ihm vertraut, doch seine Wutausbrüche machen ihr zunehmend angst.

Nachdem sie mehrere hitzige und unergiebige Auseinandersetzungen hinter sich haben und Deidre sich anschickt, sich zurückzuziehen, ist John ziemlich ratlos.

Während er über die Lage nachdenkt, erinnert er sich an einen heftigen Streit mit Deidre, den sie im Beisein ihrer Schwester Marsha ausgetragen hatten. Damals hatte ihm Marshas Anwesenheit geholfen, seine Wut im Zaum zu halten (es wäre ihm peinlich gewesen, sich vor ihr so gehenzulassen, wie er das gewöhnlich tat). Andererseits hatte Marsha in aller Ruhe für Deidre Stellung bezogen, weshalb diese ihre Position besser behaupten konnte.

John beschließt also, Marsha am Sonntag zum Brunch einzuladen. Vorher teilt er Deidre und dem Gast mit, daß er vorhat, über Deidres neue Arbeitssituation zu sprechen, und dazu Marshas Hilfe braucht. Die beiden Frauen sind einverstanden, und nach einem guten Essen schlägt John vor, Marsha solle sich neben Deidre setzen und er werde jetzt seine Sicht der Dinge darlegen.

John weiß genau, daß er in einer weniger abgesicherten Situation leicht die Kontrolle über seine Gefühle verlieren und Deidre mit seinem Zorn überfahren würde. Er könnte sie zwar mit einiger Wahrscheinlichkeit dazu bringen, ihre Arbeit einzuschränken, aber über kurz oder lang würde das zu erheblichen emotionalen Problemen führen.

Marsha ist als Vermittlerin gut geeignet, denn sie mag die beiden gern und hat keine Angst vor John. Ihre selbstsichere, ruhige Art gibt John das nötige Selbstvertrauen, sich klar zu äußern, und Deidre hat genug Rückenstärkung, um sich seinen Forderungen zu stellen, ohne sich einschüchtern zu lassen.

Die Situation wäre eine andere gewesen, wenn John gewußt hätte, daß auch Deidre wütend ist und die Konfrontation mit ihm nicht fürchtet. In einer solchen Konstellation wäre ein anderer, direkterer Umgang mit den Problemen ratsam gewesen, so daß es nicht notwendig geworden wäre, nach der vermittelnden Schwester zu suchen.

John ist sich seiner eigenen Gefühle und Veranlagungen bewußt, entsprechend genau kennt er die von Deidre. Aus Erfahrung weiß er, wie sie sich zueinander verhalten werden; es ist abzusehen, daß er die Geduld verlieren und sie anschreien wird, worauf sie zwar einlenken, aber unglücklich und reizbar sein wird.

Er kann also den Problemen vorbeugen, die aus einer solchen Konfrontation entstehen würden.

Für eine so komplexe Analyse der Beziehungslandschaft muß

man schon über ein hohes Maß an emotionaler Interaktivität verfügen.

Im Zeitalter der Kommunikation ist überall von Interaktivität die Rede. In unserem Kontext verstehen wir darunter intelligente Interaktion im Gegensatz zu passivem Geschehenlassen. Dasselbe gilt für emotionale Interaktivität. Bewußtheit im Umgang mit Gefühlen heißt nicht nur, daß wir die Empfindungen in uns und in anderen registrieren, sondern auch lernen, sie aktiv für kreative Zwecke einzusetzen, anstatt sie unbeachtet zu lassen und womöglich von ihnen überwältigt zu werden.

Doch kommen wir zurück zu jenem mitfühlenden Menschen, der befürchtet, daß zu viel Interaktivität auch zu manipulativem Umgang mit emotionsgeladenen Situationen führen könnte. Insofern ist Interaktivität das Bindeglied zwischen **emotionaler Bewußtheit**, dem Thema dieses Kapitels, und **emotionaler Kompetenz**, dem Thema dieses Buches.

Profil der emotionalen Bewußtheit

Wenden wir uns nun dem Profil zu, das Sie mit Hilfe des Fragebogens für sich erstellen konnten. Vor allem möchte ich nochmals betonen, daß dieses Profil keine Messung von emotionaler Kompetenz darstellt. Mit ihm soll nur der Bewußtseinsgrad eingeschätzt werden, der ein wichtiger Aspekt der emotionalen Kompetenz ist. Die A-Fragen beziehen sich auf emotionale Taubheit (ET); die B-Fragen testen die körperlichen Empfindungen (KE); die C-Fragen testen die chaotische, rudimentäre Wahrnehmung (RW); die D-Fragen fragen nach Differenzierung (DF); die E-Fragen testen die Einfühlung oder Empathie (EM); die F-Fragen beziehen sich auf die Interaktivität (IA). Das nun zu erstellende Profil zeigt dann an, was zu tun wäre, um emotionale Kompetenz zu entwickeln. Es gibt im großen und ganzen drei Profile.

Niedriges Bewußtheitsprofil

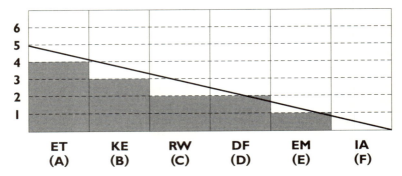

Wenn Ihr Profil diesem ähnelt, dann sind Sie ein Mensch, der bisher seinen Gefühlen keine große Aufmerksamkeit geschenkt hat und der von den Gefühlen anderer leicht verwirrt wird. Meistens sind Sie weit davon entfernt, überhaupt irgendwelche Gefühle zu empfinden. Wenn Sie einmal mit starken Emotionen reagieren, dann sind dies Ärger oder Angst, und Sie werden alles tun, um diesen unwillkommenen Zustand zu überwinden. Es ist notwendig, daß Sie sich um emotionale Kompetenz bemühen.

Hohes Bewußtsheitsprofil

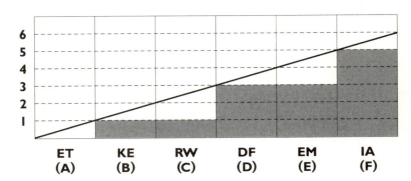

Wenn Ihr Profil diesem ähnelt, dann sind Emotionen Bestandteil Ihres Alltagsbewußtseins. Sie wissen meistens, wie Sie fühlen und warum, und Sie können die Intensität Ihrer Gefühle einschätzen. Sie fühlen sich wohl, wenn Sie über Gefühle sprechen und wenn Sie die Gefühle anderer Menschen verstehen. Es könnte aber sein, daß diese Bewußtheit Ihnen als Problem erscheint. Wenn Sie über Ihre Gefühle reden, dann kann es sein, daß Sie Probleme für sich selbst erst schaffen. Und wenn Sie nicht darüber reden, dann fühlen Sie sich vielleicht wie ein Fremdling in einem fremden Land, in dem niemand sieht, was Sie sehen. Sie sind aber in einer sehr guten Ausgangsposition, um einen hohen Grad an emotionaler Kompetenz zu erreichen.

Durchschnittliches Bewußtheitsprofil

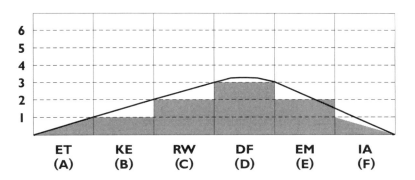

Wenn Ihr Profil diesem ähnelt, dann sind Sie sich Ihrer Gefühle bewußt, aber Sie wissen nicht immer, was Sie mit ihnen anzufangen haben. Sie verstehen Ihre eigenen Gefühle, sind aber zugleich durch die von anderen Menschen verwirrt. Sie sind manchmal zur Einfühlung in andere fähig, manchmal lassen andere Gefühle Sie aber gänzlich kalt. Meistens erscheinen sie Ihnen als lästiges, chaotisches Durcheinander, dem man durch Nichtbeachtung aus dem Wege zu gehen trachtet. Wenn Sie mit anderen darüber sprechen möchten, dann kommt ein Mischmasch heraus. Manchmal werden emotionale Probleme gelöst, manchmal werden sie verschlimmert. Sie sind jedenfalls derjenige Leser, der wahrscheinlich am meisten von diesem Buch profitiert.

Jenseits der Bewußtheit

Bewußtheit ist ein entscheidender Aspekt persönlicher Macht, doch sie allein reicht, wie wir gesehen haben, für die nötigen Veränderungen noch nicht aus, die kompetenten Umgang mit Gefühlen erst möglich machen. In dem Maße, wie sich die Bewußtheit schärft, muß sich der Mensch gleichzeitig auch jene Fähigkeiten aneignen, die eine umfassende emotionale Bildung ausmachen. In den Kapiteln 3 bis 8 wird es vor allem darum gehen, Bewußtheit und emotionale Kompetenz zu erlernen.

Zusammenfassung
Die Skala der emotionalen Bewußtheit

Bewußtheit ist ein entscheidender Bestandteil emotionaler Kompetenz. Befragen Sie sich selbst und stellen Sie fest, wo auf dieser Skala Sie stehen.

Die Skala umfaßt von unten nach oben folgende Stadien:

Taubheit: Sie sind sich Ihrer Gefühle nicht bewußt.

Körperliche Empfindung: Ihre Gefühle äußern sich körperlich (zum Beispiel durch Kopfschmerzen und Schwindelgefühle), aber ihre eigentlichen Empfindungen bleiben Ihnen weiterhin verborgen.

Rudimentäre Wahrnehmung: Sie sind sich Ihrer Emotionen zwar bewußt, können sie aber nicht näher bestimmen, über sie sprechen oder ihre Beweggründe einsehen.

Differenzierung: Indem Sie über Ihre Gefühle sprechen, also die Sprachbarriere überwinden, lernen Sie ihre unterschiedliche

Qualität erkennen und können zwischen Wut, Liebe, Scham, Freude oder Haß differenzieren.

Kausalität: Sie sind nicht nur in der Lage, Emotionen zu unterscheiden, sondern auch deren Ursprung zu erkennen.

Einfühlung: Sie können sich in andere hineinversetzen.

Interaktivität: Sie sind in hohem Maße sensibilisiert gegenüber den Gefühlen in ihrem unmittelbaren Umfeld und können deren Wechselwirkung kalkulieren.

Sich der Gefühle in uns und in anderen bewußt zu sein ist der erste Schritt zur emotionalen Kompetenz.

3

Emotionale Kompetenz erwerben

Sie sind nicht dazu verdammt, in emotionaler Taubheit durchs Leben zu gehen. Auch brauchen Sie sich auf Dauer weder zurückgewiesen, verunsichert oder ängstlich zu fühlen noch von inneren Impulsen quälen oder aus dem Gleichgewicht bringen zu lassen. Förderliche Umgebung und wirkungsvolle Techniken werden Ihnen helfen, Ihr Gefühlsleben in eine Quelle der Freude zu verwandeln.

Wie die Forschung gezeigt hat, können selbst tiefe seelische Verwundungen geheilt werden, sofern die Umgebung es dem Patienten erlaubt, starke Gefühle zu äußern. Ein emotional kompetentes Umfeld hilft ihm, das Problem an der Wurzel zu packen und es langsam, aber sicher aufzuarbeiten. Wenn man sich mit einfühlsamen Freunden, Angehörigen, Therapeuten oder in einer Therapiegruppe aussprechen kann, werden die Folgeerscheinungen der traumatischen Erfahrung – wie Erinnerungen, Rückfälle, Alpträume, Angstzustände und depressive Schübe – allmählich nachlassen oder ganz verschwinden.

Sie werden zu einem neuen emotionalen Selbst finden. Und Sie werden Ihre Beziehungen zu anderen Menschen umwandeln.

In einer Welt wie der unseren mag es als tollkühnes Unterfangen gelten, wenn jemand sich um sein emotionales Selbst kümmert. Gerade jene, die mit starken Emotionen hinterm Berg halten, scheinen in unserer Gesellschaft Vorteile zu haben; sie halten den Kurs, während die anderen in ihren Gefühlen versinken. Auf lange Sicht aber kann niemand ein produktives Leben führen, ohne daß er in jede seiner Entscheidungen auch emotionale Aspekte mit einbezieht. Gefühlsmäßiges Wissen ist unerläßlich für ein ausgeglichenes, tatkräftiges Leben; das gilt für die alltägliche Diskussion der Morgennachrichten ebenso wie für die Frage, wen man heiratet.

Kaum etwas im Leben ist spannender, als sein emotionales Selbst neu zu entdecken.

Ein Leben mit emotionaler Kompetenz

Wenn Menschen einen ersten Einblick in emotional kompetente Lebensführung bekommen, dann sind sie davon fasziniert, welche Fülle an Kraft und Schönheit daraus hervorgeht. Manche von ihnen bringt dieser Begeisterungsschub sogar so weit, daß sie zum Gefühlskämpfer in einem Feldzug gegen emotionale Inkompetenz werden.

Eine erst kurz zuvor verwitwete, fünfundfünfzigjährige Großmutter schrieb mir Folgendes, nachdem sie in Deutschland an einem meiner Workshops teilgenommen hatte:

»Schon als Kind wußte ich, daß man sein Leben auch anders leben kann. Ich ahnte, daß es etwas mit aufrichtigen Gefühlen zu tun haben müsse und damit, bei den eigenen Entscheidungen keine Kompromisse zu machen. Auch eine starke Menschenliebe gehört dazu. Ich habe versucht, die Menschen zu lieben; ich liebe meine Tochter und meine Enkelkinder, aber inzwischen sehe ich, daß Liebe allein nicht ausreicht. Sie kann, wie in meiner Ehe, auch völlig fehlgehen. Von nun an möchte ich ein Vorkämpfer für die Aufrichtigkeit von Gefühlen sein. Mit weniger kann ich mich nicht zufriedengeben. Vielen Dank, daß Sie mir den Weg gewiesen haben.«

Diese Frau hat sich ein hohes Ziel gesetzt, doch mit Hingabe und Mut kann sie es erreichen. Dasselbe gilt für Sie. Natürlich geht so etwas nicht von heute auf morgen, es braucht Zeit. Wichtig ist, daß man systematisch auf ein solches Ziel hinarbeitet. Am Ende dieses Kapitels stelle ich Ihnen in aller Kürze drei meiner Trainingsmethoden vor, die Sie der angestrebten emotionalen Aufrichtigkeit näherbringen werden. Sie heißen: Das Herz öffnen, die Gefühlslandschaft erkunden und Verantwortung übernehmen.

Der Trainingsablauf

Schauen wir uns zunächst einmal an, wie ein solches Training abläuft.

Im Lauf der Jahre habe ich herausgefunden, daß wir unsere emotionalen Schranken durchbrechen können, indem wir unserer Liebe stärkeren Ausdruck verleihen. Der Lernprozeß, der uns zu emotionaler Kompetenz führt, beginnt und endet mit dem Herzen. In meine Sitzungen zur Eheberatung kommen oft Frauen, die sich beklagen, daß ihre Männer sie nicht oder nicht genug lieben. Der Mann würde seine Liebe nicht deutlich genug zeigen, heißt es oft, oder würde Zuneigung immer nur nehmen, anstatt sie auch zu geben.

Es gibt natürlich immer wieder Fälle, wo die Männer ihre Frauen oder Partnerinnen einfach nicht lieben. Doch meistens liegt das Problem darin, daß diese Männer die Liebe, die sie durchaus empfinden, nicht überzeugend vermitteln können. Die Betroffenen fragen sich dann mit der Zeit, warum sie nicht mehr lieben können. Dieses Defizit ist ein Anzeichen emotionaler Taubheit.

Zwar sind es in der Mehrzahl Frauen, die mit solchen Klagen zu mir kommen, aber es gibt auch Männer, die unter der Kälte und Lieblosigkeit ihrer Partnerinnen leiden. Emotionale Taubheit kommt also durchaus nicht nur bei Männern vor. Doch egal in welcher Konstellation das Problem auftritt, die Lösung ist in jedem Fall dieselbe: Lösen Sie die Fesseln, die Ihr Herz einengen.

Ich werde Ihnen ein Beispiel geben: Jack und Gina kamen völlig entnervt in meine Praxis. Nach eineinhalb Jahren glücklicher Ehe brach ihre Beziehung zusammen. Über jede Kleinigkeit gerieten sie sich in die Haare, und ihre Auseinandersetzungen wurden so massiv, daß es schien, als sei die Ehe nicht mehr zu retten.

Ich sah dank eines kurzen Einführungsgesprächs, daß sich die beiden noch liebten. Sie waren aber unfähig, die emotionalen Belange ihrer Beziehung auszuhandeln. Ich hätte nun geraume Zeit damit verbringen können, sie über ihre Kindheit zu befragen oder ihre Argumente gegeneinander abzuwägen. Statt dessen forderte ich sie auf, über die guten Seiten des anderen zu sprechen, jene scheinbar vergessenen Eigenschaften, die seinerzeit ihre Liebe begründet hatten.

Auf diese Weise wurden sie ruhiger und fanden eine gemeinsame Gesprächsbasis. Sie gingen rücksichtsvoll miteinander um und wirkten fast glücklich, während sie Erinnerungen an die »gute alte Zeit« auffrischten. Das lag daran, daß sie von neuem ihre Herzen füreinander geöffnet hatten.

Im Laufe des folgenden Monats leitete ich sie an, die emotionale Disposition des anderen zu ergründen. Die Techniken des emotionalen Kompetenztrainings halfen ihnen dabei, über ihre Gefühle füreinander zu sprechen und dabei Ärger, Ängste und Erwartungen offenzulegen. Nachdem sie die Gefühlslandschaft des anderen gründlich erkundet hatten, konnten sie zu neuem Verständnis und zu neuer Wertschätzung füreinander gelangen.

Sie hatten jetzt mehr Verständnis für den anderen und erkannten, wie sie ihre Beziehung durch eine Reihe von schmerzlichen Fehlentwicklungen, die unbedingt der Korrektur bedurften, gefährdet hatten.

Sie waren nun bereit, Verantwortung für ihr Handeln zu übernehmen. Unter großen Schwierigkeiten konnten sie ihre Fehler eingestehen und nahmen die Entschuldigung des anderen an. Dieser Schritt tat zwar weh, brachte aber große Erleichterung, die sich nicht selten in Tränen der Freude und der Hoffnung Luft machte. Sie hatten ihre Liebe zurückerobert und ihre Beziehung gefestigt.

Dieses Beispiel zeigt im Kern, wie das Trainingsprogramm aussieht. Es besteht aus drei Phasen, die ich schon oben erwähnt habe, aber jetzt näher erläutern möchte.

1. Das Herz öffnen: Dies ist der erste Schritt, denn das Herz ist der symbolische Sitz unserer Emotionen. Dort empfinden wir Freude, wenn wir glücklich, verliebt oder begeistert sind; und dort sind unsere negativen Empfindungen lokalisiert, wenn wir traurig, wütend oder von Liebeskummer geplagt sind. Ich beginne also damit, das Zentrum unserer Emotionen von jenen Restriktionen, Impulsen und Einflüssen zu befreien, die den Ausdruck von Zuneigung unterbinden.

2. Die Gefühlslandschaft erkunden: Nach dieser herzöffnenden Vorbereitung können Sie sich in ihrem emotionalen Umfeld genauer umschauen. Sie gewinnen Klarheit über das, was Sie fühlen, mit welcher Intensität sie es fühlen und warum. Sie werden vertraut mit dem Auf und Ab Ihrer Gefühle, registrieren, wie andere sie aufnehmen und wie Ihr Handeln diese beeinflußt. Sie verstehen plötzlich, wie Gefühlsregungen untereinander in Beziehung stehen und wie dadurch heftige Emotionswellen entstehen können, die uns und andere überrollen. Kurz gesagt, Sie gewinnen tiefe Einsichten in Ihre eigenen Gefühle und in die Gefühle anderer.

3. Verantwortung übernehmen: Schiefgelaufene Beziehungen lassen sich nur dann wirklich und dauerhaft verbessern, wenn die Beteiligten auch Verantwortung übernehmen. Das Herz zu öffnen und die Gefühlslandschaft zu erkunden, genügt noch nicht. Nur aktives Handeln bringt Abhilfe, wenn es zwischen Ihnen und Ihren Mitmenschen zu Beziehungsproblemen kommt. Jeder Betroffene muß das Problem darlegen, seine Fehler und Irrtümer eingestehen, Zugeständnisse machen und überlegen, was sich in Zukunft ändern muß. Und dann müssen natürlich Taten folgen.

Alle Menschen machen Fehler in ihren Beziehungen zu anderen. Aber egal ob der Fehler groß oder klein ist, man muß sich dafür entschuldigen und die Verantwortung für das eigene Tun übernehmen. Natürlich muß man dann auch Zugeständnisse machen und dafür sorgen, daß einem der gleiche Fehler nicht wieder passiert.

All das ist leichter gesagt als getan. Nur wenige Menschen verfügen über die emotionale Größe, die für eine aufrichtige, aggressionsfreie Entschuldigung nötig ist. Und noch schwerer ist es, nicht wieder in den gleichen Fehler zu verfallen. Keiner gesteht gern ein – nicht einmal sich selbst gegenüber –, daß er etwas falsch gemacht hat. Und wenn er es vor sich selber kann, so heißt das noch lange nicht, daß es ihm auch gegenüber anderen gelingt. Dann gibt es auch welche, die sich ständig und ohne jegliche Skrupel entschuldigen, ohne daß sich jedoch Konsequenzen daraus ergäben. Solche Entschuldigungen sind bedeutungslos. In der letzten Phase des Trainings wird man dazu hingeführt, Verantwortung für sein Handeln zu übernehmen und das eigene Verhalten, wenn nötig, zu korrigieren.

Ein belebender Prozeß

Das alles klingt nach unendlich viel Arbeit, und Sie mögen befürchten, daß ein solches Training Sie völlig auslaugen wird. Im Gegenteil, Sie werden neue Kraft daraus schöpfen. Man verschwendet große Mengen an emotionaler Energie, solange diese dazu dient, ein Ausleben unserer Gefühle zu unterbinden. Sei es, daß wir eine beschämende Erfahrung verschweigen, den Überschwang unserer Gefühle unterdrücken, weil er uns peinlich ist, oder schmerzliche Erinnerungen verdrängen, in jedem Fall vergeuden wir unsere Energie damit, Gefühle zu unterdrücken.

Sobald wir diese Gefühle zulassen können, erfahren wir nicht nur deren ureigene Kraft, sondern setzen auch jene Energie frei, die wir zu ihrer Unterdrückung aufgewandt hatten. Es zuzulassen, daß andere ihre Emotionen zur Sprache bringen, führt sie näher zu uns heran und bewahrt uns vor schmerzlichen Enttäuschungen. Daher berichten Leute, die sich dem Training unterzogen haben, oft von seiner stark vitalisierenden Wirkung.

Das klingt aufregend, nicht wahr? Dennoch sollten wir uns nicht blindlings hineinstürzen. Das Freisetzen von Gefühlen kann auch Komplikationen mit sich bringen. Unsere Empfindungen können außer Kontrolle geraten und unser Leben überschwemmen. Man sollte daher planvoll und systematisch zu Werke gehen. Genau dazu möchte ich Sie anleiten, wenn ich im Folgenden Schritt für Schritt das Übungsprogramm erkläre.

Strategien des emotionalen Kompetenztrainings

Sie werden einschneidende Veränderungen im Umgang mit Gefühlen erleben, wenn Sie die drei emotionalen Strategien in diesem Buch praktizieren: das Herz öffnen, die Gefühlslandschaft erkunden und Verantwortung übernehmen.

Im einzelnen werden Sie lernen:

- zu wissen, was Sie wollen und was Sie fühlen; sich Rechenschaft über die eigenen Gefühle zu geben und Ihre emotionalen Bedürfnisse zu befriedigen;
- produktiv mit Ihren Gefühlen umzugehen; zu wissen, wann man sie zurückhalten und wann man sie ausleben soll;
- wie man emotionaler Taubheit und Verwirrung entgeht und anderen näher kommt;
- wie man sein Wissen über Gefühle in Schule und Beruf, zu Hause und in der Gruppe in die Tat umsetzen kann; wie man tiefere, aufrichtigere und beständigere Beziehungen zu anderen aufbauen kann.
- wie man in einer zunehmend menschenfeindlichen und harten Gesellschaft auf verantwortungs- und liebevolle Weise seine persönliche Macht einsetzt.

Wie fängt man an?

Nun folgen die drei Phasen und jeweils vier Schritte des emotionalen Kompetenztrainings. Ich habe sie ihrem Schwierigkeitsgrad gemäß angeordnet.

Vielleicht stellen Sie fest, daß Sie die Fähigkeiten der ersten drei oder vier Schritte bereits besitzen, dann fangen Sie eben bei Schritt 5 an; vielleicht sind Sie aber auch schon bei Schritt 12 angekommen und müssen Ihre Fähigkeiten nur noch einmal neu einstimmen. Alles ist möglich. Meinen Studenten schärfe ich immer wieder ein: Ihr müßt alle Trainingsschritte *verstanden haben*, bevor Ihr mit dem Üben beginnen könnt. Wenn Euch die Richtung nicht klar ist, werdet Ihr den Weg nur schwer finden.

Die Einzelschritte dieses erstaunlichen Lernprozesses sind wie eine Wegbeschreibung zur emotionalen Transformation. Lesen Sie sie aufmerksam. Sie werden daraus ersehen, wo Ihr Ausgangspunkt war, wo Sie jetzt stehen und wohin Ihr Weg führt.

Und dies sind die Schritte und Phasen, die in den folgenden Kapiteln dargelegt werden:

ERSTE PHASE: Das Herz öffnen
1 Strokes geben
2 Strokes einfordern
3 Strokes annehmen und ablehnen
4 Sich selbst Strokes geben

ZWEITE PHASE: Die Gefühlslandschaft erkunden
5 Die Handlung / Gefühl-Stellungnahme
6 Eine Handlung / Gefühl-Stellungnahme annehmen
7 Seine Intuition offenlegen
8 Bestätigung der Intuition

DRITTE PHASE: Verantwortung übernehmen
9 Eine Rettungsaktion wiedergutmachen
10 Entschuldigungen annehmen
11 Um Vergebung bitten
12 Vergebung gewähren und verweigern

Zusammenfassung
Emotionale Kompetenz erwerben

Sie sind nicht dazu verdammt, in emotionaler Taubheit oder als Opfer Ihrer unkontrollierten Emotionen durchs Leben zu gehen. In geeigneter Umgebung, mit der Unterstützung von Freunden, Angehörigen und Therapeuten, können Sie Ihr neues emotionales Selbst finden.

Die Suche nach diesem neuen Selbst ist ein aufregender und befriedigender Vorgang. Dieser Prozeß wird eine Belebung bedeuten, weil Sie in ihm die Macht der Emotionen erfahren werden und weil Sie aufhören, Energie dadurch zu vergeuden, daß Sie Emotionen verbergen oder unterdrücken.

Öffnen Sie Ihr Herz: Im Kreise guter Freunde können Sie teilhaben am Ausdruck gegenseitiger Zuneigung.

Erkunden Sie die Gefühlslandschaft: Wenden Sie Ihre Aufmerksamkeit dem Auf und Ab Ihrer Gefühle und der Gefühle anderer zu.

Übernehmen Sie Verantwortung: Geben Sie zu, wenn Sie sich in einer Beziehung falsch verhalten und den anderen damit verletzt haben. Seien Sie zu Entschuldigungen bereit und machen Sie entsprechende Zugeständnisse.

4

ERSTE PHASE
Das Herz öffnen

Ein offenes Herz ist das Fundament der emotionalen Kompetenz und die Voraussetzung dafür, daß die nächsten zwei Phasen des Trainings erfolgreich durchlaufen werden: Erkundung der Gefühlslandschaft und Verantwortung übernehmen.

Die Macht der Strokes

Menschen interagieren, um Strokes zu bekommen. Diese können physisch-körperlich oder verbal sein. Körperliche Strokes sind Berührungen in jeder Weise: Umarmungen, Küsse, Zärtlichkeiten, Streicheleien, Händehalten.

Verbale Strokes sind Äußerungen, die etwas am anderen positiv hervorheben. Sie können sich auf dessen Aussehen, Kleidung, Intelligenz, Großzügigkeit, Kreativität, emotionale Kompetenz, Freundlichkeit, Integrität, Arbeitsauffassung, Geschicklichkeit, Würde, Führungseigenschaften, künstlerische Begabung, sexuelle Bereitschaft oder Ausdauer, Ehrlichkeit, Verspieltheit, gesunden Menschenverstand, Eleganz, Taktgefühl oder auf jede weitere Eigenschaft beziehen.

Es müssen nicht immer die offensichtlichen, erwarteten Attribute sein, die den Beifall der anderen finden. Jane zum Beispiel wünschte sich von David Strokes, die nicht immer nur mit ihrem Aussehen zu tun haben. Sie war sehr überrascht, als er daraufhin zu ihr sagte: »Ich beneide dich um die Fähigkeit, spontan Gefühle zu zeigen. Ich wäre mir meiner Gefühle auch gern so sicher. Ich mag es, daß du so stark empfinden kannst.«

Jane, die sich eher dafür geschämt hatte, daß sie im Kino oder bei Auseinandersetzungen immer gleich zu heulen anfing, traf das völlig unerwartet. Daß David ausgerechnet diese Eigenschaft an ihr schätzt, überraschte und freute sie.

Natürlich werden Strokes nicht immer direkt vermittelt oder ausgesprochen. Dem anderen aufmerksam zuhören oder ein Blumenstrauß am Ende einer anstrengenden Woche, das können ebenso wirkungsvolle Strokes sein. Man könnte sie »Aktions-Strokes« nennen.

Strokes können von unterschiedlicher Intensität sein und die verschiedensten Reaktionen hervorrufen. Manche wirken als »Super-Strokes«, weil sie vom Empfänger besonders stark ersehnt werden. Als Teenager wollte ich unbedingt von anderen hören, wie hübsch ich sei. Es kostete mich Jahre, bis ich die entsprechende Frage stellte, und die Antwort hat mich angenehm überrascht. Ein Super-Stroke kommt meist von einem bestimmten Menschen, einem besonders verehrten Lehrer, der oder dem Liebsten oder von jemandem, in den wir gerade verknallt sind.

Auf der anderen Seite gibt es die negativen Strokes. Das können unverhohlen giftige Strokes sein, wie etwa die Beleidigung »Mußt du denn immer alles verkehrt machen!« oder subtile, aber ebenso schmerzhafte Bemerkungen, die sich als Scherz tarnen.

Negative Strokes können der Psyche eines Menschen großen Schaden zufügen. Ich habe Männer erlebt, die ihr Leben lang nicht verkraftet haben, daß sie als Kinder wegen ihrer Kleinwüchsigkeit gehänselt wurden, selbst wenn sie bis zum Erwachsenenalter eine durchschnittliche Größe erreicht hatten. Und große Mädchen wachsen oft zu großen Frauen mit schlechter Haltung heran, weil sie von ihren Schulkameraden immer verspottet wurden.

Manchmal tarnt sich ein negativer Stroke auch als Kompliment, besonders dann, wenn darin Menschen miteinander verglichen werden.

Zum Beispiel sagte Jeans Mutter immer wieder zu ihr: »Du hast das gute Aussehen der Familie geerbt, dafür hat deine Schwester Sara das ganze Hirn mitgekriegt.«
Eine Äußerung wie diese ist schädlich für beide Schwestern. Sie haben daraufhin nicht nur ihre Mutter gehaßt, sondern auch sich gegenseitig. Es hat Jahre gedauert, bis sie endlich darauf kamen, daß sie *beide* hübsch und gescheit sind. Was ihrer Mutter fehlte, war Intelligenz der emotionalen Art.

Eine andere Äußerung, die wie ein guter Stroke empfunden wird, aber giftige Wirkung entfalten kann, ist ein Vergleich wie dieser: »Du bist die cleverste in der ganzen Verwandtschaft.« Das hört sich zunächst gut an, aber es ist letztlich ein negativer Stroke, denn es setzt eine ganze Gruppe von Menschen herab.

Es gibt aber auch Situationen, wo ein Stroke, den wir eigentlich gerne empfangen würden, zu stark ausfällt und dadurch unangenehm wird. Eine überzärtliche Großmutter, die ihre Enkel mit Küssen bedeckt, oder ein Liebhaber, der uns mit zu viel Aufmerksamkeit überschüttet, sind Beispiele für solche fehlgeleiteten Strokes.

Probleme in Stroke-City

Leider werden Strokes nicht immer bereitwillig erteilt und empfangen, selbst zwischen Partnern, die sich lieben. Unser innerstes Wesen dürstet nach solcher Zuwendung. Es sollte also einfach und angenehm sein, Strokes zu geben und zu nehmen, doch wenn es dann soweit ist, wissen wir oft nicht, wie wir reagieren sollen.

Dieses leidige Problem hat Michael, einer meiner Klienten, exemplarisch geschildert. Jedesmal, wenn er seiner Frau etwas Nettes sagen wollte, zog sich sein Hals zusammen, so als würde er von einer unsichtbaren Hand gewürgt.

Er wußte genau, was er sagen wollte, konnte es aber buchstäblich nicht herausbringen. Einmal, als seine Frau ihn direkt darauf ansprach, gelang es ihm, die Worte gewaltsam herauszupressen, doch er brachte nur ein kaum verständliches, froschähnliches Quaken zustande. Zum Glück hatte seine Frau den nötigen Humor und reagierte mit wohlmeinendem Lachen.

»Wie bitte?« fragte sie.

»Ich liebe dich, ich liebe dich«, erwiderte er verschämt und entschärfte die starke Botschaft durch einen hastigen, etwas verlegenen Tonfall.

Dieses kuriose Beispiel für ein verbreitetes Problem zeigt die Angst und die körperlichen Symptome, die auftreten können, sobald wir unsere Zuneigung ausdrücken wollen. Es kann zu Ausweichmanövern aller Art kommen. »Du weißt doch eh, daß ich dich liebe«, sagen manche; oder: »Wie oft willst du es denn noch hören?«; oder: »Ich wäre schließlich nicht hier, wenn ich dich nicht gern hätte.«

Manchmal ist es lediglich der Tonfall einer Äußerung, der das ausgesprochene Gefühl zunichte macht. Wenn der Satz »Aber ja Schatz, ich liebe dich« ironisch, ärgerlich oder abschätzig intoniert wird, so ist zwar ein Stroke gegeben worden, aber der Sprecher hat nicht sein volles, aufrichtiges Gefühl hineingelegt.

So etwas kommt häufig vor, denn nur wenige von uns sind innerlich frei genug, um ihre Liebe offen auszuleben. Wir sind gehemmt, wenn es darum geht, Strokes zu geben, um sie zu bitten und sie anzunehmen. Ganz besonders geizig sind wir mit Strokes für uns selber. Was steht uns da im Weg?

Es existieren ungeschriebene Gesetze für den Umgang mit Strokes. Verletzen wir diese Regeln, so reagiert unsere Umwelt mit Mißfallen, ja sogar mit Schikanen, um den Druck der Regeln zu verstärken.

Wenn Sie Ihre Liebste auf einem belebten Gehweg zärtlich umarmen, werden Sie deswegen garantiert schief angeschaut. Wenn ein Pärchen im Bus schmust und sich küßt, kann es mit den mißbilligenden Blicken anderer Fahrgäste rechnen. Wenn Sie Ihren Mann oder Ihre Frau vom Büro aus anrufen und »Ich liebe dich« ins Telefon sagen, handeln Sie sich die spöttischen Bemerkungen Ihrer Arbeitskollegen ein.

Doch solche Einschränkungen kommen nicht nur von einer mißbilligenden Umwelt. Sie werden noch kräftig verstärkt durch den jedem innewohnenden Kritischen Elternteil.

In einer von Eric Bernes wöchentlichen Sitzungen begegnete ich diesen Restriktionen beim Erteilen von Strokes zum ersten Mal. Wir probierten zur Erholung nach der eigentlichen wissenschaftlichen Arbeit verschiedene »psychologische Experimente« aus. Einmal schlug ich vor, eines der »Spiele« zu machen, das damals in Suchthilfegruppen verbreitet war. Dabei kritisieren sich die Teilnehmer gegenseitig in ziemlich heftiger Form. Wir waren mit Begeisterung bei der Sache, und die Bösartigkeiten – viele von ihnen nur im Spaß geäußert – flogen munter hin und her.

Dieses Experiment hat mich ziemlich verstört. Einige der Dinge, die über mich gesagt worden waren, hatten mich verletzt, aber natürlich gab ich das den anderen gegenüber nicht zu. Das hätte ich damals noch nicht fertiggebracht. Statt dessen schlug ich für die nächste Sitzung vor, einmal das Gegenteil zu versuchen, wir sollten uns positive, nette Dinge sagen.

Alle waren einverstanden. Doch als es soweit war, fiel keinem etwas ein. Auch wenn wir uns schließlich irgendwie durchlavierten, so wurde doch deutlich, daß es einfach war, etwas Negatives zu sagen, aber ziemlich schwer, Positives auszudrücken.

Die Leute hatten nicht nur Hemmungen, Strokes zu geben, es fiel ihnen auch schwer, darum zu bitten oder Strokes zu empfangen. Selbstversorgung mit Strokes war absolut tabu.

Diana, eine Teilnehmerin an einer Therapiegruppe, brachte das mir gegenüber klar zum Ausdruck. Eines Nachmittags bemerkte ich, wie sie jedesmal nervös wurde, wenn jemand ihr ein Kompliment machte. Ich fragte sie, was ihr daran so unangenehm sei.

»Als Robert eben sagte, daß ich nett sei«, erklärte sie, »da habe ich befürchtet, daß andere in der Gruppe denken könnten: ›Das finde ich aber nicht‹, und wenn ich dann zu offensichtlich mit mir zufrieden wäre, dann könnten sie meinen, ich hätte die Komplimente nötig und würden mich bemitleiden.«

Daraufhin schlug ich vor, Robert sollte ihr versuchsweise den Stroke noch einmal geben.

»Aber das wirkt so erbärmlich, so als hätte ich es nötig«, insistierte sie und rutschte unbehaglich auf ihrem Stuhl hin und her.

»Na gut«, sagte ich, »dann gib dir eben selber den Stroke. Sag dir, daß du nett bist.«

Mittlerweile standen Tränen in ihren Augen, und als ich sie fragte, warum sie weinen müsse, gab sie zu, daß Roberts Kompliment sie tief bewegt hätte. Sie wollte ihm glauben und ihm für seine Worte danken, aber sie hatte panische Angst davor, ihre Zufriedenheit deutlich werden zu lassen.

Dazu angehalten, nach dem Grund für dieses Verhalten zu forschen, erinnerte sie sich, daß früher in der Schule die unbeliebten Kinder immer dann dem Spott der anderen ausgesetzt waren, wenn sie sich selbstzufrieden zeigten.

Diese wiederholte Erfahrung hatte ihr eingeschärft, sich vor positiven Strokes in acht zu nehmen, ganz besonders vor jenen, die sie am meisten herbeisehnte. Hätte sie die Strokes angenommen, dann hätte sie den anderen ihre Gefühle offengelegt und sich damit, so fürchtete sie, lächerlich gemacht. Diana hatte keine Schwierigkeiten, anderen Strokes zu geben, aber sie hatte große Hemmungen, welche anzunehmen, nach ihnen zu fragen oder sich selbst welche zu geben.

Leider ist Diana kein Einzelfall. Manche Menschen weisen jeden Stroke zurück, der ihnen erteilt wird; und vielen anderen ergeht es wie Michael; es drückt ihnen die Kehle zu, sobald sie Strokes geben wollen.

Hatten Sie jemals das Bedürfnis, einem Menschen zu sagen, daß Sie ihn gern haben oder lieben, und haben es nicht fertiggebracht? Oder haben Sie sich gefragt, ob Sie von Freunden, Angehörigen, Liebhabern oder Ehepartnern geliebt und gemocht werden und wenn ja, auf welche Weise und warum eigentlich? Wollten Sie diese Menschen nicht schon immer danach fragen, haben die Idee dann aber wieder verworfen?

Das liegt einzig und allein daran, daß wir uns den Regeln des Stroke-Entzugs unterwerfen.

Die Ökonomie der Strokes

Die Ökonomie der Strokes besteht in einer Reihe von Regeln, die uns unser Kritischer Elternteil auferlegt – jene nörgelnde Stimme in uns, die uns das Geben und Nehmen von Strokes vergällt. Am liebsten wäre es dem Kritischen Elternteil, wenn wir uns folgendermaßen verhalten würden:

- Gib die Strokes, die du eigentlich geben wolltest, nicht.
- Fordere keine Strokes ein, auch wenn du gern welche hättest.
- Nimm keine Strokes an, auch wenn du sie gern hättest.
- Weise unliebsame Strokes nicht zurück.
- Erteile dir selbst keine Strokes.

Weshalb die Menschen negative Strokes akzeptieren

Wenn die Menschen den Diktaten der Ökonomie der Strokes folgen würden, würde sich die Anzahl der ausgetauschten Strokes dramatisch reduzieren. Die Menschen würden gleichsam an ihrem Hunger nach Strokes sterben. Eine sehr schwerwiegende, zerstörerische Nebenwirkung ist es dann, daß die Menschen damit beginnen, negative Strokes zu akzeptieren, ja, sogar herbeizuwünschen, weil sie keine positiven Strokes bekommen.

Eine der wichtigsten Entdeckungen in meiner mehr als zwanzigjährigen Erfahrung beim Lehren von emotionaler Kompetenz war die, daß Menschen, die die Gesetze der Stroke-Ökonomie durchbrechen, automatisch ihre Herzen öffnen und viel mehr Liebe erfahren als je zuvor. Ich habe gesehen, wie Menschen mit der Zeit ihre Liebesfähigkeit allein dadurch erweitert haben, daß sie Strokes austeilten, Strokes einforderten, unliebsame Strokes zurückwiesen, jene, die sie wollten, annahmen und sich selber mit Strokes versorgten.

Beginnen wir also mit

SCHRITT I

Strokes geben

Sich positiv und aufrichtig über andere äußern

Liebe und das Bedürfnis, Strokes zu geben, empfinden wir auf ganz verschiedenen Ebenen – einen Anflug von Wärme für das Nachbarskind, Zuneigung zu einem langjährigen Freund, das Sehnen nach der Nähe des oder der Liebsten. Aber diese Gefühle werden vielfach nicht ausgesprochen.

Bevor wir nun mit dem Geben von Strokes beginnen, möchte ich die Grundregeln einführen, die für alle Übungsformen zur emotionalen Kompetenz in diesem Buch gelten. Sie lauten:

- Frage um Erlaubnis.
- Sei aufrichtig.
- Stelle dich furchtlos und mutig deinem Kritischen Elternteil entgegen.

Um Erlaubnis bitten

Jede emotionsgeladene Kommunikation ist eine starke Erfahrung.

Nicht selten brechen Leute während des Trainings in Tränen aus, wenn sie einen lang ersehnten Stroke erhalten, jemand ihnen eine bestimmte Frage stellt oder sich bei ihnen entschuldigt.

Aber abgesehen von solchen heftigen Reaktionen gibt es noch weitere Gründe, warum wir um Erlaubnis bitten müssen, bevor wir über Strokes oder andere emotional besetzte Themen sprechen:

- Man sollte den anderen warnen, daß eine schwierige Kommunikation bevorsteht.
- Man sollte ihm die Entscheidung überlassen, ob er sich zu diesem Zeitpunkt einer solchen Diskussion gewachsen fühlt oder nicht (womöglich hat er ja Kopfschmerzen oder am nächsten Morgen eine wichtige Prüfung zu bestehen).
- Und man sollte sich selbst darauf vorbereiten, ein guter Zuhörer zu sein.

Durch solche Vorkehrungen können wir sicherstellen, daß unsere Äußerungen auf fruchtbaren Boden fallen und produktive Erwiderungen hervorrufen.

Indem wir vorher um Erlaubnis bitten, können wir vermeiden, den anderen zu schockieren, zu verängstigen oder in die Defensive zu drängen.

Auf jeden Fall sollte unserem Gegenüber die Entscheidung überlassen bleiben. Wir müssen einsehen, daß wir vielleicht den falschen Zeitpunkt gewählt haben, und einen geeigneteren Augenblick für unsere Äußerung abwarten.

Es ist die machtvolle Wirkung der Strokes, die das vorherige Einverständnis des Empfängers nötig macht. Indem wir behutsam vorgehen, bereiten wir uns und den anderen auf die möglicherweise recht tiefgreifenden emotionalen Reaktionen vor.

Dazu gibt es ein ganz simples Mittel. Sofern Sie jemandem einen Stroke geben oder ein heikles Thema ansprechen wollen, sollten Sie zunächst fragen, ob es dem anderen auch paßt.

Geben Sie ihm eine ungefähre Vorstellung von dem, was kommt, indem Sie etwa sagen: »Darf ich dir sagen, was mir an dir gefällt?« oder »Ich würde gerne ein Gefühl ansprechen, das ich hatte, als wir neulich abends miteinander geredet haben« oder »Ich wollte mich schon lange entschuldigen für das, was ich neulich gesagt habe«.

Hier sind noch weitere Beispiele, wie man um Erlaubnis bitten kann:

- »Ich würde dir gern sagen, was mir an dir am besten gefällt.«
- »Es gibt da etwas, was mich in letzter Zeit ziemlich irritiert. Darf ich dir das erklären?«
- »Irgendwas stimmt nicht zwischen uns. Sollen wir darüber reden?«

Es gehört schon ein gewisser Mut dazu, sich emotional kompetent zu verhalten. Man sollte sich nicht abschrecken lassen, sondern mit etwas Einfachem beginnen: »Darf ich dir etwas sagen?«, gefolgt von einem kleinen Kompliment, wäre ein guter Einstieg. Mit der Zeit werden Sie immer besser damit umgehen können und feststellen, daß die angstbesetzten Situationen, denen man sich früher nicht gewachsen fühlte, weniger werden. Sie werden wissen, wie Sie sich zu verhalten haben, und sagen, was zu sagen ist.

Viele Leute finden diese Einführungsfloskeln befremdlich. Das kommt daher, daß wir das Notwendige für abwegig halten, es als unnatürlich empfinden und leicht dem Spott aussetzen. Das Gespräch über Gefühle wird immer wieder als Psychogeplapper diffamiert und verulkt. Aber für den, der etwas in seinem Leben verändern will, sind dies wichtige Praktiken.

Auch wenn Sie es zunächst komisch finden, vor einer emotionsgeladenen Äußerung um Erlaubnis zu fragen, mit der Zeit werden Sie sich daran gewöhnen, und es wird Ihnen zur Selbstverständlichkeit werden. Schließlich werden Sie kompetent genug sein zu entscheiden, welche Situation einer förmlichen Einleitung bedarf und wann Sie ohne weiteres den Mund aufmachen können.

Aufrichtig sein

Das Thema Aufrichtigkeit wird in diesem Buch immer und immer wieder zur Sprache kommen. Und tatsächlich ist es ja so, daß sich emotionale Kompetenz niemals in einer Atmosphäre von Lügenhaftigkeit oder subtiler Unaufrichtigkeit entwickeln kann. Damit sich Menschen frei und voller Vertrauen dem anderen zuwenden können, müssen sie sich zu Wahrhaftigkeit und Aufrichtigkeit verpflichten.

Ein Stroke muß aufrichtig und darf nicht gekünstelt sein, sonst wirkt er verstörend und erreicht genau das Gegenteil.

In dem Maße, wie wir unser Herz öffnen, wird auch unsere intuitive Wahrnehmung verfeinert. Unsere Intuition wird verunsichert auf einen Stroke reagieren, der angeblich von Herzen kommt, aber als falsch und unecht empfunden wird.

Entschließen wir uns, einen Stroke zu geben, so muß er echt sein. Leuten, die sich über ihre Gefühle im klaren sind, fällt es nicht schwer, aufrichtig zu sein. Für andere wiederum muß an diesem Punkt der Lernprozeß beginnen.

Daphne zum Beispiel hat bereits in früher Jugend gelernt, wie wichtig es ist, nett zu den Leuten zu sein und ihnen nette Dinge zu sagen. Jahrelang hat sie das praktiziert, ohne darauf zu achten, ob, was sie da sagte, auch wirklich stimmte. Am Ende wußte sie dann nicht mehr, wie sie tatsächlich zu diesen Menschen stand, was sie an ihnen schätzte und was ihr mißfiel. Deshalb muß sie jetzt lernen, sich auf ihre wahren Gefühle zu besinnen.

Manchmal, wenn Daphne ehrlich zu sich ist, findet sie eigentlich überhaupt nichts Schmeichelhaftes über jemanden zu sagen. In einem solchen Fall kann sie auch keinen aufrichtigen verbalen Stroke geben. Dann setzt ihr der Kritische Elternteil mit Schuldgefühlen zu, und sie fällt in die Verhaltensweisen zurück, die ihr anerzogen wurden. Sie erfindet einfach einen Stroke, auch wenn ihr gar nicht danach zumute ist. Dabei entgeht ihr, daß ein Stroke auch darin bestehen kann, daß man dem anderen intensiv zuhört, ihn leicht berührt oder ihn anlächelt.

In einem solchen Fall sollte Daphne innehalten, ihren Empfindungen nachspüren und der Stimme des Kritischen Elternteils widerstehen, die sie dazu bringen will, »etwas Nettes zu sagen«. Nur wenn sie aufrichtig zu sich selber ist, kann sie aufrichtig zu anderen sein. Und die anderen werden genau merken, ob sie es ehrlich meint oder nicht.

Tritt mutig und beherzt deinem Kritischen Elternteil entgegen

Das größte Hindernis beim Erteilen von Strokes ist unser Kritischer Elternteil. Wie ein Gefängniswärter gibt er uns entmutigende Botschaften, die uns daran hindern sollen, mit unseren wahren Empfindungen in Kontakt zu treten. Und so etwa können sie aussehen, die Botschaften, die er uns einflüstert oder zuruft, damit wir anderen keine Strokes geben:

- Falls die andere Person meinen Stroke gar nicht will, werde ich mich lächerlich machen.
- Der Stroke, den ich im Sinn habe, ist unpassend, schlecht formuliert und unbeholfen. Ich werde bloß blöd dastehen, wenn ich ihn erteile.
- Man wird meinen Stroke als Anmache auslegen.
- Was ich sage, wird ja doch als unaufrichtige Höflichkeit verstanden. Warum tue ich mir das überhaupt an?
- Die anderen werden denken, ich wolle mich nur einschmeicheln.
- Wenn ich zu emotional werde, dann ist es für alle furchtbar peinlich. Wenn ich zum Beispiel zu meiner Schwester sage: »Ich hab' dich richtig vermißt«, kommen mir womöglich die Tränen. Das wäre uns beiden peinlich, und wir kämen uns blöd vor. Ich sage also besser bloß: »Schön, daß du da bist.«

Nur wenn wir mutig und beherzt vorgehen, können wir den Kampf gegen unseren Kritischen Elternteil aufnehmen.

Sobald wir erfahren, daß unsere Strokes positiv aufgenommen werden und wir in der Folge auch Strokes zurückbekommen, werden wir erkennen, wie falsch die Regeln der Stroke-Ökonomie letztlich sind. Erst dann wird die Stimme des Kritischen Elternteils langsam ihre einschränkende Macht über uns verlieren.

Melanie ist ein Beispiel dafür. Sie ist sehr zurückhaltend, was das Geben von Strokes anbelangt, würde aber gern freizügiger damit umgehen können. Besonders ihrer Freundin Janelle, die bald nach New York umzieht, würde sie gern etwas Nettes sagen.

Also sagt sie zu Janelle, daß sie deren neue Frisur toll findet. »So solltest du deine Haar jetzt immer tragen«, äußert sie begeistert, doch zu ihrer Überraschung lacht Janelle nervös auf und erwidert nichts. »Ganz im Ernst. Das steht dir ausgezeichnet«, fügt Melanie hinzu. Wieder kommt keine Antwort.

Melanie ist verletzt und ärgerlich, schließlich hat sie sich exponiert, indem sie einen aufrichtigen Stroke gegeben hat. Erst als sie später noch einmal darüber nachdenkt, fällt ihr auf, daß der Stroke vielleicht zu unvermittelt kam, daß sie Janelle nicht um Erlaubnis gebeten hat. Möglicherweise hat die Freundin ja Probleme mit ihrem Aussehen und kann dieser schmeichelhaften Bemerkung nicht trauen.

Sie beschließt, beim nächsten Mal um Erlaubnis zu bitten.

Als sich die beiden wieder treffen, erzählt Janelle einen wirklich guten Witz. Während sie noch darüber lachen, sagt Melanie: »Weißt du was?«

»Was denn?«

»Darf ich dir sagen, was mir an dir so gut gefällt?«

»Schieß los.«

»Dein Humor wird mir fehlen. Aber immerhin können wir ja per Telefon zusammen lachen.«

Diesmal lächelt Janelle, und sie sieht auch ein bißchen traurig aus dabei. Endlich hat Melanie einen Stroke gefunden, den ihre Freundin annehmen kann. Durch diesen Erfolg ermutigt, macht Melanie gleich weiter.

»Und da ist noch was, das ich dir sagen wollte. Du bist wie eine Schwester für mich, ich werde dich sehr vermissen.«

Janelle weiß nicht, wie sie reagieren soll. Sie lächelt verstört, dann wird ihre Miene ernst; sie verspricht, noch einmal anzurufen, bevor sie die Stadt verläßt, dann trennen sich die beiden.

Wieder ist Melanie enttäuscht. Was war denn diesmal falsch? Fühlt sich Janelle schuldig, weil sie wegzieht? Macht ein so emotionaler Abschied sie unsicher? Sie kauft eine Karte und schreibt an Janelle:

»Liebe Janelle,

ich habe den Eindruck, daß es Dir unangenehm war, als ich neulich abends zu Dir sagte, Du seist wie eine Schwester und ich würde Dich vermissen. Wie das bei Dir angekommen ist, weiß ich nicht, aber alles, was ich damit sagen wollte, war, daß ich gern mit Dir zusammen bin und wie clever und witzig ich Dich finde. Alles Gute in Deinem neuen Zuhause wünscht Dir ...«

Zu Melanies großer Freude antwortet Janelle ihr zwei Wochen später auf einer Postkarte:

»Liebe Melanie,

hab' Deine liebe Karte bekommen. Ich liebe Dich auch. Sehr, sehr. Laß' uns in Verbindung bleiben!
       Deine New Yorker Schwester
       Janelle»

Mit der Zeit begreift Melanie die Regeln des Austauschs von Strokes; sie geht behutsam vor, hat sich angewöhnt, um Erlaubnis zu bitten, und in diesem Fall die schriftliche Form gewählt, um sich und Janelle mehr Freiraum zu lassen. Sie kann ihre anfängliche Angst und ihr Unbehagen abbauen und arbeitet sich allmählich von einfachen zu komplexeren Ausdrucksformen positiver, liebevoller Gefühle vor.

In Zukunft werden beide, sie und Janelle, freier sein können beim Geben und Empfangen von Zuneigung. Das war nur möglich, weil Melanie entschlossen war, Janelle positive Strokes zu geben, und sich in diesem Vorhaben weder von ihrem Kritischen Elternteil noch von Janelles anfänglichem Problem beim Annehmen von Strokes abbringen ließ.

Übung macht den Meister. Fangen Sie mit einfachen Dingen an, bevor Sie Komplizierteres in Angriff nehmen.

Die Poesie von Strokes

Ein Stroke sollte wie ein Liebesgedicht sein. Kurz und scheu oder aber drängend und überschwenglich. Auch wenn der Stroke wortlos oder ohne körperlichen Kontakt erfolgt, wirkt er als Akt der Freundlichkeit oder Liebe, die einem anderen Menschen entgegengebracht wird. Um unser Herz zu öffnen, ist es nötig, uns immer wieder selbst zu befragen und zu sehen, wie oft wir tatsächlich diese fundamentale Bestimmung der menschlichen Natur verwirklichen.

SCHRITT 2

Strokes einfordern

Um Strokes bitten, die wir nötig haben

Strokes zu empfangen ist angenehm, aber manchmal werden uns keine erteilt oder die, die wir bekommen, passen uns nicht.

Oft versuchen wir über Jahre hinweg still und schüchtern herauszufinden, ob die Menschen in unserer Umgebung uns für clever, kreativ oder gutaussehend halten. Wir ergehen uns in Vermutungen darüber, ob sie diese Qualitäten in uns sehen oder nicht. Einfach nachfragen würden wir nie. Wir sind unserem

Kritischen Elternteil so hörig, daß wir gar nicht erst auf die Idee kommen zu fragen. Aber es gibt Situationen, wo wir Strokes einfordern müssen. Dann heißt es, genau zu überlegen, wen wir bitten und worum.

Um Strokes zu bitten ist riskanter, als sie zu empfangen. Wir können nicht davon ausgehen, die gewünschten Strokes auch zu erhalten. Vielleicht ist es unserem Gegenüber nicht möglich, uns aufrichtig das zu sagen, was wir hören wollen. Das Risiko, nach einem ganz spezifischen Stroke zu fragen, ist also höher (»Findest du, daß ich gut singe?« oder »Nimm mich doch mal in die Arme.«), als wenn man nur ganz allgemein um einen verbalen oder körperlichen Stroke bittet.

Die Gefahr bei solchen Nachfragen ist, daß wir womöglich einen Stroke bekommen, den wir gar nicht wollten. Aber meist erhalten wir, was wir nötig haben, sobald wir darum bitten. Zum Beispiel so:

»Hi, Daphne. Ich habe heute meinen schlechten Tag. Eigentlich mag ich es nicht zugeben, aber ein bißchen moralische Unterstützung könnte jetzt nicht schaden. Wie hast du das gestern gemeint, als du sagtest, du fändest meinen Aufsatz gut? Hat dir der Stil gefallen oder was? Ich bin so entmutigt. Sag, hältst du mich eigentlich für einen guten Schreiber?«

Es ist nicht leicht, solche Gespräche zu führen; die Tatsache, daß wir höfliche Lügen voneinander erwarten, macht sie nahezu unmöglich. Daher ist es ganz wichtig, sich mit einem solchen Ansinnen an einen guten Freund, an den Geliebten oder Partner zu wenden. Der erste Schritt zu emotionaler Kompetenz besteht darin, jemanden zu finden, der bereit ist, mit einem zu lernen.

Hat man ein Gegenüber gefunden, das an einem liebe- und gedankenvollen Austausch interessiert ist, so kann man ihr oder ihm auch folgendes sagen:

»Ich habe mir eben diese Hose gekauft. Findest du, daß sie mir steht?«

Oder:

»Ich habe da einen Leserbrief geschrieben. Könntest du ihn mal durchlesen und mir sagen, was du davon hältst?«

Oder:
»Gerade hatte ich wieder mal eine Auseinandersetzung mit meinem halbwüchsigen Sohn. Ich weiß wirklich nicht, ob ich mich da richtig verhalten habe. Hältst du mich eigentlich für einen guten Vater?«
Oder:
»Heute morgen habe ich in den Spiegel geschaut und ein paar neue Falten entdeckt. So langsam werde ich alt und häßlich. Sag mir doch mal was Nettes über mein Gesicht.«
»Ich fühle mich ziemlich einsam auf dieser Party. Alle anderen scheinen sich prima zu amüsieren. Wir wär's, tanzen wir?«

SCHRITT 3

Strokes annehmen und ablehnen

Willkommene Strokes annehmen und unliebsame zurückweisen

Jeder möchte gern seine Strokes, bekommt aber in der Regel zu wenig davon, weil er nicht weiß, wie er sie sich beschaffen soll. Unser Bedürfnis nach Strokes ist dem nach Nahrung vergleichbar.

So mancher hungert nach Strokes und verhungert buchstäblich, wenn er nicht genug davon bekommt. Oft hat diese Unterversorgung ihren Grund aber auch darin, daß wir verfügbare Strokes zurückweisen, weil wir andere erwartet haben. Manche Menschen sind sehr wählerisch und weisen alle Strokes zurück, die nicht ihren Erwartungen entsprechen. Man kann aber auch eine Art Magersucht in bezug auf Strokes entwickeln und sich ganz bewußt aushungern.

Solche inneren Schranken lassen uns alle oder Teile der verfügbaren Strokes geringschätzen. Wir sagen also vielleicht:

- »Bedank dich für den Stroke, aber nimm ihn nicht weiter ernst.«
- Oder wir schieben unsererseits sofort einen Stroke nach, so daß die Wirkung des ersten sich nicht entfalten kann (»Danke, deine Schuhe sind auch ganz reizend.«).
- Wir können auch widersprechen und damit den Stroke entwerten (»Oh nein, es war nicht schwer, Ihr Leben zu retten. Jeder hätte das getan.«).

Häufig erfolgt die Zurückweisung nur innerlich, während wir nach außen hin den Stroke scheinbar akzeptieren.

Doch in solchen Fällen verrät oft eine Geste oder Körperhaltung unsere wahre Einstellung: ein Schulterzucken, eine finstere Miene, ein Kopfschütteln, ein zweifelnder oder fragender Blick, ein gezwungenes Lächeln. All dies signalisiert, daß wir nur vorgeben, den Stroke anzunehmen. Innerlich aber vernehmen wir die Stimme unseres Kritischen Elternteils, der uns verbietet, den Stroke anzunehmen.

Sobald man uns sagt, daß wir gut aussehen, leidenschaftlich oder clever sind, eine faszinierende, humorvolle, tiefgründige, mitfühlende oder charismatische Persönlichkeit haben oder auch, daß wir umgängliche, gutmütige Menschen sind, wird unserer Kritischer Elternteil uns daran hindern, dieses Kompliment auszukosten, indem er sich folgendermaßen äußert:

- Dieser Mensch kennt mich ja gar nicht richtig. Man kann also nicht ernst nehmen, was er sagt.
- Dieser Mensch kennt mich zwar, nicht aber die verborgenen Abgründe in mir; ich bin dieses Kompliments gar nicht würdig.
- Dieser Stroke wurde nur aus Höflichkeit oder aus Mitleid gegeben, damit ich mich besser fühle.
- Eigentlich hat diesen Stroke jemand anderer verdient, ich darf ihn gar nicht annehmen.
- Wer Strokes annimmt, ist unbescheiden und eingebildet.
- Ich werde mich bloß lächerlich machen, wenn ich diesen Stroke annehme.

- Ich werde emotional auf den Stroke reagieren, und das wird den anderen peinlich sein.
- Ich nehme Strokes zu bereitwillig an; das heißt, daß ich danach lechze und also kein Lob verdient habe.

Strokes annehmen können: Eine Fallstudie

Nachdem ich in einem meiner Workshops das Phänomen der Stroke-Ökonomie erklärt und die Regeln festgelegt hatte (keine Machtspiele, keine Rettungsmanöver, keine Lügen), forderte ich die Teilnehmer auf, sich gegen die Gesetze dieser künstlichen Verknappung aufzulehnen.

Was folgte, war nachdenkliche Stille. Als schließlich einige Strokes hin- und hergegangen waren, begann Anna, den anderen auseinanderzusetzen, daß sie zwar die Erlaubnis habe, Strokes auszuteilen, aber nicht in der Lage sei, welche anzunehmen. Ich fragte sie, ob sie diesen Zustand ändern wolle, und sie stimmte schüchtern zu. Auf die Frage, was sie dagegen zu tun gedenke, antwortete sie: »Ich möchte jedem in der Gruppe einen Stroke geben.«

Das sei zwar sehr nett, erwiderte ich, aber damit würde sie es sich zu einfach machen. Wie wäre es statt dessen, wenn jeder Teilnehmer ihr einen Stroke gäbe? Dieser Vorschlag verblüffte sie, und sie wehrte ihn kopfschüttelnd ab.

»Na gut, dann soll dir wenigstens einer von uns einen Stroke geben.«

Nach einigem Überlegen stimmte sie zu.

»Ich finde, du solltest danach fragen«, schlug ich vor. Das fiel ihr sichtlich schwer. Schließlich sagte sie in die Runde: »Ich hätte gern einen Stroke von einem von euch.«

Valerie bot sich an: »Es freut mich, daß du gefragt hast. Kann ich dir einen Stroke geben?«

»Gut«, sagte Anna.

»Ich kenne dich jetzt schon einige Jahre, und am besten gefällt mir an dir, daß du so liebevoll mit anderen umgehst.«

Annas Gesicht verdüsterte sich. Sie sagte: »Danke.«
Ich sah, daß der Stroke nicht funktioniert hatte.
»Anna, darf ich dich fragen, ob du diesen Stroke angenommen hast?« fragte ich nach.
Sie zögerte und verneinte schließlich. Dann erzählte sie uns, daß ihr Kritischer Elternteil ihr beim Anhören des Strokes zugeflüstert habe: »Dieser Mensch kennt dich gar nicht wirklich. Dein ›liebevoller Umgang‹, das ist doch bloß Fassade. Immer verteilst du Strokes und bist dabei nie du selbst.«
Daraufhin fragte ich Valerie, ob dies zuträfe.
»Mir ist schon klar, daß sie manchmal nicht sagt, was sie wirklich denkt«, entgegnete Valerie, »aber sie ist ein besonders liebevoller Mensch. Das weiß ich genau.«
Als ich Anna fragte, ob sie Valerie glaube, nickte sie. »Weißt du was, Anna?« Sie sah mich neugierig an. »Ich glaube, du schuldest Valerie eine Entschuldigung. Sie hat dir diesen aufrichtigen Stroke gegeben, und statt ihn anzunehmen, hast du auf deinen Kritischen Elternteil gehört. Ich finde, du solltest sie jetzt auffordern, dir den Stroke noch einmal zu geben. Würdest du das tun?«
Anna war einverstanden. Sie entschuldigte sich und bat noch einmal um den Stroke. Diesmal hörte sie glücklich lächelnd zu, holte tief Luft, und ihre Wangen röteten sich.
Alle merkten wir, daß Anna eine große Hürde genommen hatte, und wir freuten uns mit ihr.
Wenn wir einen Stroke gegeben haben, der nicht wirklich angenommen wurde, dann lohnt es sich, dem nachzugehen: »Hast du gehört, was ich gesagt habe? Kannst du es annehmen? Glaubst du mir?«
»Mir scheint, als hättest du mein Kompliment nicht wirklich angenommen. Stimmt das?«
Es kann ein regelrechter Kampf sein, bis man jemanden dazu bringt, einen aufrichtigen Stroke anzunehmen, aber es lohnt sich in jedem Fall. Einen Stroke zu geben, der abgelehnt oder geringgeschätzt wird, kann für beide Teile eine unangenehme, verletzende Erfahrung sein. Es ist also durchaus sinnvoll zu insistieren:

- »Du kannst das Kompliment ruhig annehmen. Es ist mir Ernst damit.«
- »Gefällt dir nicht, was ich gesagt habe? Warum eigentlich nicht? Soll ich es lieber anders formulieren?«

Bedenken Sie, daß ein Stroke auf den Empfänger manchmal wirkt wie das Wasser, das man einer verdorrten Topfpflanze gibt. Zunächst bleibt es an der Oberfläche stehen und kann nicht eindringen, dann aber durchfeuchtet es die Erde und erquickt die Pflanze. Manchmal muß man auch mehrmals gießen, bevor sich eine Wirkung zeigt.

Um so wichtiger ist es, die Leute genau zu beobachten, während man solche Übungen mit ihnen macht. An ihrem Verhalten wird man ablesen können, ob der Stroke angenommen oder zurückgewiesen wurde. Ein tiefes Durchatmen oder ein verschämtes Lächeln sind die besten Anzeichen, daß der Stroke angekommen ist und akzeptiert wurde.

Unerwünschte Strokes zurückweisen

Es gibt viele Arten von Strokes, die wir nicht wollen.

Das gilt vor allem für sexuelle Strokes von Leuten, an denen wir nicht interessiert sind. Viele Frauen werden bestätigen, wie schwer es ist, unliebsame sexuelle Strokes zurückzuweisen. Manche bringen es nicht fertig, sich dagegen zu wehren, weil sie meinen, es sei unhöflich, einen Mann in die Schranken zu weisen. Aber es ist wichtig zu lernen, wie man solche ungewollten Strokes rechtzeitig abwehrt, sonst wird der Mann seine Aufdringlichkeiten womöglich fortsetzen und die Frau in eine noch unangenehmere Situation bringen.

Unliebsame Strokes, die zu weit gehen, können großen Schaden anrichten.

Auch dafür sind sexuelle Strokes ein Beispiel. Wenn Kinder von Erwachsenen oder Heranwachsenden mit sexuellen Strokes belästigt werden, werden sie in jedem Fall Schaden nehmen.

Neugier und der Wunsch nach Zuwendung mögen ein Kind dazu bringen, sich willfährig zu zeigen, doch seine spätere emotionale Entwicklung wird darunter leiden. Wenn wir Kindern beibringen, sich gegen Belästigungen zu wehren, dann zeigen wir ihnen, wie man schädigende Strokes zurückweist. Falls der Betreffende auf ein deutliches »nein« nicht reagiert, muß man ihm aus dem Weg gehen oder ihn schlimmstenfalls anzeigen.

Doch es gibt auch unliebsame Strokes, die weniger offenkundig sind. Sie haben nichts Bedrohliches an sich, sie sind eher dazu da, uns einzuschränken.

Eine schöne Frau zum Beispiel kann es mit der Zeit überdrüssig werden, daß man ihr Komplimente wegen ihres Aussehens macht. Derartige Strokes geben ihr auf die Dauer ein Gefühl der Eindimensionalität. Die Leute bemerken nur diese eine Eigenschaft an ihr, nichts anderes. Sie kommt zu dem Schluß, daß die anderen sie allein wegen ihres Aussehens schätzen, und fühlt sich daher verpflichtet, auf ewig die Rolle der Diva zu spielen.

Im Grunde aber möchte sie um ihrer Ideen, ihrer Arbeitseinstellung oder ihrer Integrität willen anerkannt werden. Nach einem Training zur emotionalen Kompetenz wäre sie in der Lage, ihrer Umgebung das Problem etwa folgendermaßen auseinanderzusetzen:

»Nimm's mir nicht übel, aber ich habe den Eindruck, daß du mir in letzter Zeit ausschließlich Komplimente über mein Äußeres machst. Irgendwie fühle ich mich dadurch reduziert. Ich hätte mir zum Beispiel gewünscht, daß du mir zu meiner Beförderung gratulierst. Ist schon klar, daß du das nicht absichtlich machst, aber vielleicht könnte man das in Zukunft ändern.«

Ebenso kann ein hart arbeitender Mann es satt haben, immer nur als Leistungsträger gelobt zu werden.

Vielleicht würde er sich ja gern mehr amüsieren, fürchtet aber, nur dann anerkannt zu werden, wenn er hart arbeitet. Oder er verfügt über andere Talente und positive Eigenschaften, die er gern stärker gewürdigt sähe, zum Beispiel sein Aussehen, seine Sprachgewandtheit oder seine geschickte Hand mit Kindern.

Sobald Leute anfangen, einen häufig erhaltenen Stroke lästig zu finden, heißt das normalerweise, daß sie meinen, nur dann anerkannt zu werden, wenn sie eben jene Rolle spielen. Es ist dann sehr wichtig, sehr aufmerksam zuzuhören, wenn uns jemand um andere Strokes bittet, und dann aufrichtig diese Bitte zu erfüllen.

Die Zurückweisung eines unerwünschten Strokes wird unangenehm sein und möglicherweise die jeweilige Beziehung gefährden. Immerhin hat uns jemand ja einen aufrichtigen Stroke erteilt und erwartet nun, daß wir uns dankbar zeigen.

Aber manchmal kann selbst ein von Herzen kommender Stroke unangenehm sein; nicht etwa, weil unser Kritischer Elternteil etwas dagegen hätte, sondern weil wir selbst ihn nicht als Kompliment empfinden. Vielleicht haben wir es einfach schon zu oft gehört.

Auf jeden Fall müssen wir uns entschuldigen, wenn wir einen aufrichtigen Stroke zurückweisen, vor allem dann, wenn er harmlos ist. Anschließend können wir um einen anderen Stroke bitten. Zum Beispiel so:

»Richard, du bist ein toller Mann, du hast Erfolg, übernimmst Verantwortung und arbeitest hart. Es imponiert mir, wie produktiv du bist.«

Das kann Richard den letzten Nerv kosten, vor allem dann, wenn er sich statt dessen beständig fragt, ob die andern ihn wohl für einen guten Menschen halten, finden, daß er gut aussieht, oder gern mit ihm zusammen sind.

In solchen Fällen muß man den Stroke so schonungsvoll wie möglich zurückweisen. Man muß erklären, was man lieber hören würde und warum das so ist. Dann erst kann man um den in Wahrheit erwünschten Stroke bitten.

Die Spreu vom Weizen trennen

Die schwierigste Aufgabe bei diesem Unterfangen ist, erwünschte Strokes, solche, die uns guttun, von den unliebsamen zu unterscheiden.

Wenn uns ein Stroke unangenehm ist, müssen wir uns fragen: »Weise ich ihn zurück, weil er mir schadet, oder handelt es sich um einen völlig akzeptablen Stroke, den nur mein Kritischer Elternteil mir vorenthalten will?«

Kommen wir zu dem Schluß, daß es sich um einen guten Stroke handelt, den wir gerne annehmen würden, dann müssen wir uns gegen den Kritischen Elternteil zur Wehr setzen und ihn dennoch annehmen. Zurückweisen sollten wir dagegen einen Stroke, den wir als schädlich erkannt haben.

Seit einiger Zeit gibt es in unserer Gesellschaft die Tendenz, Leute zur Zurückweisung unerwünschter Strokes zu ermutigen. Ich halte dies für eine ausgesprochen positive Entwicklung, die vor allem Frauen und Kinder vor den schädlichen Folgen schützt.

Doch dadurch hat sich auch unsere Hemmschwelle für Strokes aller Art erhöht. Die Leute befürchten, daß ihre aufrichtigen Strokes falsch interpretiert werden könnten, daß sie dumm dastehen oder sogar der sexuellen Belästigung verdächtigt werden könnten.

Diese neue Art der Stroke-Phobie zeigt sich vor allem darin, daß Leute, die mit Kindern umgehen, sich auch der harmlosesten Form körperlicher Zärtlichkeit enthalten. Auf die Dauer wird diese Angst vor juristischen Konsequenzen ihren Teil zur emotionalen Abstumpfung der Menschen beitragen und zu sozialer Entfremdung und Depression führen.

Um so wichtiger ist es, daß wir den Unterschied zwischen erwünschten, wohltuenden Strokes und schlechten Strokes erkennen lernen und letztere zurückweisen.

SCHRITT 4

Sich selbst Strokes geben

**Wie gesunde Selbstliebe unser
Vertrauen stärkt**

Strokes, die wir von anderen erhalten, sind durch nichts zu ersetzen, dennoch kann es befriedigend sein, sich selbst Strokes zu geben, besonders in schwierigen Situationen, wenn uns Menschen fehlen, die uns mit Strokes versorgen könnten.

In unserer Erziehung bekommen wir vermittelt, daß »sich selbst auf die Schulter zu klopfen« unbescheiden und arrogant ist; es gilt als lächerlich und demütigend, und man vermittelt den Eindruck, als habe man solches Selbstlob nötig.

Dabei ist es ganz und gar nicht beschämend, sich selbst einen Stroke zu geben. Vielleicht verfügen Sie ja über Talente, die Ihre Umgebung noch nicht wahrgenommen hat. Oder Sie bekommen nicht die ausreichende Menge an Strokes, weil die Leute um Sie herum so knauserig damit sind.

Es ist durchaus gerechtfertigt, sich selbst mit Strokes zu versorgen.

Während alle vor ihren leeren Tellern sitzen, blickt Colleen in die Runde und fragt: »Hat's euch geschmeckt?«

Jeder nickt, aber keiner findet sich zu einem detaillierteren Lob für das großartige Essen bereit.

Colleen, die sich mehr erwartet hätte, erwidert:

»Also ich finde, das Huhn war ausgesprochen zart und der Reis schmackhaft und körnig. Es hat eine Menge Arbeit gemacht, das so hinzukriegen. Aber ich sehe, daß ihr es genossen habt, dann hat sich die Mühe ja gelohnt.«

»Bist du jetzt sauer?« fragt Gina, die befürchtet, daß Colleen ihnen ihre mangelnde Begeisterung übelnimmt. »Wir fanden es wirklich sehr gut. Ich jedenfalls.«

»Nein, nein. Ich wollte mich nur selber ein bißchen für meinen Erfolg loben«, sagt Colleen, und die anderen lächeln zustimmend, froh darüber, sich nun entspannt und einvernehmlich zurücklehnen zu können.

Gegen den Kritischen Elternteil ankämpfen

Wir brauchen die Fähigkeit, uns selbst Strokes zu geben, vor allem deshalb, um den negativen Strokes unseres Kritischen Elternteils etwas entgegensetzen zu können. Wir müssen lernen, richtig zu reagieren, wenn ein Angriff aus dieser Richtung kommt.

Wenn Ihnen der Kritische Elternteil einreden will, Sie seien dumm, unzuverlässig und nicht vertrauenswürdig, so müssen Sie etwa folgendermaßen dagegenhalten: »Ich bin gescheit und erfolgreich. Die Tatsache, daß ich zwei gut geratene Kinder zu Hause habe, spricht dafür, daß ich sehr wohl zuverlässig und vertrauenswürdig bin. Ich kann stolz sein auf das, was ich erreicht habe.«

Wenn Ihnen Ihr Kritischer Elternteil einreden will, Sie seien fett, häßlich und sowieso ein hoffnungsloser Fall, dann müssen Sie ihm Folgendes entgegenhalten: »Ich habe zwar keine Traumfigur, aber einen gesunden, ansehnlichen Körper, und es gibt Frauen, die mich hübsch und attraktiv finden. Ich bin zufrieden mit meinem Aussehen und werde die richtige Partnerin schon noch finden.«

In der Transaktionsanalyse werden solche positiven Selbstgespräche »Nährender Elternteil« genannt.

Manche Menschen schaffen es, ihre Selbstachtung auch gegen Kritik und Spott von ihresgleichen und vom Kritischen Elternteil aufrechtzuerhalten. Diese Art der gesunden Selbstliebe läßt auf ein solides Selbstwertgefühl schließen, das vom Nährenden Elternteil gestützt wird.

Zusammenfassung
Das Herz öffnen

Wir alle brauchen positive Strokes; es gibt körperliche, wie Küsse oder Umarmungen, und es gibt verbale, etwa in Form eines Kompliments über Aussehen, Intelligenz, Freundlichkeit, Integrität oder den guten Geschmack eines Menschen.

Die Ökonomie der Strokes dagegen ist ein Konzept, das uns mit Hilfe bestimmter Regeln verbieten will, Strokes zu geben, anzunehmen oder einzufordern. Es soll verhindert werden, daß wir Strokes annehmen, nach denen es uns verlangt, und unliebsame zurückweisen. Auch uns selbst sollen wir nach diesem Konzept keine Strokes erteilen.

Nur wenn wir die Regeln der Stroke-Ökonomie mißachten, können liebevolle Mitmenschen aus uns werden, die sich auf den langen Weg zu emotionaler Interaktivität machen. Unerläßliche Voraussetzung dazu ist nämlich, sich gegen den Kritischen Elternteil in uns aufzulehnen. Er ist es, der uns die Regeln der Stroke-Ökonomie auferlegt und uns daran hindert, emotionale Kompetenz zu erlangen.

Wir lernen also, wie man Strokes gibt und einfordert. Um Strokes annehmen oder zurückweisen zu können, müssen wir aber zunächst entscheiden, ob wir einen uns angebotenen Stroke überhaupt wünschen.

Wenn wir einen Stroke zurückweisen, müssen wir dessen gewiß sein, daß wir ihn auch wirklich nicht wünschen. Es ist schwierig, einen Stroke zurückzuweisen, wenn wir hungrig nach ihm lechzen. Deshalb müssen wir lernen, nur die Strokes zu erbitten, die wir uns wünschen. So bleiben wir strokegesättigt und kommen nicht in Versuchung, giftige Strokes anzunehmen.

Wir sollten giftige Strokes zurückweisen, wenn uns aber unser Kritischer Elternteil daran hindern will, einen erwünschten Stroke entgegenzunehmen, dann sollten wir dieses Verbot mißachten.

5

ZWEITE PHASE
Die Gefühlslandschaft erkunden

Man kann über die Natur und den Zweck unserer Emotionen streiten, ja sogar darüber, ob sie schädlich oder förderlich sind. Ihre Existenz aber kann nicht bestritten werden.

Emotionen beeinflussen uns zu jeder Zeit, ob wir uns dessen bewußt sind oder nicht.

Viele Menschen sind ihren Gefühlen gegenüber abgestumpft, manche empfinden sie überstark. Man kann sich vor ihnen fürchten oder sich ihnen allzu bereitwillig überlassen.

Wie man sich seiner und anderer Menschen Emotionen bewußt wird, ist Thema dieses Kapitels. Wir lernen hier, das eigene und das fremde emotionale Terrain zu erkunden, zu vermessen und uns darin zu bewegen.

Oft bleibt uns verborgen, was unsere Gefühle ausgelöst hat. Wir halten sie daher für irrational, aber das ist ein großer Fehler. Jede unserer Emotionen hat eine bestimmte Ursache und ist normalerweise mit dem Verhalten anderer verknüpft. Um emotional kompetent zu werden, müssen wir den Ursprung unserer Gefühle verstehen lernen.

In den vergangenen zwei Jahrzehnten wollte uns die Populärpsychologie glauben machen, wir könnten in anderen keine Gefühle auslösen. Diese falsche Annahme hat ihren Ausdruck und gleichzeitig weite Verbreitung gefunden in dem *Gestalt-Gebet* des Psychologen Fritz Perls, das schließlich in Tausenden von Human-Potential-Workshops in der gesamten westlichen Welt rezitiert wurde:

»Ich mache meine Sache, und du machst deine.
Ich bin nicht auf dieser Welt, damit ich deine
        Erwartungen erfülle,
Und du bist nicht auf dieser Welt, damit du
        meine erfüllst.
Du bist du, und ich bin ich.
Sollten wir uns zufällig finden, dann ist
        das wunderbar.
Wenn nicht, dann hilft es eben nichts.«

Ich nehme an, daß Perls bei seinem Gedicht die exzessiven, aus Schuldbewußtsein geborenen Forderungen im Sinn hatte, mit denen Menschen oft an ihre Umgebung herantreten. Doch was er schrieb, verwandelte sich in einen Aufruf zu emotionaler Verantwortungslosigkeit und förderte so die Überzeugung, wir seien für die Gefühle anderer nicht verantwortlich.

Es ist falsch anzunehmen, daß wir in anderen keine Gefühle evozieren. Ich halte diese Überzeugung für den Ausdruck tiefer emotionaler Inkompetenz. Die Fehlschlüsse, die Perls Gedicht nahelegt, haben mich so irritiert, daß ich eine Erwiderung geschrieben habe:

»Wenn ich meine Sache mache und du deine,
    und wenn wir unsere gegenseitigen Erwartungen
        nicht erfüllen,
    dann mögen wir irgendwie leben, aber die
        Welt wird nicht überleben.
Du bist du, und ich bin ich, im Miteinander,
Hand in Hand, nicht zufällig,
    werden wir uns wunderbar finden.
Wenn nicht, dann ist uns nicht zu helfen.«

Den Standpunkt, der aus meinem Text spricht, werden die meisten fühlenden Wesen teilen. Wir können nämlich durchaus Gefühle in anderen auslösen und sind daher auch oft für deren Emotionen verantwortlich. Trotzdem behaupten viele das Gegenteil.

Als ich meine Sicht der Dinge in einem Vortrag darlegte, stand ein Mann auf und unterbrach mich.

»Da bin ich völlig anderer Meinung«, rief er. »Sie können mich doch nicht gegen meinen Willen dazu bringen, etwas Bestimmtes zu fühlen.«

Bis heute ist es mir peinlich, daß ich mich überhaupt auf ihn eingelassen habe. In gespielter Wut starrte ich ihn an und sagte: »Das ist das Dümmste, was ich je gehört habe. Setzen!«

Er war so verblüfft, daß er rot anlief und sich hinsetzte. Ich konnte vom Pult aus sehen, wie verstört und bestürzt er wirkte.

»Darf ich Sie etwas fragen?« sagte ich. »Was fühlen Sie jetzt?«

»Nichts«, behauptete er.

Seine Antwort verwirrte mich. Es war ganz offensichtlich, daß ihn die Sache mitgenommen hatte, auch wenn er es abstritt. Ich wandte mich an die anderen Zuhörer und fragte: »Und wie ist es Ihnen ergangen? Haben Sie etwas gefühlt?«

Viele Hände gingen in die Höhe, und die Leute schilderten nacheinander ihre Gefühle. Manche hatte ich verärgert; andere fanden den Vorfall peinlich, und einige empfanden Furcht. Auch wenn ich mich meines Verstoßes gegen die Wohlanständigkeit schämte, meine Behauptung hatte ich damit bewiesen. Meine gespielte Entrüstung hatte einige im Saal zu Emotionen provoziert.

Wenn man Menschen dazu bringen kann, Furcht, Angst, Beschämung oder andere negative Gefühle zu empfinden, dann wird das mit Sicherheit auch mit positiven Empfindungen wie Freude, Liebe, Stolz und Hoffnung möglich sein. Darauf läuft emotionale Kompetenz letztlich hinaus. Und hierin besteht auch die Anleitung, Menschen die Instrumente an die Hand zu geben, um emotionale Taubheit oder angsterregendes Chaos zu überwinden und ein positives im Gleichgewicht befindliches Leben zu führen.

In diesem Stadium des Trainings wollen wir uns um unsere emotionale Bewußtheit kümmern. Sie läßt uns besser verstehen, wie Gefühle unser tägliches Leben steuern. Wir loten unsere eigenen und die Empfindungen anderer aus, erkennen die Intensität dieser Gefühle und ihre Ursachen. Ziel dieses Abschnitts ist es, daß wir uns in der Gefühlslandschaft auskennen und wohlfühlen. Dazu werden uns folgende Punkte beschäftigen:

- der Zusammenhang zwischen den Gefühlen und den Handlungen ein und derselben Person und
- der Zusammenhang zwischen den Handlungen einer Person und den Gefühlen ihres Gegenüber.

Beide Fragen haben damit zu tun, daß Handlungen und Gefühle einander bedingen und nicht isoliert betrachtet werden können. Unser Tun wird in den uns umgebenden Menschen Gefühle auslösen, die diese zu bestimmten Handlungen veranlassen, auf die wir dann unsererseits mit Gefühlen reagieren, und so fort. Ein solcher Kreislauf aus Gefühl und Tat kann positiv, aber auch zerstörerisch und von Übel sein.

Wir wollen diesen Zusammenhang im nächsten Schritt genauer untersuchen.

SCHRITT 5

Die Handlung/Gefühl-Stellungnahme

Wie man über seine Gefühle spricht, ohne daß dabei Urteile, Anschuldigungen oder Vermutungen im Spiel sind

Damit wir den Zusammenhang zwischen Handeln und Fühlen besser untersuchen können, möchte ich Sie mit einem neuen Hilfsmittel vertraut machen, der Handlung/Gefühl-Stellungnahme.

In solchen Stellungnahmen beschreibt man in einem einfachen Satz, welche Gefühle das Handeln eines anderen in einem auslöst. Die Standardformel lautet:

»Wenn du so und so handelst, fühle ich so und so.«

Ist doch kinderleicht, oder? Eine solche Stellungnahme teilt dem anderen mit, was wir aufgrund seines oder ihres Verhaltens empfinden. Die Äußerung kann Vorwürfe oder Abwehr vermeiden helfen, weil darin keine Schuldzuweisungen oder Urteile gefällt werden.

Eine Handlung/Gefühl-Stellungnahme formuliert die unbezweifelbare Tatsache, daß die Handlung eines Menschen bei einem anderen ein bestimmtes Gefühl auslöst.

Fallstudie zur Handlung/Gefühl-Stellungnahme

John und Mary unterhalten sich am Telefon, als Mary das Gespräch plötzlich beendet. Das abrupte Ende der Unterhaltung irritiert John, und am nächsten Tag ruft er Mary noch einmal an, um ihr seine Reaktion zu schildern. Er fragt zunächst, ob er mit ihr über etwas sprechen kann, das ihn verunsichert hat. Sie ist einverstanden.

John: »Als du gestern so unvermittelt aufgelegt hast, war ich zuerst ziemlich verletzt, und dann habe ich mich geärgert.«

Hier haben wir ein Beispiel für eine gelungene Handlung/Gefühl-Stellungnahme. Nehmen wir einmal an, Mary gibt zu, daß sie das Gespräch abgewürgt hat, dann wird sie jetzt einsehen, wie ihr Handeln John verletzt und verärgert hat. Die Stellungnahme war erfolgreich, weil Mary dadurch erfährt, wie John sich fühlte, als sie gestern abend auflegte.

Das mag uns marginal erscheinen, für denjenigen aber, der sich um emotionale Kompetenz bemüht, ist es ein entscheidender Fortschritt. Der Erfolg dieser Äußerung besteht ferner darin, daß John Mary seine Gefühle auf eine Weise mitteilen konnte, die sie nicht verletzt oder beleidigt hat.

Im Training zur emotionalen Kompetenz zählt auch der kleinste emotionale Vorgang, denn er könnte den Einstieg dazu bieten, über ernsthaftere Probleme zu sprechen. Fast immer sind es diese scheinbar so banalen Anlässe, die – geht man ihnen nach – den Blick auf tiefsitzende emotionale Probleme freigeben. Das können persönliche Unsicherheiten ebenso sein wie eingefahrene Ungerechtigkeiten in einer Beziehung.

Schon eine einzige Handlung/Gefühl-Stellungnahme kann offenbaren, daß unser Tun bei anderen ganz bestimmte Empfindungen auslöst. Dann kann eine Serie von solchen Äußerungen einen emotionalen Konflikt zur Klärung bringen.

Handlung/Gefühl-Stellungnahmen können einen Konflikt nämlich Schritt für Schritt aufdröseln, indem sie ihn in zwei Komponenten zerlegen: Was ist passiert, und was wurde empfunden?

Doch solche Stellungnahmen richtig zu bewerkstelligen ist nicht so leicht, wie es zunächst scheinen mag. Es gibt viele mögliche Fehlerquellen. Zum Beispiel die Verwechslung von Handlung und Motiv oder die von Gefühl und Überlegung.

Die Verwechslung von Handlung und Motiv

Anstatt lediglich den Sachverhalt zu beschreiben, etwa so:
- »Als du aufgelegt hast, ...«
- »Als du zu spät kamst, ...«
- »Als du mich unterbrochen hast, ...«

schleichen sich Urteile oder Interpretationen ein:
- »Als du so *unverschämt* aufgelegt hast, ...«
- »Als du mich *entwürdigend lange* warten ließest, ...«
- »Als du mich unterbrochen hast, *weil dich meine Meinung sowieso nicht interessiert*, ...«

Statt einfach den Vorgang zu beschreiben, drücken die hervorgehobenen Passagen aus, was wir dem anderen als Handlungsmotiv unterstellen (in diesem Fall die Absicht, zu erniedrigen und abzuwerten).

Ausschmückungen wie diese machen die Sache nur kompliziert. Sie treffen nämlich meist gar nicht zu und rufen beim Gegenüber unausweichlich unnötige Schuld, Ärger und andere explosive Gefühle hervor.

Solche Bemerkungen sind dann am Platze, wenn es darum geht, seine Intuition zu erläutern. Im Moment aber beschäftigen wir uns mit dem Zusammenhang zwischen dem Handeln des einen Menschen und den Gefühlen eines anderen.

Die Verwechslung von Gefühl und Überlegung

Dies ist ein anderer Fehler, der bei Handlung/Gefühl-Stellungnahmen häufig gemacht wird.

Wenn wir versuchen, ein Gefühl auszudrücken, dann formulieren wir statt dessen oft eine Überlegung. Ein Beispiel:
- »Als du unsere Unterhaltung abgebrochen hast, hatte ich das Gefühl, *du seist wütend.*« Oder:
- »Als du unsere Unterhaltung abgebrochen hast, hatte ich das Gefühl, *du hast kein Interesse* an dem, was ich sage.«

Was hier ausgesprochen wird, sind keine Gefühle. Wie bei den Interpretationen, die wir oben besprochen haben, stellt der Sprecher auch hier Überlegungen an, was wohl im Kopf des anderen vorgeht. Kompetenz hat auch etwas mit Sprachgebrauch zu tun; und wir sollten Gefühle nicht mit Vermutungen, Überlegungen oder Theorien verwechseln.

Bei einer guten Handlung/Gefühl-Stellungnahme muß man sich auf seine *eigenen* Gefühle konzentrieren und nicht auf Gefühle oder Intentionen, die man dem anderen unterstellt.

Viele Streitereien entstehen durch solche falschen Annahmen. Francis zum Beispiel glaubt, daß ihr Mann aus Gleichgültigkeit nicht den Blick von der Zeitung hebt, während sie mit ihm spricht. In Wirklichkeit aber heißt das nur, daß er in ihrer Gegenwart entspannt ist und versuchen kann, gleichzeitig zu hören und zu lesen. Wahr ist allerdings, daß gerade diese Aufspaltung seiner Aufmerksamkeit Kränkung und vielleicht sogar Ärger bei Francis hervorruft.

Ein etwas subtileres Beispiel für eine Verwechslung von Gefühl und Überlegung ist diese Formulierung: »Als du unser Gespräch abgebrochen hast, fühlte ich mich zurückgestoßen.«

Doch auch hier liegt ein Irrtum zugrunde. Wenn man sagt, man sei zurückgestoßen worden, so formuliert man kein Gefühl, sondern wieder nur eine Vermutung über die Motive des anderen. Wir erfahren dabei nicht, was der Betreffende *gefühlt* hat. War er verärgert? Traurig? Irritiert? Beschämt? Das sind Gefühle; zurückgestoßen zu werden aber ist kein Gefühl.

Man will damit sagen, daß die andere Person einen zurückgestoßen hat, aber das ist eine Theorie, die nicht unbedingt zutreffen muß.

Die Fehler, die wir beschrieben haben, enden immer mit einer Beschuldigung oder dem Versuch, die Gedanken des anderen zu erraten.

Beschränken Sie sich bei Handlung/Gefühl-Stellungnahmen auf das, was passiert ist, und das, was Sie dann gefühlt haben.

Es gibt verschiedene Meinungen darüber, welche Emotionen in eine definitive Liste unserer grundlegendsten, also primären Gefühle aufzunehmen sind. Es ist ein Glück für uns, die wir uns konkret mit unseren Emotionen auseinandersetzen, daß ein jeder Ärger, Angst, Traurigkeit, Scham und Haß ganz eindeutig zu den grundlegenden negativen Gefühlen zählt und Liebe, Stolz und Freude zu unseren primären positiven Gefühlen. Eifersucht, Schuld, Neid, Hoffnungslosigkeit und Hoffnung sind sekundäre Gefühle, denn sie sind Kombinationen dieser primären Emotionen. Sprechen wir über solche sekundären Gefühle, so müssen wir sie in die ihnen zugrunde liegenden primären Gefühle zerlegen. Fühlt sich Sam zum Beispiel schuldig, so kann es sehr hilfreich für ihn sein festzustellen, daß Schuld eine Mischung aus Scham und Angst ist. Daran könnte sich ihr Gefühl des Neids viel besser erklären, wenn sie darin ihre primären Emotionen Ärger, Traurigkeit und Angst wiedererkennt.

Fühlt sich eine Person jedoch erniedrigt, vernachlässigt, zurückgewiesen, beschuldigt, beleidigt oder geliebt, so bezeichnet sie damit gar keine Gefühle, sondern stellt fest, was andere mit ihr gemacht haben. Solche Äußerungen müssen neu bewertet und die sich dahinter verbergenden, konkret ausgelösten Gefühlsreaktionen aufgedeckt werden.

Ist Sex ein Gefühl? Und was ist mit Hunger und Durst? Sind psychische Wunden und Schmerzen auch Emotionen? Während ich diese Fragen aufschreibe, bin auch ich mir nicht sicher, wie ich sie beantworten soll. Sie bleiben vorerst offen. Das sollte uns aber nicht von unserem Weg abbringen, emotionale Kompetenz zu erwerben, indem wir Handlungen und Gefühle so klar wie möglich ausdrücken.

Jemandem zu einer Handlung/Gefühl-Stellungnahme verhelfen

Manchmal muß man anderen dabei helfen, eine solche Äußerung zu formulieren. Dazu muß man sich über Urteile und Beschuldigungen hinwegsetzen und das Gesagte in die Form einer Handlung-Gefühl-Stellungnahme bringen.

Zurück zu John und Mary. Nehmen wir an, John hätte folgendes gesagt: »Als du gestern so unverschämt aufgelegt hast, hatte ich das Gefühl, dir rein gar nichts zu bedeuten.«

Um daraus eine brauchbare Handlung/Gefühl-Stellungnahme zu machen, könnte Mary beispielsweise erwidern:

»Moment mal. Da muß ich was klären. Du sagst, du hättest gestern, als ich auflegte, ein bestimmtes Gefühl gehabt. Aber was für ein Gefühl war das? Warst du wütend?«

»Nein, ich fand es unverschämt von dir.«

»Na schön, du bist also der Meinung, das war unverschämt. Aber kannst du mir sagen, was du dabei empfunden hast? Was mich interessiert, ist dein Gefühl in diesem Moment.«

»Ich weiß nicht. Ich fühlte, daß du mich nicht magst.«

»Das sagt aber immer noch nichts über *deine* Gefühle.«

»Wie meinst du das?«

»Ich versuche herauszufinden, was für eine Empfindung *du* hattest. Was hast du gefühlt, daß du den Eindruck hattest, ich mag dich nicht mehr? Warst du verletzt?«

»Ja, ein bißchen schon. Ziemlich eigentlich. Und dann bin ich richtig wütend geworden.«

Hier mag der geneigte Leser vielleicht einwerfen: »In Wirklichkeit reden die Leute doch gar nicht so miteinander. In Kalifornien vielleicht, aber nicht bei uns. Ich bin nicht bereit, das zu übernehmen. Es ist mir zu albern.«

Das ist in sich eine makellose Handlung/Gefühl-Stellungnahme: »Wenn ich mich in emotional kompetenter Weise ausdrücke, dann ist mir das schrecklich peinlich.«

Ich sehe das Problem und muß Ihnen recht geben. So reden Leute normalerweise tatsächlich nicht miteinander, und es ist peinlich und schwierig, es dennoch zu tun.

Aber es funktioniert. Es schafft eine Atmosphäre, in der Emotionen rational geäußert werden können. Es beruhigt erhitzte Gemüter und gibt den Leuten die Möglichkeit, ihre Gefühle in einer Weise auszudrücken, die nicht zu Eskalationen führt. Derartige Stellungnahmen sind die Grundlage für einen produktiven emotionalen Dialog. Sie lassen andere erkennen, daß ihre Gefühle wichtig für uns sind, daß wir ihnen zuhören und sie dessen für wert halten. Durch sie erfahren Menschen etwas über die Gefühlslandschaft ihres Gegenüber und können sich in Zukunft besser in ihr zurechtfinden.

SCHRITT 6

Eine Handlung/Gefühl-Stellungnahme annehmen

Die angebotene emotionale
Information akzeptieren, ohne in die
Defensive zu gehen

Damit eine emotional kompetente Kommunikation in Gang kommt, muß Information ausgesandt und empfangen werden.

Sind Sie auf der Empfängerseite einer Handlung/Gefühl-Stellungnahme, dann erweist sich Ihre Kompetenz, indem Sie die geschilderten Emotionen und die auslösende Handlung genau zur Kenntnis nehmen.

Das kann sehr schwierig sein. Das Problem dabei ist nämlich, daß wir uns wahrscheinlich schuldig fühlen oder uns verteidigen wollen, sobald uns jemand auf einen Fehler aufmerksam macht und uns sagt, er hätte sich unseretwegen schlecht gefühlt. Unsere erste Reaktion ist es zu leugnen oder zu erklären. Wir versuchen, uns zu rechtfertigen, oder wir werden uns sogar entschuldigen. Es ist mir aber wichtig, daß Sie statt dessen einfach die Informationen aufnehmen, die man Ihnen gibt: über die Gefühle, die sie mit Ihren Handlungen in einer anderen Person ausgelöst haben.

Der Sinn liegt eben nicht darin, festzustellen, wie schlecht oder falsch Sie gehandelt haben, sondern zu lernen, welche Gefühle Ihr Handeln beim anderen hervorgerufen hat. Deshalb sollten Sie sich nicht sofort entschuldigen oder erklären, warum Sie etwas getan haben. Es ist vielmehr wichtig, die Verbindung zwischen der Handlung und dem evozierten Gefühl zu sehen. Wie Sie sich erinnern, geht es darum zu verstehen, wie wir einander emotional beeinflussen, und nicht um die Zuweisung von Schuld und Scham. Verantwortung zu übernehmen ist auch ein sehr wichtiger Schritt, aber er kommt erst später, nachdem wir gelernt haben, uns wirklich sinnvoll zu entschuldigen und effektiv unsere Fehler wiedergutzumachen.

Mary, um bei unserem Beispiel zu bleiben, hat vielleicht schon gewußt, daß sie John mit der abrupten Beendigung des Telefonats geärgert und verletzt hat; vielleicht kommt seine Äußerung für sie aber auch völlig unerwartet. Möglicherweise hat sie Verständnis für seine Gefühle; sie kann aber auch ganz verdutzt reagieren. Hauptsache ist, daß sie die Information bereitwillig entgegennimmt und anerkennt. Das kann durch ein Nicken oder besser noch durch eine Äußerung wie: »Ja, ich höre« oder »Ich sehe ein, daß es dich geärgert und verletzt hat, als ich so unvermittelt aufgelegt habe« geschehen.

Wenn Mary sich so verhält, erfährt sie, wie John in bestimmten Situationen reagiert, und sie gibt ihm zugleich die Möglich-

keit, seinen Ärger loszuwerden. Das ist der Anfang eines emotionalen Dialogs, in dem Gefühle ernstgenommen werden.
Es ist aber nicht so einfach, eine Handlung/Gefühl-Stellungnahme anzunehmen. Als Empfänger einer solchen Stellungnahme ist man in der Gefahr, sich abwehrend zu verhalten, zumal wenn eine unglückliche Formulierung gewählt wurde. Das kann dann zu Konflikten führen. Man wird womöglich sagen:

- »Ich dachte, du hättest fertig geredet, deshalb habe ich aufgelegt.« Oder:
- »Wieso unverschämt? Was ist verkehrt daran, wenn man ein Gespräch beendet? Du warst unverschämt, weil du endlos über deine Probleme gequasselt hast.« Oder:
- »Verärgert? Du bist gut! Ich müßte mich ärgern über all die vergeudete Zeit!« Oder:
- »Ich habe dich verletzt? Na hör mal, sei doch nicht so wehleidig.«

Jede dieser abwehrenden Äußerungen spricht John seine Empfindungen ab und verhindert so einen emotional kompetenten Dialog. Diese Abwehrhaltung entsteht meist aus dem Gefühl der Schuld, man könnte jemanden verletzt haben. Aber man kann auf diese Weise auch jemanden abfertigen, mit dem man sich nicht weiter auseinandersetzen will.

Falls Mary sich mißverstanden, schuldig oder verärgert fühlt, sollte sie diese Empfindungen später zur Sprache bringen. Was im Augenblick zählt, sind nicht Marys Gefühle, sondern die von John. Jetzt ist er an der Reihe, und Mary muß zunächst einmal anerkennen, was er fühlte, als sie auflegte. Erst dann kann auch sie ihre Gefühle ins Spiel bringen.

In den meisten Fällen heißt das, daß man sich auf die Zunge beißen und in Geduld üben muß. Bedenken Sie, daß Schweigen die Eskalation eines emotionsgeladenen Gesprächs verhindern helfen kann. Aber wichtiger noch: Sie sind Ihrem Freund oder Liebsten diese Geduld schuldig, wenn er sich in emotionalen Nöten befindet. Sie werden auf diese Weise Ihr Einfühlungsvermögen beweisen und ihm eine Chance geben, seinen Ärger loszuwerden.

Fallstudie zur Akzeptanz

Marianne und Nick haben sich für diesen Abend vorgenommen, einen romantischen Spielfilm auf Video anzusehen. Nick will eben den Apparat anschalten, als Marianne sagt:
»Augenblick noch, ich genehmige mir erst noch einen kleinen Drink.«
Sie geht hinüber zur Hausbar und gießt sich ein, dann kehrt sie in aller Ruhe zur Couch zurück. Im Fernseher läuft eine lustige Show, und Marianne bleibt neben der Couch stehen, um noch ein bißchen zuzuschauen, während sie darauf wartet, daß Nick das Video anmacht. Ihm ist aber mittlerweile eingefallen, daß er noch ein paar Papiere wegräumen könnte, bis Marianne fertig ist. Er nimmt nämlich fälschlicherweise an, daß sie ihren Drink beenden will, bevor der Film losgeht. Als er aufblickt, amüsiert sie sich bestens über die TV-Show und hat ihr Glas kaum angerührt.
»Was ist denn jetzt? Bist du fertig?« fragt er irritiert.
»Schon längst«, erwidert sie überrascht.
»Was soll das. Ich warte die ganze Zeit.«
»Aber ich stehe ja hier und warte auf dich.«
»Dein Glas ist doch noch ganz voll.«
»Na und? Was hat das damit zu tun?« Jetzt ist sie verwirrt.
»Willst du nicht austrinken, damit wir endlich anfangen können?«
»Nein, ich will das während des Films trinken.«
»Ah«, sagt Nick, der immer noch nicht begriffen zu haben scheint, daß ein Mißverständnis vorliegt. Er wendet sich ungeduldig um und will das Videogerät einschalten.
»Okay. Ist ja auch egal. Ich frage mich nur, was uns dann so lange aufgehalten hat«, bemerkt er mit ärgerlichem Unterton.
Zu dieser Art von Kommunikation kommt es in letzter Zeit

häufiger zwischen den beiden. Marianne preßt gekränkt die Lippen zusammen. Sie hat das Gefühl, daß immer ihr die Schuld an diesen kleinen Konflikten zugeschoben wird, und das macht sie unglücklich. Sie beschließt, die Situation mit einer Handlung/Gefühl-Stellungnahme zu bereinigen, denn Vorwürfe und Unmut sind kein guter Ausgangspunkt für einen romantischen Abend.

»Nick, es tut mir leid, aber wir müssen da noch kurz drüber reden.« Er sieht sie bestürzt an, stimmt aber zu. Marianne beginnt: »Als du eben in diesem Ton mit mir geredet hast, da habe ich mich ziemlich schlecht gefühlt.«

»Und was war das für ein Ton?« fragt Nick, der diesen Vorwurf von Freunden und Angehörigen schon öfter gehört hat.

»Nun, du klangst ziemlich genervt.«

»Ich *war* ziemlich genervt. Warum hast du auch nicht gesagt, daß wir anfangen können.«

»Ich dachte, es sei klar, daß es losgehen kann, sobald ich mir eingeschenkt habe.«

»Ach so, dann muß ich was falsch verstanden haben. Ich habe immer gewartet ... Jetzt kapiere ich. Als ich dich so genervt angeredet habe, hast du dich schlecht gefühlt. Tut mir leid. Du hast mich gar nicht warten lassen. Geht's dir jetzt besser?«

Ein glückliches Lächeln erscheint auf ihrem Gesicht. »Gib mir einen Kuß.« Sie hatte sich so auf dieses romantische Stelldichein gefreut und war sehr verstört – verletzt und angstvoll – gewesen, als es einen so denkbar schlechten Anfang nahm.

Zum ersten Mal in diesem Wortwechsel gibt er seine ungeduldige Warteposition neben dem Videogerät auf, umfaßt ihre Hüften und gibt ihr einen langen Kuß.

Diese Beispiele sollten dazu ermuntern, Handlung/Gefühl-Stellungnahmen abzugeben. Natürlich können wir unsere Vermutungen über die Motive und Intentionen anderer nicht auf Dauer ausklammern. Der nächste Schritt auf unserem Weg zu emotional kompetentem Umgang wird sich daher mit solchen Vermutungen beschäftigen.

SCHRITT 7

Seine intuitiven Ahnungen offenlegen

Wir überprüfen unsere Intuition über die Beweggründe der anderen an der Realität

Intuition ist unser mächtigstes emotionales Werkzeug. Mit ihrer Hilfe können wir wichtige Entscheidungen auch dann treffen, wenn uns die Fakten dazu fehlen.

Bevor Eric Berne die Transaktionsanalyse entwickelte, hat er sich eingehend mit der Intuition beschäftigt. Intuition war es, die ihn auf das »Natürliche Kind« aufmerksam werden ließ, das unser Verhalten über weite Strecken bestimmt.

Man ist geneigt, anzunehmen, daß unser Verhalten von unserem Erwachsenen-Ich gesteuert wird. Bei einer Party mögen wir uns gelegentlich wie Kinder benehmen und uns das gutgelaunt eingestehen; einem quengeligen Kleinkind gegenüber werden wir als Erzieher auftreten, ohne uns dafür zu rechtfertigen. Aber in der Regel glauben wir nur zu gern, daß wir mit anderen Menschen in logischer und rationaler Weise umgehen, kurz, daß wir uns wie Erwachsene benehmen.

Es fällt uns schwer, zuzugeben, daß wir uns auch mal irrational äußern, daß aus uns das Kind spricht oder daß wir von Vorurteilen gelenkt werden wie der strafende Erzieher. Tatsache jedoch ist, daß viele unserer Äußerungen und Handlungen nicht dem Erwachsenen-Ich, sondern den anderen beiden Ich-Zuständen entspringen.

Wenn wir schon uns selbst darüber täuschen können, aus welchem Ich-Zustand heraus wir gerade agieren, so ist es kaum verwunderlich, daß wir uns in dieser Hinsicht vom Verhalten anderer täuschen oder zumindest verwirren lassen.

Ich habe den Einsatz der intuitiven Kräfte in mein Training aufgenommen, und sie spielen dort eine wichtige Rolle.

Beobachten wir zur Illustration den Dialog eines Ehepaars, das im Supermarkt die Frage Bier versus Traubensaft erörtert:
Frau (bemerkt einen Sechserpack Bier im Einkaufswagen): »Wußte gar nicht, daß wir Bier brauchen.«
Ist das die Frage eines Erwachsenen oder die Unmutsäußerung eines Erziehers?
Ehemann (erwidernd): »Doch, ja.«
Ist das die sachliche Bestätigung eines Erwachsenen oder die Aufmüpfigkeit eines Kindes?
Woher sollen wir wissen, aus welchem Ich-Zustand heraus hier jeweils gesprochen wird? Um das zu entscheiden, müssen Sie Ihre Intuition einsetzen.

Wir gebrauchen unsere Intuition, um erste Einschätzungen abzugeben, wenn wir uns über eine Sache im unklaren sind. Wissenschaftler, Detektive, Marktforscher, sie alle stützen sich zunächst auf Intuition und lassen sich in ihrem weiteren Vorgehen von ihr leiten. Ihr Erfolg hängt letztlich davon ab, wie gründlich sie ihre anfänglichen Vermutungen später untermauern. Doch ein Detektiv, dem seine Intuition sagt, der Butler sei der Mörder, kann daraufhin keine Verhaftung vornehmen; er braucht Beweise. Auch ein Wissenschaftler würde scheitern, wenn er ohne Bewertung nur blind seiner Intuition folgte. Ebenso müssen Sie nach Bestätigung für Ihr intuitives Gefühl suchen, bevor es Ihr weiteres Vorgehen bestimmt.

Im Fall des Ehepaars im Supermarkt sollten Sie auf den Tonfall achten, in dem dieser Dialog zwischen zwei Partnern abläuft. Spricht hier Erwachsener zu Erwachsenem oder Erzieher zu Kind? Vermutlich finden Sie intuitiv die richtige Antwort. Das genügt aber nicht. Wir brauchen objektive Beweise. Sie sollten also genau hinsehen und weitere Informationen sammeln.

Hören wir, was die Frau weiter zu sagen hat.
Frau: »Ah so. (Lächelnd) Okay.« Ihre Antwort scheint auszudrücken, daß sie seine Antwort als die eines Erwachsenen auf die Frage eines Erwachsenen akzeptiert.

Damit ist das Thema beendet, und die beiden wenden sich anderen Dingen zu. Handelt es sich hier um eine Transaktion zwischen Erwachsenen? Wahrscheinlich, aber vielleicht auch nicht. Könnten wir Mäuschen sein und die beiden zu Hause belauschen, dann würde es sich schnell herausstellen. Wird er den ganzen Sechserpack noch vor dem Abendessen leergetrunken haben? Wird sie eine Szene machen oder schmollen? Oder werden sie sich gemeinsam eine Flasche zu ihren Hamburgern genehmigen?

Analysiert man Transaktionen wie diese, so sollte man nicht zu vorschnellen Schlüssen kommen.

Intuition ist nie ganz richtig, aber auch nie ganz falsch. Um herauszufinden, welche unserer Vermutungen zutreffen, müssen wir sie an der Wirklichkeit überprüfen.

Wie fühlt sich der andere?

Im täglichen Leben versuchen wir ständig, das Verhalten anderer zu verstehen. Falls unsere Kommunikation mit ihnen zu wünschen übrig läßt – und das kommt oft vor –, sind wir gezwungen, uns aus den wenigen verfügbaren Informationen ein Bild zu machen.

Und da es nicht üblich ist, Leute zu fragen, warum sie so und nicht anders handeln, sind wir dabei auf Intuition angewiesen. Aber eine so vage Sache wie unsere Intuition wird noch keine brauchbaren zuverlässigen Annahmen über Menschen liefern können. Wir müssen sie erst durch gründliche Überprüfung und Modifikation den tatsächlichen Gegebenheiten anpassen. Da vieles in unserem Gefühlsleben dunkel und negativ ist, neigt unsere Intuition zu paranoiden Schlußfolgerungen. Sie sind deshalb aber nicht völlig wertlos.

Solche negativen Intuitionen können sich jedoch in etwas verwandeln, das ich als paranoide Phantasien bezeichne. Es sind Phantasien, weil sie zum großen Teil nicht zutreffen, und sie sind paranoid, weil sie aus Furcht und Unsicherheit entstehen.

Ich möchte betonen, daß ich hier nicht vom Verfolgungswahn spreche, jener Form der Paranoia, die dem Wahnsinn zuzurechnen ist. Die Paranoia, die ich meine, ist das Resultat geschärfter Wahrnehmung auf der Basis von Intuition.

Wir sind uns einer Vielzahl von Dingen bewußt, auch wenn sie nie ausgesprochen wurden oder von anderen verworfen und abgestritten werden. Sofern wir unsere Intuition über die Motive anderer nicht offenlegen, sind wir auch weiterhin auf Vermutungen angewiesen. So können sich unausgesprochene Vorbehalte in eine Beziehung einschleichen und sie schließlich zerstören. Aus diesem Grund ist es so wichtig, unsere Intuition offenzulegen und zu überprüfen.

Intuition im Einsatz: eine Fallstudie

Janelle ist über ihre Kollegin Beth verärgert. Sie hat sich bei Melanie beklagt, daß ihr Beths Benehmen in letzter Zeit völlig unbegreiflich sei und sie sich selber nie so verhalten würde; Beth sei total verzogen, bringe keinen Respekt für andere auf und so fort.

Melanie hingegen findet Beth nett und vermutet, daß Rivalität hinter Janelles Vorwürfen steckt.

Als Melanie dann darlegt, wieviel Zeit und Aufmerksamkeit der Boss auf Beth verwendet, findet sie ihren Verdacht bestätigt.

»Es klingt so, als fühltest du dich von Beth zurückgesetzt und übervorteilt, weil sie mehr Zuwendung bekommt als du.«

»Nein, überhaupt nicht«, behauptet Janelle. »Vor ein paar Jahren war das ein bißchen so. Aber jetzt mache ich mir wirklich Sorgen; mit diesem Verhalten stößt sie so viele Leute vor den Kopf.«

»Aber sie ist doch eigentlich sehr beliebt.«

»Nicht mehr lange, wenn sie so weitermacht«, verkündet Janelle.

»Aber was du da schilderst, ist doch nicht wirklich boshaft, sie hat eben ihren eigenen Standpunkt. Bist du sicher, daß es da nicht andere Vorbehalte gibt, die dein Urteil beeinflussen?« fragt Melanie möglichst vorsichtig.

»Nein, nein, ganz bestimmt nicht«, streitet Janelle ab.

Jetzt weiß Melanie nicht mehr weiter. Ihre Intuition läutet Alarm, doch Janelle behauptet steif und fest, keinen Groll gegen Beth zu hegen.

Das führt dazu, daß Melanie immer weniger Anteilnahme für Janelles Sorgen aufbringt. Wird die eigene Intuition in dieser Form geleugnet, ist das keine sehr angenehme Erfahrung. Melanie fühlt sich außerstande, weiter auf die Freundin einzugehen. Nervös schaut sie auf die Uhr und würde am liebsten das Thema wechseln. Die Zurückweisung ihrer Intuition bewirkt, daß Melanie sich innerlich zurückzieht.

Wenn wir etwas wahrnehmen, das der andere abstreitet, so haben wir zwei Möglichkeiten: Entweder wir vergessen, worauf unsere Intuition uns aufmerksam machen wollte, oder wir bestehen darauf.

Werden unsere Vermutungen immer wieder geleugnet und zurückgewiesen, können wir bei dem Versuch, dennoch herauszufinden, was vorgeht, leicht auf Abwege geraten, besonders dann, wenn wir eine rege Phantasie besitzen.

Kehren wir zur Illustration zu dem unseligen Telefonat zwischen John und Mary zurück. Als Mary so unvermittelt auflegt, fängt Johns Imagination auf Hochtouren zu arbeiten an. Die Vermutungen steigern sich von:

- Mary ist unzufrieden, zu
- Mary ist unzufrieden mit mir, zu
- Mary ist böse auf mich, zu
- Mary haßt mich.

Dann beginnt John nach Gründen zu suchen, warum Mary ihn haßt. Er wendet sich an Nancy, Marys beste Freundin. Die äußert die wilde Vermutung, Mary könnte Anstoß daran nehmen, daß John sich gerne sexy gibt. Natürlich, das ist es, sagt sich John in einem Anfall von Paranoia: Mary haßt mich, weil sie mich für einen Chauvi hält!

Von alldem hat Mary keine Ahnung. Sie war zwar kurz angebunden am Telefon, aber das lag an ihrer Müdigkeit. Außerdem erwartete sie zu diesem Zeitpunkt einen anderen Anruf. Ein bißchen ist John ihr in dem Moment schon auf die Nerven gegangen, aber das hatte nichts damit zu tun, daß sie ihn für chauvinistisch hält. Es hat sie vielmehr geärgert, daß er ihr endlos von den Problemen mit seiner Freundin Anne erzählt hat.

Johns Intuition war also teilweise zutreffend, wie das meistens der Fall ist. Aber wird Mary zugeben, daß sie wütend war, wenn er sie darauf anspricht? Wahrscheinlich nicht. Ihre Antwort wird eher lauten: »Wieso sollte ich sauer auf dich sein. Es ist alles in Ordnung, John. Ich mag dich.«

Intuition leugnen

Eine solche Antwort wird John verunsichern. Marys Versicherung ändert nichts an seinem Gefühl, daß etwas nicht stimmt.

Für seinen Gefühlshaushalt hat das katastrophale Folgen. Soll er darüber glücklich sein, daß Mary ihn mag? Soll er wütend sein, weil Mary abstreitet, daß etwas nicht stimmt? Kann er ihr vertrauen? All diese Fragen wirbeln in seinem Kopf herum.

Marys Verhalten nennt man »emotionale Zurückweisung«. Johns Vermutung, daß Mary wütend ist, wird abgestritten, indem sie als völlig abwegig hingestellt wird. Eine solche Erwiderung führt in der Regel zu Verunsicherung und Paranoia.

Die Vermutungen des anderen als falsch zurückzuweisen, stellt eine Gefahr für die emotional kompetente Beziehung und Kommunikation dar. Der Betroffene wird zu Recht annehmen, daß er so ganz falsch nicht gelegen haben kann, und wird mutmaßen, daß der andere ihn hintergeht oder sich seiner Motive womöglich gar nicht bewußt ist.

Hier noch ein anderes Beispiel für geleugnete Intuition:

Donna hat schon seit langem ihre Bedenken, was die Beziehung zu Craig anbelangt. Während ihrer jahrelangen Freundschaft wurde sie das Gefühl nie ganz los, daß er mehr von ihr wollte als nur Freundschaft, und das ist ihr unangenehm.

Die Lage ändert sich, als Donna Justin trifft und mit ihm zusammenzieht. Plötzlich kommen keine Anrufe mehr von Craig. Donna, der die Sache mit Craig zu schaffen gemacht hat, ist im Grunde erleichtert darüber. Aber sie mag ihn auch und möchte ihn als Freund nur ungern verlieren. Sie schickt ihm eine Osterkarte, der sie einen kurzen, freundlichen Brief beilegt, um zu sehen, ob er reagiert. Auch weiterhin kein Anruf. Weil sie langsam nervös wird, ruft sie schließlich von sich aus an. Er erzählt, er sei so deprimiert, weil er immer noch keinen Job gefunden habe. Sie holt tief Luft und spricht das heikle Thema an: »Mir ist aufgefallen, daß du nicht mehr angerufen hast. Liegt das daran, daß ich jetzt mit Justin zusammenwohne.«

»Nein, nein, ganz und gar nicht«, versichert Craig eilig, und es klingt aufrichtig.

»Bist du sicher, daß du da kein Problem hast? Vielleicht ist es dir unangenehm, ihn am Apparat zu haben, wo ihr euch doch gar nicht kennt.«

»Ganz bestimmt nicht«, sagt Craig.

Donna nimmt ihn beim Wort, aber die Anrufe, Karten oder Briefe bleiben aus. Soll sie weiter insistieren, wo die Beziehung ohnehin schon befrachtet ist mit so viel unausgesprochener Spannung? Sie beschließt, die Sache eine Zeitlang auf sich beruhen zu lassen.

Doch Donna fragt sich immer wieder: Warum kündigt er mir gerade jetzt die Freundschaft? Ist er zu verletzt, um anzurufen? Ist er eifersüchtig auf Justin? Wenn ja, hat er demnach gelogen, als er sagte, es störe ihn nicht, daß ich mit Justin zusammengezogen bin?

Donna findet, daß sie Craig die Chance zu einer ehrlichen Antwort gegeben hat. Aber statt dessen hat er ihre Intuition auf nicht nachvollziehbare und sehr schmerzliche Weise geleugnet. Bald ist kaum noch etwas übrig von der Freundschaft, die die beiden für mehr als vier Jahre verbunden hat.

Dieses Beispiel zeigt, wie verletzend und irritierend es sein kann, wenn die eigene Intuition geleugnet wird. Dagegen ist es für eine Beziehung ausgesprochen klärend, wenn die Wahrheit, die in jeder intuitiven Annahme steckt, erkannt und eingestanden werden kann. Spielen wir den Fall von eben noch einmal durch, um zu sehen, was passiert, wenn die Wahrheit ans Licht kommt:

»Bist du sicher, daß du da kein Problem hast? Vielleicht ist es dir unangenehm, ihn am Apparat zu haben, wo ihr euch doch gar nicht kennt«, hatte Donna gefragt.

»Na schön, wo du schon fragst. Ich gebe zu, daß es mich ziemlich getroffen hat, als ich dich vor Jahren einmal fragte, ob ich Justin kennenlernen könnte, und du einfach nein gesagt hast. Auch später dann, als ihr schon fest liiert wart, hast du uns nie vorgestellt.«

Donna ist bestürzt. »Ich dachte, du würdest verstehen, daß man manchmal seine Freunde lieber nicht miteinander bekannt machen möchte. Ich hab' dir doch erzählt, daß ich schon mal schlechte Erfahrungen gemacht und Leute einander vorgestellt habe, die sich nachher überhaupt nicht leiden konnten.«

Das mag schon sein, aber es gäbe noch mehr zu sagen. Jetzt ist es an Donna, aufrichtig zu sein.

»Aber Craig, ich will genauso offen sein, wie du es warst. Ich wollte euch damals deshalb nicht so gern bekannt machen, weil ich in Justin verliebt war, und ich hatte immer irgendwie den Eindruck, daß du ebenfalls was von mir wolltest. Deshalb habe ich befürchtet, du würdest eifersüchtig sein, als Justin und ich uns dann nähergekommen sind.«

Sie muß schlucken. »Stimmt es, daß du eifersüchtig warst, als wir ein Paar wurden?«

Jetzt ist der Augenblick der Wahrheit auch für Craig gekommen. Er kann alles abstreiten, oder er kann Donna erklären, daß ihre Intuition falsch war und daß etwas ganz anderes vorgegangen ist, auf das sie nie gekommen wäre. Oder er kann zugeben, daß sie genau richtig vermutet hat. Vielleicht trifft ja auch beides zu, nämlich daß er sowohl eifersüchtig ist als auch sauer darüber, daß sie sich offenbar geniert, ihn ihren Freunden vorzustellen.

Wie auch immer, in dem Moment, in dem er die Wahrheit in ihrer Intuition anerkennt, kann er mit ihr in einen emotional kompetenten Dialog eintreten. Seine Weigerung in der ersten

Variante aber hat eine emotionale Mauer errichtet; Donna ist dadurch völlig verunsichert und kann mit Craigs seltsamen Botschaften überhaupt nichts anfangen.

SCHRITT 8

Bestätigung der intuitiven Ahnung

Auf der Suche nach dem Körnchen Wahrheit, das in jeder intuitiven Annahme steckt

Die meisten von uns hindert eine innere Abwehrhaltung daran, es zuzugeben, wenn das Gegenüber mit seiner Intuition richtig liegt. Ein solches Eingeständnis erscheint uns womöglich als Zeichen der Schwäche, oder wir wollen die Gefühle des andern nicht verletzen. In jedem Fall sollte die Person, die mit den intuitiven Annahmen eines anderen konfrontiert wird, diese bestätigen; nur so kann ein emotional kompetenter Dialog in Gang kommen.

Kehren wir zu John und Mary zurück. Mary hat soeben Johns Verdacht zurückgewiesen, daß sie so abrupt aufgelegt habe, weil sie wütend auf ihn gewesen sei. Sie hat gesagt: »Wieso sollte ich sauer auf dich sein. Es ist alles in Ordnung, John. Ich mag dich.«

John bohrt weiter: »Aber irgendwie fehlt mir da was. Liege ich richtig?«

Mary denkt nach. Sie weiß, daß sie jetzt das Körnchen Wahrheit in Johns Vermutung finden muß. »Ehrlich gesagt, John, ich war nach unserem Gespräch schon wütend. Aber nicht auf dich, sondern auf Anne. Vielleicht ist es das.«

Falls John das als Erklärung noch nicht genügt, sollte er die Sache weiterverfolgen.

»Gut, aber das hat nichts mit meinem Eindruck zu tun, daß

du wütend auf mich bist. Hat irgend etwas an unserem Gespräch dich gestört?«

Vielleicht bringt diese Frage Mary dazu, sich zu überlegen, was der wirkliche Grund für ihren Unmut und die abrupte Beendigung des Telefonats war. John hat ja wirklich die Angewohnheit, sich am Telefon endlos auszulassen. Hinzu kommt, daß sie keine Lust hatte, sich länger seine Geschichten über Anne anzuhören. Nachdem er sie ausdrücklich zur Kritik aufgefordert hat, könnte sie es vielleicht wagen, ehrlich zu sein. Sie macht einen Versuch:

»Ich war eigentlich nicht direkt wütend auf dich, aber ich war so müde, als du anriefst, und wartete auf einen anderen Anruf. Es hat mich nervös gemacht, daß du so ewig über deine Sachen geredet hast. Ich dachte, ich hätte dich deutlich genug spüren lassen, daß ich nicht länger über Anne reden wollte, aber du hast es anscheinend nicht begriffen. Klingt das einleuchtend?«

John ist zwar ein wenig schockiert, daß man ihn für einen Langweiler hält, aber im Grunde ist er sehr erleichtert über Marys Erklärung. Es gab also tatsächlich einen Haken an der Sache, aber Mary war nicht wütend auf ihn, sondern nur irritiert. Jetzt weiß er, was los war. Er versteht seine und ihre Gefühle zu jenem Zeitpunkt und kann nachvollziehen, wie sie entstanden sind. Und er sieht ein, daß er ihre Geduld mit seinen Geschichten von Anne überstrapaziert hat. Jetzt kann er wieder sicher sein, daß sie ihn wirklich gern hat.

Die Tatsachen und seine Gefühle passen zueinander wie die Teile eines Puzzles. Es mag ihn kränken, daß er sie mit seiner Unterhaltung gelangweilt hat, aber seine schreckliche Befürchtung, Mary könnte ihn hassen, kann er beruhigt vergessen. Er fühlt sich gut; er hat Bestätigung gefunden.

Manchmal trifft unsere Intuition nicht nur teilweise, sondern hundertprozentig zu. In unserem Beispiel hätte Johns Befürchtung sich auch gänzlich bestätigen können. Etwa so:

»Ja, John. Ich bin sauer auf dich. Eigentlich gehst du mir

schon eine ganze Weile auf die Nerven. Ich bin mir nicht sicher, ob ich noch länger mit dir befreundet sein will. Ich habe mich schon gefragt, wann du das endlich begreifst und mich in Ruhe läßt.«

Harte Worte, in der Tat. Und emotional nicht sonderlich kompetent. Aber für John ist es besser, sie in aller Deutlichkeit gesagt zu bekommen, als noch länger in einem so verunsichernden und schmerzlichen emotionalen Klima zu leben.

Man könnte eine solche Unterredung fortsetzen, indem man hinterfragt, warum sie ihn nicht mag. Seine Neigung zu endlosen Tiraden und ihre Unfähigkeit, klar zu äußern, wenn sie keine Lust mehr zum Zuhören hat, würden dann zur Sprache kommen. Die beiden können aber auch an diesem Punkt dem Gespräch und ihrer Freundschaft ein Ende setzen. In beiden Fällen haben sie Fortschritte in ihrem Verständnis füreinander und in ihrer emotionalen Kompetenz gemacht.

Doch normalerweise kommt es nicht so weit. Die meisten derartigen Probleme lassen sich lösen. Hier wirken offene Dialoge Wunder; sie beheben rechtzeitig jene kleinen Mißverständnisse, die sich andernfalls zu Katastrophen auswachsen können.

Sich offen aussprechen

Es kann zu erstaunlichen Ergebnissen führen, wenn man sich über Gefühle offen ausspricht, besonders dann, wenn beide Seiten eine unvoreingenommene, kooperative Haltung mitbringen.

In meinen Workshops erkläre ich den Teilnehmern, daß Intuition, sofern man sie sinnvoll und emotional kompetent einsetzt, eine große Hilfe für das gegenseitige Verständnis sein kann.

Sarah und Julie nehmen an einem solchen Workshop teil. Julie ist 27 Jahre alt und wunderschön, auch wenn sie sich nachlässig kleidet, um nicht die Aufmerksamkeit auf sich zu ziehen. Sarah ist 35 Jahre alt und hat Probleme mit ihrer Figur. Beide arbeiten im selben Büro und hatten in letzter Zeit des öfteren

Auseinandersetzungen. Julie hat sich davon so sehr verunsichern lassen, daß sie aus Angst vor diesen Streitereien gar nicht mehr zur Arbeit kommen wollte.

Nachdem ich erfahren habe, daß sie solche Angst vor Sarah hat, finde ich es erstaunlich, daß sie überhaupt zum Seminar erscheint. Doch sie hat sich dazu durchgerungen, und mitten in der Diskussion über Intuition fragt sie Sarah, ob sie mit ihr über eine Vermutung sprechen könne.

»Mir scheint, daß du mich für ziemlich blöd hältst«, bringt sie zögernd hervor. »Und außerdem denkst du, ich sei inkompetent und würde zu allem Ja und Amen sagen, was die Chefetage ausheckt.«

Sarah schüttelt den Kopf und erwidert hastig: »Nein, nein, im Gegenteil. Ich halte dich für gescheit.«

Julie läßt sich entmutigt in ihren Stuhl zurückfallen. An diesem Punkt erkläre ich, daß in den intuitiven Annahmen von Leuten meist ein Körnchen Wahrheit steckt. Es wäre daher besser für Sarah, sich zu überlegen, was überhaupt an Julies Vermutung zutrifft, anstatt sie von vornherein abzulehnen.

»Zur emotionalen Kompetenz gehört auch, daß man die Intuition des anderen respektiert und nicht einfach leugnet«, ermahne ich die Teilnehmer. »Sie müssen bereit sein, Ihre eigenen Beweggründe eingehend zu analysieren.«

Ich lasse diesen Gedanken eine Zeitlang wirken, dann frage ich Sarah, ob nicht doch etwas Wahres an Julies Vermutung ist.

Sarah denkt einige Augenblicke nach und nickt dann: »Julie, wahrscheinlich hast du recht«, äußert sie dann nervös. »Ich halte dich wirklich für gescheit, aber es macht mich wütend, daß du so leicht zu verunsichern bist und bereitwillig jenen zustimmst, die dich einschüchtern. Das vermittelt mir den Eindruck von Schwäche. Aber ich denke trotzdem, daß du intelligent bist.«

Julie geht es gleich besser, nachdem Sarah ihre Gefühle offenbart hat, und sie kann zugeben, daß sie leicht einzuschüchtern ist, aber sehnlich wünscht, sich besser behaupten zu können. Dann äußert sie eine weitere Vermutung: »Es gibt da noch etwas anderes, ich scheue mich, es auszusprechen, aber wenn ich aufrichtig sein soll, muß ich es tun. Willst du es hören?«

Sarah stimmt unsicher zu.

»Also«, setzt Julie an, »ich habe den Verdacht, daß du mir übelnimmst, daß ich jünger bin und die Männer im Büro mich attraktiv finden. Ich fürchte, du hältst mich für eine von diesen hirnlosen Tussis, die nichts als Männer im Kopf haben.«

Daraufhin wird es ganz still im Raum. Alle schauen auf Sarah, gespannt, wie sie reagieren wird. Auch ich bin, das muß ich zugeben, nervös. Trotz der jahrelangen Erfahrung mit diesen Seminaren bleibt bei mir immer ein Rest Anspannung, wenn jemand ein so heikles Thema anschneidet.

»Ganz schön schwer, das zuzugeben, aber es stimmt, ich bin eifersüchtig auf die Aufmerksamkeit, die die Männer im Büro dir entgegenbringen«, sagt Sarah. »Das macht mich ja noch zusätzlich wütend. Ich finde dieses Gefühl selber nicht toll, aber so ist es nun mal.«

Keiner in der Gruppe sagt etwas; sie haben alle mit der Peinlichkeit der Situation zu kämpfen. Schließlich bricht ein Teilnehmer namens Mark das Eis mit einer Frage.

Die Gruppe fährt fort, die Gefühle und Verhaltensweisen der Teilnehmer in allen Einzelheiten auszuloten. Nach zwei Tagen verlassen sie den Workshop energiegeladen und optimistisch.

Wenn wir unser Ziel »Das Herz öffnen« mit zwei Techniken verfolgen: der Handlung/Gefühl-Stellungnahme und der Anerkennung der Intuition, dann wird ein emotional kompetenter Dialog in Gang kommen und an die Stelle von Mißtrauen, Furcht, Vorwürfen und Schuldgefühlen treten.

In einem solchen Dialog lernen die Menschen, sich offen auszusprechen, und erkunden ihre Gefühle füreinander. Sie erkennen, wie ihr Handeln die Empfindungen der anderen beeinflußt und wie die eigene Intuition die Wirklichkeit widerspiegelt oder verzerrt. Dies sollte ohne Vorurteile, Anschuldigungen oder emotionales Chaos geschehen, so daß die Beteiligten allmählich Vertrauen zueinander fassen können.

Einfühlung / Empathie reift heran

In einer Beziehung, in der sich Vertrauen und offenes Gespräch entwickeln, sind die Menschen daran gewöhnt, ihre Ahnungen mitzuteilen und werden darin das Körnchen Wahrheit finden, das ihnen hilft, die Intuition des anderen zu bewerten. Dieser stete Dialog schärft das gegenseitige Verständnis des emotionalen Terrains. Die Menschen lernen, wie sich andere in verschiedenen Situationen wahrscheinlich fühlen, was ihnen guttut. Durch diesen über lange Zeit praktizierten Austausch reift die Intuition zu einem machtvollen empathischen Sinn heran. Intuition ist zunächst nichts als ein vages Verständnis von etwas, dessen wir uns kaum bewußt sind, und wird so zu einem hell erleuchteten Pfad durch unsere Gefühlslandschaft, der sie uns vertraut und zugänglich macht. Die von Herzen kommende Fähigkeit, mit anderen zu fühlen, ist eine essentielle Komponente der nächsten Lernebene: Verantwortung übernehmen.

Fallbeispiel
Alles zusammensetzen

Nun wollen wir probieren, die Schritte zusammenzufügen, die wir bis jetzt besprochen haben.

Carter und Nancy arbeiten zusammen; Nancy ist die Besitzerin der Firma und Carters Chefin. Seit etwa einem halben Jahr haben sie eine sexuelle Beziehung. Nach einigen Monaten im siebenten Himmel haben jetzt die Auseinandersetzungen begonnen, und die beiden baten mich, ihnen bei der Lösung ihrer Konflikte zu helfen.

Ich mag sie beide gern und habe Sorge, sie könnten sich in ein unentwirrbares emotionales Chaos manövriert haben. Ich fürchte, sie werden ihre Arbeitssituation ändern oder sich trennen müssen, womöglich sogar beides. Aber die beiden wollen sehen, ob sie nicht doch weiter zusammenarbeiten und die Beziehung aufrechterhalten können. Trotz der Probleme, die sie miteinander haben, betonen sie, wie sehr sie einander mögen und wieviel ihnen an einer langfristigen Bindung liegt.

Die Streitereien begannen bei der Arbeit und betrafen die Firma und den Umgang mit Kunden. Carter geht freundlich und zuvorkommend mit der Kundschaft um, Nancy hingegen gibt sich eher kompromißlos und geschäftsmäßig. Im Team hat sich diese Kombination bislang bewährt, bloß daß drei Kunden, denen Carter Kredite eingeräumt hatte, nicht bezahlt haben. Jetzt verlangt Nancy von ihm, das Geld umgehend einzufordern, er aber weigert sich. Jeder hält das Verhalten des anderen für unvernünftig. Nancy befürchtet, daß Carter die Finanzen der Firma überbeansprucht, während Carter meint, sie vergraule die Kunden.

Dieser Konflikt hat auch in ihr Privatleben hineingewirkt. Plötzlich sind sie sich in nichts mehr einig. Ihre sexuelle Beziehung ist zwar noch nicht ganz zum Erliegen gekommen, aber die Euphorie der Flitterwochen ist erst mal vorbei.

Nachdem sie mir in mehreren Telefongesprächen von ihren Problemen berichtet haben, lade ich die beiden zum Abendessen ein, damit wir die Sache durchsprechen können. Nach dem Nachtisch schlage ich vor, daß wir beginnen. Nancy wirkt bedrückt, und Carter scheint wütend zu sein, aber keiner bringt seine Gefühle zur Sprache. Statt dessen kritisieren sie sich gegenseitig. Nancy beklagt, daß der einst so leidenschaftliche Carter im Bett faul geworden sei. Carter sagt, sie mäkle nur ständig an ihm herum und nütze ihn sexuell aus.

Nachdem ich mir das eine Weile angehört habe, greife ich ein: »Hört mal zu, offenbar seid ihr beide sehr erregt. Stimmt das?«

Nancy nickt, Carter signalisiert mit versteinertem Gesicht, daß er zumindest bereit ist, mich anzuhören.

»Ich möchte euch helfen, herauszufinden, warum ihr so aufgebracht seid. Dazu bietet sich etwas an, was ich die Handlung/Gefühl-Technik nenne. Wärt ihr bereit, das mal zu probieren?«

Beide nicken.

»Es ist ganz einfach. Ihr füllt abwechselnd die Lücken in einer Handlung/Gefühl-Stellungnahme. Zum Beispiel so: Wenn du so und so handelst, empfinde ich so und so. Das Ganze hat den Zweck, eine bestimmte Handlungsweise zu beschreiben, und das Gefühl (oder die Gefühle), das sie zur Folge hat. Keine Ausschmückungen bitte, beschränkt euch auf diese beiden Dinge: die Handlung und das resultierende Gefühl.«

»Wer möchte anfangen?« frage ich. »Es wird bestimmt interessant werden. Das Ziel ist, seine Gefühlslandschaft besser kennenzulernen und die eigenen Empfindungen zu erkunden.«

»Und noch etwas, bevor ihr anfangt«, und ich erkläre ihnen, wie wichtig es ist, jedesmal um Erlaubnis zu fragen, wenn ein heikler Punkt angesprochen wird.

Nach kurzem unbehaglichen Schweigen ergreift Nancy die Initiative.

»Darf ich dir sagen, was ich gestern abend empfunden habe?« fragt sie Carter. Als er sich einverstanden erklärt, fährt sie fort:

»Als du mich gestern so hast abblitzen lassen, hatte ich das Gefühl, daß du mich nicht mehr liebst.«

»Moment mal, Nancy, Moment!« fahre ich dazwischen. »Daran müssen wir erst noch arbeiten, um es zu einer Handlung/Gefühl-Stellungnahme zu machen. Darf ich's mal versuchen?« Nancy willigt ein. »Du sagst, er hat dich enttäuscht. Das ist keine klar umrissene Handlung. Was genau hat er denn getan?«

»Erst hat er mich den ganzen Abend über angeturnt, und dann ist er augenblicklich eingeschlafen, sobald wir im Bett lagen«, sagt Nancy. »Das war eine herbe Enttäuschung, und ich hatte das Gefühl, er liebt mich nicht mehr.«

»Was wir brauchen, ist eine Aussage über ein Gefühl, das aus einer bestimmten Handlungsweise entstanden ist«, erkläre ich. »Zuerst mal stellen wir fest, daß er eingeschlafen ist.«

Ich blicke zu Carter hinüber, er scheint das nicht abzustreiten. Dann frage ich Nancy: »Was genau hast du empfunden, als er einschlief? Laß uns zunächst bei primären Gefühlen wie traurig, wütend oder verletzt bleiben.«

»Alle drei«, antwortet sie prompt.

»Schön, aber welches empfandest du zuerst und wie stark?«

»Ich war gekränkt, und zwar sehr, und dann war ich traurig, und jetzt bin ich wütend, verdammt wütend.« Ihre Augen füllen sich mit Tränen.

»Gut, dann mache ich jetzt aus den Informationen, die du mir gegeben hast, eine Handlung/Gefühl-Stellungnahme, aber ohne einen Vorwurf darin: ›Gestern abend, als du einschliefst, anstatt mich zu lieben, fühlte ich mich verletzt, traurig und dann wütend.‹« Nancy nickt und wischt sich die Tränen ab.

Carter sitzt stumm und verschlossen dabei. Ich wende mich ihm zu und frage: »Kannst du dem folgen, Carter?«

»Ja, aber ich habe nicht ...«

»Ich bin sicher, daß du eine Menge dazu zu sagen hast«, unterbreche ich ihn, »aber für den Augenblick sollst du mir nur sagen, ob du verstehst, was Nancy da gesagt hat. Vor allem, daß sie verletzt, traurig und wütend war, weil du eingeschlafen bist, sobald ihr im Bett wart gestern. Das kann helfen, euch klarzumachen, was zwischen euch abläuft.«

»Gut, das sehe ich ein. Darf ich jetzt sagen, was ich gefühlt habe?«

»Aber unbedingt.«

»Also ich habe in letzter Zeit das Gefühl, nur noch Nancys Prügelknabe zu sein. Ständig kritisiert sie mich, und anschließend soll ich den leidenschaftlichen Liebhaber spielen. Ob in der Firma oder im Bett, ich kann nicht tun, was sie von mir verlangt; ständig werde ich nur herumkommandiert.«

Wieder erkläre ich, daß es darum geht, dieses Gefühl des »Herumkommandiertwerdens« in einer Handlung/Gefühl-Stellungnahme zu konzentrieren. Schließlich konkretisiert Carter verschiedene Anlässe, bei denen Nancy ihn kritisiert hat. Dann kann er formulieren, was er dabei empfunden hat: Er fühlte sich »erniedrigt, wütend und verletzt«.

So geht es hin und her. Nancy bringt Carters leichtfertigen

Umgang mit dem Firmenvermögen ins Gespräch und wie sehr ihr das angst macht. Carter sagt, wie schwer es ihm fällt, einzugestehen, daß Nancy die Firmeninhaberin ist und eine bessere Ausbildung hat als er.

Im Laufe des Gesprächs gelingt es mir, das Mißtrauen zu entkräften, das sie einander entgegenbringen: Nancys Befürchtung, daß Carter sie nicht mehr liebe und nur wegen seines Jobs bei ihr bleibe, und Carters Vermutung, daß Nancy ihn lediglich als Lustobjekt schätze. Sobald sie offen und ohne Unterstellungen über diese Befürchtungen und Vorbehalte reden können, sind wir soweit. Wir können die jeweiligen intuitiven Annahmen überprüfen

Intuition einbringen

Ich hatte sie zunächst ja nur gebeten, über primäre Gefühle – verletzt, schuldbewußt oder wütend sein – zu sprechen, aber es kamen zunehmend auch komplexere emotionale Reaktionen ins Spiel. Es hatte gerade mal eine Stunde gebraucht, bis wir eine Menge Informationen gesammelt hatten: Nancys Gefühl, in ihren sexuellen Bedürfnissen nicht ernstgenommen zu werden, ihre Angst, Carter liebe sie nicht mehr, und bei Carter das Gefühl, hinsichtlich Stellung und Ausbildung neben ihr nicht bestehen zu können und von Nancy nur als sexueller Diener benutzt zu werden.

Jetzt gehen wir einen Schritt weiter. Ich erkläre, daß solche komplexen emotionalen Reaktionen sich aus simpleren Empfindungen zusammensetzen, die zu negativen Annahmen über den anderen führen. Ich sage ihnen, wir seien jetzt an dem Punkt, wo wir uns diese Spekulationen näher ansehen könnten, und fordere sie auf, die Vermutungen auszusprechen, die sie vorher hatten ausklammern müssen.

Nur eine Regel müssen sie dabei beachten: Hört einander mit Offenheit zu. Sucht nach der Wahrheit in den Anschuldigungen des anderen und weist sie nicht einfach zurück.

Ich fange mit einer Frage an: Sieht Nancy in Carter tatsächlich nur den Sexprotz, der sonst keine Qualitäten hat? Das war eine von Carters Befürchtungen gewesen, aber Nancy lehnt sie kategorisch ab. Ich fordere sie dennoch auf, nochmal in sich zu gehen.

»Nancy, Carter ist schließlich nicht verrückt, und wenn er zu einer solchen Überzeugung kommt, dann muß ein bißchen was Wahres dransein« sage ich. »Es hilft uns nicht weiter, wenn du seine Erfahrungen einfach negierst. Denk lieber darüber nach, was daran zutreffen könnte, und wenn es nur ein winziges Körnchen Wahrheit ist.«

Ihre Stirn verdüstert sich, während sie schweigend dasitzt. Dann endlich sagt sie: »Es stimmt, ich mag es sehr, wie du im Bett mit mir umgehst, und es stimmt auch, daß ich diese Art der Zuwendung ebenso nötig habe wie alles andere, was du mir gibst. Aber wenn ich dann wütend auf dich bin, weil du mit den Kunden auf dieselbe sanfte Art umgehst, dann ist das schrecklich unfair. Ich sehe ein, daß es dich verletzt, wie ich dich behandle.«

»Genau so«, sagt Carter.

Nach einigen Augenblicken lastender Stille fragt Nancy: »Kann ich dich was fragen, Carter? Etwas, von dem ich fürchte, daß du es von mir denkst?«

Er willigt ein.

»Es fällt mir sehr schwer, das auszusprechen, aber ich habe Angst, daß du mich für frigid hältst.«

»Sexuell meinst du?«

»Ja«, stammelt Nancy, den Tränen nahe.

Carter denkt lange nach. Dann sieht er mich verwirrt und fragend an.

»Überleg dir, wie sie zu dieser Vermutung kommen könnte«, sage ich. »Findest du Nancy in irgendeiner Weise kalt?«

»Ja, schon. Manchmal kann sie ganz schön kaltschnäuzig sein.« Er wendet sich Nancy zu. »Dein Umgang mit den Kunden ist irgendwie frigid. Und gelegentlich springst du auch mit mir so um. Das habe ich schon manchmal gedacht. Aber im Bett

138

bist du leidenschaftlich, zumindest, wenn es dir paßt, oder vielleicht sollte ich sagen, wenn ich dir gerade passe.«

Nancy gibt das zu. »Wahrscheinlich habe ich mitgekriegt, daß du mich in meinem Geschäftsgebaren für kaltschnäuzig hältst. Aber ich hasse diese kalte Seite an mir«, sagt sie und fängt wieder an zu weinen.

Carter geht zu ihr hinüber und umarmt sie. »Du sollst es nicht hassen. Das ist etwas, was ich an dir bewundere. Ich bewundere deinen Geschäftssinn. Solange du mir den Kredit nicht kündigst …«

Da müssen beide lachen.

Das Gespräch geht weiter, und wir loten nach und nach die Gefühle der beiden aus.

Wir sehen jetzt deutlich, wie ihre Beziehung dadurch vergiftet wurde, daß jeder den Handlungen des anderen bösartige Motive unterstellt hat.

Ich weise darauf hin, daß Beziehungen in zwei möglichen Geleisen verlaufen können, eines in negative, das andere in positive Richtung. Liebe, gegenseitige Rücksichtnahme, Vertrauen, Freundlichkeit, sexuelle Ungezwungenheit und Bewunderung füreinander fördern sich gegenseitig und schaffen eine gute Beziehung, während Zorn, Selbstsucht, Groll und Vorurteile sich hochschaukeln und die Beziehung ruinieren.

Die Beziehung von Nancy und Carter hat sich vom Positiven – der Flitterwochen-Phase wachsender Zuneigung und Leidenschaft – ins Gegenteil verkehrt. Es bedarf großer Energie und Anstrengung, sie wieder in ihr ehemaliges positives Gleis zu bringen und dort zu halten. Aber nun sind sich beide wenigstens im klaren darüber, was sie fühlen, warum und wie stark ihre Gefühle sind. Das wird auf jeden Fall eine Hilfe sein.

Nancy und Carter sind zur Eheberatung gegangen und haben dort ihre emotionale Bildung weitergeführt. Mittlerweile scheinen sie gut miteinander zurechtzukommen, und sie behaupten, daß unser Gespräch der Auftakt zu einem gemeinsamen Neuanfang war.

Zusammenfassung
Die Gefühlslandschaft erkunden

Was uns die populären Psychologen auch immer glauben machen wollen, man *kann* Emotionen im anderen hervorrufen und umgekehrt. Das macht die Handlung/Gefühl-Stellungnahme ja auch zu einem so hilfreichen Werkzeug. Sie ermöglicht uns, eigene und fremde Gefühle zu erforschen und aufzuklären, ohne Anschuldigungen oder Vorurteile mit einzubringen.

Die Formel ist denkbar einfach: »Wenn du so und so handelst, empfinde ich so und so.«

Setzt man solche Stellungnahmen richtig ein, wird man nach einer Weile die Gefühlslandschaft, die einen umgibt, deutlicher wahrnehmen können.

Man wird begreifen, was die Menschen fühlen, mit welcher Intensität und warum, welche Handlungen anderer mit diesen Gefühlen in Verbindung stehen.

Dabei ist es sehr wichtig zu lernen und zu verstehen, wie wir mit unseren Handlungen die Emotionen anderer Menschen beeinflussen, ohne selbst eine defensive Haltung einzunehmen. Durch die Ausbildung emotionaler Kompetenz wird es möglich, mit Hilfe der eigenen Intuition die Gefühle der Mitmenschen zu erspüren. Die Äußerung unserer intuitiven Ahnungen und die Reaktion der anderen auf die darin enthaltenen Wahrheiten wird unsere Intuition zu einem wirklich empathischen Sinn reifen lassen. Dieser empathische Sinn stellt – wird er liebevoll gebraucht – die Grundlage für emotional kompetentes Verhalten dar, mit dem wir auch in schwierigen emotionalen Situationen bestehen und diese vor Eskalation bewahren können. Damit haben wir die Tür geöffnet zu reicheren und bereichernden Beziehungen.

6

DRITTE PHASE
Verantwortung übernehmen

Der letzte und schwierigste Schritt beim Erlernen emotionaler Kompetenz besteht darin, daß wir Verantwortung für Fehler übernehmen, die wir im Umgang mit Menschen begehen.

»Irren ist menschlich«, sagt das Sprichwort, und wenn wir uns ehrlich Rechenschaft über unser Leben geben, werden wir sehen, wie menschlich wir tatsächlich sind und wie viele Fehler wir machen.

Ständig machen wir etwas falsch; wir verletzen geliebte Menschen, wir belügen unsere Freunde, wir lassen Leute, die uns vertraut haben, im Stich und stoßen andere vor den Kopf, die unsere Hilfe nötig hätten. Wenn wir überhaupt bemerken, was wir da angerichtet haben, dann machen wir uns Vorwürfe, schieben die Schuld unseren Opfern zu oder kommen mit leeren Entschuldigungsfloskeln daher. Das alles taugt nichts. Vielmehr sollten wir verstehen lernen, warum wir diese Fehler machen und Maßnahmen zu ihrer Vermeidung ergreifen.

Eric Berne gibt uns mit seiner Theorie von den Spielen und Skripts einen Erklärungsansatz, warum uns solche emotionalen Fehler unterlaufen. Wir wollen das nun erläutern.

Spiele, die die Leute spielen

Könnte man einen Menschen bei all seinen Kontakten und Gesprächen beobachten, so würde sich herausstellen, daß manche Leute eine bestimmte, für sie typische Art unangenehmer Transaktion wiederholt ablaufen lassen. Manche werden bösartig und versuchen, ihr Gegenüber einzuschüchtern; manche enden immer als Opfer; andere ziehen jede Konversation ins Lächerliche; und wieder andere lassen ihre Gesprächspartner regelmäßig tief deprimiert zurück. Die meisten von uns verfügen über solche Verhaltensmuster – manchmal sind es sogar mehrere –, und wir spielen sie immer wieder durch; wir spielen unser Spiel.

Achten Sie einmal darauf, welche Empfindungen solche Gespräche hinterlassen. Sie werden merken, daß dabei mindestens ein Teilnehmer mit unguten Gefühlen – verletzt, ärgerlich oder verängstigt – zurückbleibt. Ist dies der Fall, dann handelt es sich mit einiger Sicherheit um ein Spiel. Andere Gespräche verlaufen reibungslos und machen den Beteiligten gute Laune. Hier wurde offensichtlich kein Spiel gespielt. In beiden Fällen aber haben die Beteiligten einen Stroke erhalten. Wird ein Spiel gespielt, so verlaufen die Transaktionen schlecht und die Strokes sind negativ; ohne solche Spielchen sind die Transaktionen befriedigend und die Strokes ebenso.

Berne hat festgestellt, daß es verschiedene Typen von Spielen gibt. Manche Leute spielen deprimierende Spiele wie »Tritt mich«, andere spielen aggressive Spiele wie »Jetzt hab ich dich«, und wieder andere bevorzugen selbstzerstörerische Varianten wie »Alkoholismus«.

Warum spielen die Leute solche Spiele? Eine von vielen verschiedenen Theorien lautet, Spiele seien der mißlungene Versuch, sich positive Strokes zu beschaffen, allerdings mit gegenteiligem Effekt, denn man bekommt statt dessen negative Strokes.

Ich schließe mich dieser Interpretation an und bin zu dem

Schluß gekommen, daß Leute solche Spiele einsetzen, weil sie nach positiven Strokes lechzen und sie um jeden Preis bekommen wollen, selbst dann, wenn ihnen ihr Spiel letztlich nur negative Strokes einbringt.

Das Skript: Entscheidungen, die unser Leben bestimmen

Spiele bieten dem Spieler, auch wenn es sich um das fehlgeleitete, andere verletzende Verlangen nach positiven Strokes handelt, am Ende immerhin eine Genugtuung: Seine Weltsicht wird bestätigt. Das ermöglicht ihm, sein Leben als kohärent und begreifbar zu erleben, selbst wenn dies unter der Prämisse seiner negativen Weltsicht geschieht.

Typische Weltsichten von dieser Art sind: »Die Guten kriegen immer eins drauf«, »Trau nie einer Frau (einem Mann)« oder »Du wirst's bereuen, wenn du dich mit mir anlegst«. Solche Einstellungen mögen zwar negativ sein, sie geben dem jeweiligen aber immerhin das Gefühl, die Welt in all ihrer Niedertracht zu durchschauen.

Schon früh in der Entwicklung entscheidet sich, was die Menschen vom Leben erwarten. Damit sind die Weichen für alles weitere gestellt; das Skript – vergleichbar einem Drehbuch beim Film oder im Theater – liegt bereits fest. Den Rest ihres Lebens verbringen die Menschen damit, den Regieanweisungen dieses Skripts zu folgen.

Jedesmal, wenn ein Spiel seinen erwarteten Ausgang genommen hat, erfährt der Spieler oder die Spielerin eine bittersüße Bestätigung, die wir den »Skript-Erfolg« (oder existentiellen Lohn) nennen wollen. Er resultiert in dem Gefühl, daß man trotz aller Enttäuschung weiß, wer man ist und was man vom Leben zu erwarten hat.

Negative Formulierungen wie »Ich bin eben der geborene

Verlierer«, »Keiner mag mich«, »Alles, was ich anfange, geht schief« können dem Leben wenigstens einen Sinn verleihen. Am Abend eines schauerlichen Tages können wir immerhin zu uns sagen: »Ich hab's ja schon immer gewußt, das Leben war die Hölle, und jetzt kommt der Tod.«

Spiele sind Teil solcher umfassenden Lebenspläne oder Skripte. Wer das »Warum nicht? – Ja aber«-Spiel spielt, folgt einem depressiven Skript, während der »Tritt mich«-Spieler nach einem Opfer-Skript agiert; der wütende Spieler hat das Ankläger-Skript, der Alkoholiker folgt einem tragischen, selbstzerstörerischen Skript und so weiter.

Eine Skript-Entscheidung, die sehr früh im Leben fällt, betrifft unsere Gefühle. Nicht selten tendieren wir zu emotionalen Extremen. Keines dieser Extreme führt jedoch zu emotionaler Kompetenz.

Wir beschließen, uns von unseren Gefühlen abzukoppeln und auf Dauer fühllos zu sein, oder wir entscheiden uns für einen Gefühlsüberschwang, den wir nicht unter Kontrolle haben, und leben so in beständigem emotionalen Chaos. Wir beschließen, nicht mehr zu lieben, und werden hart und herzlos, oder wir verteilen unsere Liebe wahllos nach allen Seiten und werden ständig enttäuscht. Wir können auch beschließen, jeglichem Ärger aus dem Weg zu gehen und in Passivität zu versinken, oder wir können unserer Wut freien Lauf lassen und gewalttätig werden.

Derartige Entscheidungen führen in jedem Fall in eine Sackgasse, aber weil wir das entsprechende Skript so sehr verinnerlicht haben, begreifen wir überhaupt nicht, was eigentlich abläuft. Um uns aus dieser Klemme zu befreien, müssen wir die zentralen Verhaltensmuster in unserem Leben genau unter die Lupe nehmen. Jemand, der sich ständig in Auseinandersetzung mit seinen Mitmenschen befindet, wird nach einigem Nachdenken darauf kommen, daß er zwanghaft bestimmte Spiele wiederholt, die sein Skript ihm vorgibt.

Da ist der Arbeiter, den man immer wieder feuert, die Frau, die regelmäßig von ihren Liebhabern sitzengelassen wird, oder

der Mann, der sich ständig betrinkt. Wenn Sie dauernd zu spät kommen, immer Schulden haben, ständig Sachen vergessen oder von anderen regelmäßig bis zum letzten Pfennig ausgenommen werden, dann können Sie ziemlich sicher sein, daß diese Mißgeschicke Ihrem Lebens-Skript eingeschrieben sind.

Es gibt viele Theorien darüber, warum wir uns an solche Skripts halten und uns damit zugrunde richten, warum wir so depressiv werden, daß wir jegliches Interesse am Leben verlieren, oder warum wir uns in Wahnsinn und Sucht treiben lassen. Die meisten dieser Theorien machen unsere Eltern verantwortlich. Einige sagen, es liegt an den Genen, und diese Anlagen werden uns vererbt. Andere wieder sehen den Grund allen Übels im Verhalten unserer Eltern; sie haben uns falsch behandelt, uns zu Depressiven, Verrückten oder Alkoholikern erzogen. Beide Theorien treffen auf manche nur begrenzt, auf andere in hohem Maße zu. Zweifellos können Trunksucht, Wahnsinn und Depression erbliche Aspekte haben, und viele lernen schon von ihren Eltern, wie man depressiv, unehrlich und jähzornig ist, wie man verrückt spielt und wie man sich berauscht.

Doch selbst wenn unsere Gene bis zu einem gewissen Grad für unser Verhalten verantwortlich sind und selbst wenn die Erfahrungen unserer Kindheit uns für den Rest unseres Lebens geschädigt haben, so sind es eben doch unsere alltäglichen Erfahrungen, die dieses Leben ausmachen, und die werden von unseren jeweiligen Entscheidungen und Handlungsweisen bestimmt.

Wenn wir auf diese Erfahrungen Einfluß nehmen, indem wir unsere Entscheidungen und Verhaltensweisen ändern, dann kann sich dadurch auch unser Leben grundlegend verändern.

Wir können die eingefahrenen Verhaltensmuster ändern, indem wir das Skript umschreiben und Erfüllung in einem neuen Lebensplan finden, der es uns erlaubt, gütig zu anderen zu sein, anstatt ihnen ständig weh zu tun. Das wäre eine Entscheidung für emotionale Kompetenz und hätte eine verwandelnde Wirkung auf die Menschen um uns herum und auf uns selbst.

Retter, Ankläger und Opfer

Wie können wir uns aus dieser emotionalen Falle befreien? Nachdem uns solche Skripte ja nicht ins Hirn gestanzt sind, sondern auf unseren eigenen Entscheidungen basieren, können wir sie auch wieder loswerden. Wir können sie verändern, indem wir unser Denken verändern.

Um dies zu erreichen, müssen wir uns zunächst mit den drei destruktiven Rollen vertraut machen, die in Spielen immer wieder vorkommen: der Retter, der Ankläger und das Opfer. Sie gehören zur Besetzung aller Spiele. Wenn wir nach einem Skript handeln, suchen wir uns darin immer eine dieser drei Rollen aus.

Manche bevorzugen die Rolle des Retters. Sie kümmern sich um Leute, die sich besser um sich selber kümmern sollten, räumen ihnen jegliche Schwierigkeit aus dem Weg und nehmen ihnen damit die Chance, ihre eigenen Entscheidungen zu treffen und eigene Wege zu gehen. Andere spielen am liebsten den Ankläger, sie kritisieren, predigen und bestrafen. Wieder andere gefallen sich in der Rolle des Opfers; sie sind unfähig zu eigenen Entschlüssen, lassen andere über ihr Leben bestimmen und für sich sorgen.

Warum verhalten wir uns so? Wir haben erfahren, daß wir Strokes bekommen können, wenn wir diese Rollen spielen, denn sie geben unserem Leben einen Sinn.

Erstaunlicherweise kann jemand, der sich für eine dieser Rollen entschieden hat, aber auch in die beiden anderen schlüpfen.

Um zu veranschaulichen, wie die Leute in einem ewigen Reigen von einer in die andere Rolle wechseln, ordnen wir die drei Rollen in der Transaktionsanalyse in einem Dreieck an, das auch ausdrücken soll, daß sich die drei Rollen in einem endlosen Kreis bewegen.

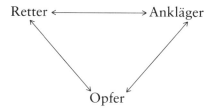

Diese Rollen sind so wichtig für uns, daß sie sogar zur jeweiligen Grundlage einer bestimmten politischen Ideologie geworden sind. Den Ankläger haben die extrem Konservativen für sich vereinnahmt. Sie negieren alle Verantwortung für ihre Mitmenschen und würden am liebsten jeden verhaften und enteignen, der in ihren Augen kein »rechtschaffener« Bürger ist. Die Liberalen dagegen spielen sich gern als Retter auf und würden ihr Hab und Gut opfern, um anderen zu helfen. Die Rolle des Opfers übernehmen bereitwillig all jene Gruppen, deren Mitglieder zu sehr im Kampf engagiert oder auch schlicht unwillig sind, für sich selbst zu sorgen. Das sollen dann andere für sie übernehmen.

Nun, das soll nicht heißen, daß diese Haltungen nicht auch ihre Berechtigung hätten. Es kann höchst verdienstvoll sein, sich für andere einzusetzen, ebenso, andere an ihre Eigenverantwortung zu erinnern. Und es ist durchaus sinnvoll, daß jemand, der sich selbst nicht mehr zu helfen weiß, andere um Hilfe bittet. Nur dürfen diese Verhaltensweisen sich nicht zu starren Rollen verfestigen oder zu politischen Dogmen werden. Dann nämlich sind sie schädlich und kontraproduktiv.

Wie aber gelingt es, die Drehbücher zu zerreißen, den Spielchen abzuschwören und das eigene Leben selbst in die Hand zu nehmen? Die Antwort ist: Wir müssen uns von unseren Rollen als Retter, Ankläger oder Opfer trennen. Aber wir sollten uns davor hüten, einfach nur eine der Rollen gegen eine andere auszutauschen. Hat jemand sich vorgenommen, sein Spiel in Zukunft nicht mehr zu spielen, so wird er zunächst dazu neigen, in eine andere Rolle desselben Spiels zu schlüpfen. War er zum Beispiel bisher das Opfer in einem Alkoholismus-Spiel (das heißt, Alkoholiker), dann sieht er den Ausweg zunächst in einem Rollenwechsel zum Ankläger oder zum Retter. Damit fängt das Spiel aber nur wieder von vorne an.

Rollentausch: eine Fallstudie

Harry ist Alkoholiker. Er trinkt jeden Tag und ist jedes Wochenende betrunken. Seine Frau Helen trinkt nur mäßig, ist dafür aber Kettenraucherin. Nach einem besonders exzessiven Besäufnis und dem entsprechenden Kater am Montag beschließt Harry, trocken zu werden. Bis Mittwoch hat er die Flasche kein einziges Mal angerührt und fühlt sich makellos und selbstzufrieden. Daraufhin fängt er an, Helen ihre widerliche Raucherei vorzuwerfen, ja er redet ihr ein, auch sie sei Alkoholikerin und solle mit dem Trinken aufhören.

Helen kennt diese Tour bereits und läßt sich davon nicht mehr beeindrucken, sondern ärgert sich vielmehr, daß Harry jetzt auf sie losgeht. Er ist überzeugt, sich von Grund auf geändert zu haben; sie dagegen weiß nur zu gut, daß dem nicht so ist. Sie sagt ihm, er solle sie in Ruhe lassen und zu den Anonymen Alkoholikern gehen. Natürlich meint er, daß er deren Hilfe nicht nötig hat.

Um die Geschichte kurz zu machen: Am Freitag hängt Harry wieder an der Flasche, und er gibt Helen die Schuld an seinem Rückfall.

Dies ist die Geschichte eines Opfers, das sich erfolglos zu ändern versuchte. Im Folgenden schauen wir uns eine Retterin an, die ihrem Skript nicht entkommt, auch wenn sie glaubt, sich durch die Übernahme der Ankläger-Rolle daraus befreien zu können.

Seit Jahren versucht Helen, Harry zu retten. Eines Tages liest sie etwas über »codependency« und beschließt eine Radikalkur. Sie zertrümmert alle Schnapsflaschen im Haus, läßt das Schloß an der Haustür auswechseln und teilt ihm mit, daß sie ihn nicht mehr reinläßt, solange er trinkt. Als Harry nach einem Umweg über die Kneipe von der Arbeit nach Hause kommt, findet er sich ausgesperrt. Als er anfängt, die Tür zu bearbeiten, ruft Helen die Polizei. Auch dies ist ein extremer, wenig flexibler Umgang mit dem Problem; ändern wird sich damit letztlich nichts.

Dies sind offenbar keine wirklichen Lösungsansätze. Ist man einmal in einem solchen Skript gefangen, dann muß man sich über sein Verhalten ehrlich Rechenschaft ablegen, man muß sich seine Fehler und die Tatsache, daß man Hilfe braucht, offen eingestehen. Dann sind neue, bessere Alternativen gefragt. Man muß aus dem Reigen des Rollenwechsels ausbrechen und lernen, sich seine Strokes auf ehrliche Weise, ohne die vertrauten Spielchen, zu beschaffen.

Natürlich ist das leichter gesagt als getan, aber es ist möglich. Berne war überzeugt, daß die meisten Menschen ein glückliches und geistig gesundes Leben führen können, daß sie »okay« sind, wenn ihnen die Chance gegeben wird. Daher der Spruch: »Ich bin okay, du bist okay«. Voraussetzung für eine Veränderung ist, daß jeder in sich sein »okay-Zentrum« entdeckt und es auch in seinen Mitmenschen anerkennt.

Es gibt keine bessere Methode, sein »okay-Zentrum« zu finden, als zu beschließen, sich von nun an anders zu verhalten, sich selbst Liebe und Fürsorge entgegenzubringen und gleichzeitig den anderen mit Liebe und Fürsorge zu begegnen. Mit anderen Worten: nicht länger Retter, Ankläger oder Opfer sein. Und nichts wird uns in der Zukunft besser vor unseren früheren Fehlern bewahren als eine von Herzen kommende Entschuldigung. Deshalb ist der letzte Abschnitt dieses Lernprogramms den Entschuldigungen und Wiedergutmachungen gewidmet.

Wie wichtig es ist, Verantwortung zu übernehmen

Die Fehler, die wir machen und dann häufig unter den Teppich kehren, entfalten ihre dauerhaft schädigende Wirkung in unseren Beziehungen zu anderen Menschen. Wurden über Jahre solche emotionalen Schadstoffe angesammelt, so werden die Partner mit der Zeit kalt und unnahbar, oder die Beziehung geht zu Ende.

Will man nun eine Beziehung, die durch emotionale Fehler bereits angeschlagen ist, von Grund auf ändern, heißt es, Verantwortung zu übernehmen. Wir können uns einer Beziehung gegenüber aufgeschlossen zeigen, indem wir unser Herz öffnen und ihr emotionales Terrain ausloten, doch einmal angerichteter Schaden kann zwischen Menschen nur dann wiedergutgemacht werden, wenn die Bereitschaft besteht, Fehler und Irrtümer einzugestehen.

Die Schwierigkeit besteht darin, daß nur wenige emotional fähig sind, sich aufrichtig und ohne Abwehrhaltung zu entschuldigen. Einfach gesagt, die meisten können nicht sagen, daß ihnen etwas leid tut.

Die letzte emotionale Fertigkeit, die ich vermitteln möchte, ist die hohe Kunst, die eigenen Fehler einzugestehen und um Verzeihung zu bitten, ja, wenn es sein muß, darum zu betteln.

Die Vorstellung, sich aufrichtig entschuldigen zu müssen, erfüllt den Durchschnittsmenschen mit Angst. Das Gesicht verlieren, einen Rückzieher machen, eine Demütigung einstecken – all das bringt uns zurück zu den Streitereien im Schulhof, die uns ja angeblich aufs Erwachsenenleben vorbereiten. Dort haben wir gelernt, einen Rückzieher als Zeichen der Schwäche und Erniedrigung zu sehen. Dennoch wird ein emotional reifer Mensch seine Fehler zugeben und sich für jeden Schaden entschuldigen, den er durch sein Handeln einem anderen Menschen zugefügt hat.

Ich möchte das an einer Begebenheit illustrieren, die mir erst kürzlich selbst zugestoßen ist.

Am eigenen Leib erfahren – ein Fallbeispiel

Ich war eben aus Europa nach Chicago zurückgekehrt und fuhr sofort zu dem Hotel, in dem ich ein Zimmer reserviert hatte. Der Flug war ganz schön anstrengend gewesen, und ich wünschte mir nichts sehnlicher als ein heißes Bad und ausgiebig Schlaf. Die liebenswürdige junge Dame an der Rezeption schaute in ihr Buch. Nach einigem Suchen schüttelte sie freundlich den Kopf.

»Tut mir leid, Dr. Steiner, wir haben heute keine Reservierung für Sie. Wir haben Sie erst morgen erwartet, und leider ist im Moment kein Zimmer mehr frei.«

Diese Mitteilung empörte mich.

»Ich habe extra angerufen, vor Wochen schon …«

»Ja, das sehe ich hier, aber wir haben Sie erst für morgen eingetragen.«

»Eben, und das war Ihr Fehler!« bellte ich.

Noch während ich ihr das lautstark auseinandersetzte, schwante mir, daß ich es war, der den Fehler gemacht hatte. Ich war davon ausgegangen, daß ich ein Zimmer für den Tag nach meinem Abflug aus Frankreich brauchte, hatte aber vergessen, daß mich ein Flug von Ost nach West ja noch am selben Tag in die USA bringen würde. Unterdessen hatte die Empfangsdame zum Telefon gegriffen und erklärte der Person am anderen Ende die Situation.

Wenig später legte sie auf und sagte: »Wir werden versuchen, ein Zimmer für Sie zu bekommen, Dr. Steiner, aber …«

Doch ich hörte schon gar nicht mehr zu. Ich war in Europa gewesen, um Leuten emotionale Kompetenz beizubringen, nun mußte ich tun, was ich predigte, auch wenn es bedeutete, die Nacht auf der Straße zu verbringen.

»Darf ich mich bei Ihnen entschuldigen?« fragte ich, das Gesicht von Peinlichkeit gerötet.

Verwirrt sah sie von ihrem Buch auf.

»Als ich meine Reservierung machte, hatte ich fälschlicherweise angenommen, am Tag nach meinem Abflug von Paris hier einzutreffen.«

»Ist schon in Ordnung«, sagte sie. »Das kommt öfter vor. Die Leute berücksichtigen den Zeitunterschied nicht, wenn sie zurückkommen. Aber entschuldigen tun sie sich nie.«

»Ich schulde Ihnen aber eine Entschuldigung für die Art und Weise, wie ich mit Ihnen gesprochen habe. Sind Sie bereit, sie anzunehmen?«

»Ach, das ist doch nicht der Rede wert«, sagte sie und wandte sich wieder ihrem Belegungsbuch zu.

»Nein, nein, ganz im Ernst. Würden Sie meine Entschuldigung annehmen?«

Lächelnd blickte sie mich an. »Natürlich, warum auch nicht. Ich weiß das zu schätzen«, erwiderte sie. »Die Leute erwarten von uns, daß wir uns für unsere Fehler entschuldigen, aber für ihre eigenen entschuldigen sie sich nie.«

Sie können sich natürlich schon denken, daß die Geschichte gut ausging. Die Empfangsdame fand ein Zimmer für mich, und es dauerte nicht lange, bis ich selig schlief. Ich hatte praktiziert, was ich immer predige, und fühlte mich großartig dabei. Ich hatte ein Zimmer und konnte ein Gespräch mit einer liebenswürdigen jungen Frau führen, und das alles nur wegen eines Fehlers.

Bevor wir in der Lage sind, Verantwortung zu übernehmen und eine ehrliche Entschuldigung vorzubringen, müssen wir allerdings ein paar Hindernisse aus dem Weg räumen.

1. Sich selbst gegenüber zugeben, daß man einen Fehler gemacht hat. Einen Fehler zuzugeben fällt vielen von uns deshalb so schwer, weil wir uns damit der scharfen Kritik unseres Kritischen Elternteils aussetzen.

Die Stimme im Kopf könnte dann etwa sagen:

- »Du Trottel, erst machst du so einen dummen Fehler, und dann bist du auch noch so blöd, alle darauf aufmerksam zu machen.« Oder:
- »Typisch, von dir hätte man auch nichts anderes erwartet.«
- »Du bist ja immer verrückt gewesen, jetzt sieh dir an, was du wieder angestellt hast.«

Denken Sie daran, daß der Kritische Elternteil immer darauf aus ist, uns einzuschüchtern und schlecht zu machen. Indem man einen Fehler eingesteht, bietet man ihm also eine ideale Angriffsfläche.

2. Anderen unsere Fehler eingestehen. Als ob es nicht schon genug wäre, uns selbst gegenüber den Fehler zuzugeben. Wir müssen ihn auch anderen gegenüber eingestehen und uns damit nicht nur deren Ärger und Enttäuschung aussetzen, sondern auch dem fortgesetzten Zorn und der Kontrolle des Kritischen Elternteils.

Das kann zu einem fast unüberwindlichen, entwürdigenden Hindernis werden, aber wir müssen lernen, diese Hürde zu nehmen. Fehler zuzugeben kann eine Kraft spendende, reinigende Erfahrung sein, und jemand, der Anspruch auf emotionale Kompetenz erhebt, darf sie nicht auslassen.

3. Echtes Bedauern empfinden und vermitteln. Das wird nur dann gelingen, wenn wir unser Herz geöffnet haben. Wir können zwar unsere Fehler erkennen und eingestehen, das heißt aber noch nicht, daß wir auch den Schaden anerkennen oder bedauern, den wir damit verursacht haben. Deshalb steht dieser Schritt ja auch am Ende unseres Trainings: Um uns für emotionale Schäden zu entschuldigen, müssen wir sie nämlich erst einmal begreifen.

Zunächst müssen wir uns einfühlen, damit wir erkennen, welches Leid wir anderen mit unserem Tun zufügen. Ohne die nötige Einsicht können wir keine Verantwortung übernehmen. Was wir bisher über Einfühlung gelernt haben, wird uns in die Lage versetzen, zu begreifen, daß wir andere womöglich verletzt, betrübt, beschämt, erzürnt oder verängstigt haben. Erst wenn wir das einsehen, sind wir auch bereit, unser Tun zu bedauern.

4. Einsehen, daß Wiedergutmachung angeboten werden muß. Die Verantwortung für einen Fehler zu übernehmen heißt in der Regel, daß wir auch Wiedergutmachung anbieten müssen. Wiedergutmachung bedeutet Wandel. Wenn wir solche Eingeständnisse machen, dann verabschieden wir uns von einem Verhalten, mit dem wir anderen Schmerzen zugefügt haben. Wir haben eine andere Rolle übernommen.

Die Wiedergutmachung ist ein wichtiger Schritt auf dem Weg zur Vergebung. Wir lassen Geld für uns sprechen, und in vielen Fällen wäre Vergebung ohne diesen materiellen Aspekt nicht möglich.

Wenn Sie die Ratschläge dieser dritten Lernphase beherzigen, werden Sie begreifen, was es heißt, Verantwortung für das eigene Handeln zu übernehmen. Sie werden lernen, sich selbst und dem Opfer/den Opfern gegenüber zuzugeben, daß Sie etwas falsch gemacht haben, und ihre Bereitschaft zu zeigen, den Fehler mit allen Mitteln wiedergutzumachen.

Bedenken sie, daß wir alle Fehler machen, auch was unsere Gefühle anbelangt. Haben wir unsere emotionale Kompetenz entwickelt, so können wir viele Fehler von vornherein vermeiden und jene, die wir dennoch begehen, schneller beheben.

Wie die Rollenspiele als Retter, Ankläger und Opfer zu emotionalen Fehlern führen

Der Retter

Eine Rettungsaktion ist ein transaktionaler Vorgang und als solcher Teil eines sehr verbreiteten Verhaltensmusters, das auch als »codependence« bezeichnet wird. Es beginnt in der Regel mit exzessiver Hilfsbereitschaft, die später zu Problemen und Konflikten führt. Wir spielen den Retter, wenn wir für andere tun, was wir im Grunde gar nicht tun wollen, oder uns mehr aufbürden, als wir eigentlich tun müßten.

Motiviert werden wir zu solchen Rettungsaktionen, weil die anderen scheinbar unfähig sind, für sich selbst zu sorgen.

Manche Menschen sind geradezu notorische Retter und werfen schon beim geringsten Anlaß ihren Rettungsring aus, auch wenn der andere gar nicht gerettet werden will. Sie tun dies, weil sie a) gerne gebraucht werden, b) kompetente Menschen mit momentanen Problemen fälschlicherweise für hilflos halten oder c) dazu erzogen wurden, ständig andere glücklich machen zu müssen.

Ein Beispiel dafür ist June, die unermüdliche Retterin.

Sie hat erfahren, daß ihr Nachbar Richard an Aids erkrankt ist. Als sie ihm das nächste Mal begegnet, fühlt sie sich genötigt, besonders umsichtig zu sein und seine Krankheit nur äußerst taktvoll anzusprechen.

Aber weil die krampfhafte Bemühung, nichts Falsches zu sagen, sie so unter Streß setzt, würde sie ihm am liebsten erst gar nicht begegnen. June ist sich zwar vage bewußt, daß Richard ein sehr unabhängiger und ausgeglichener Mensch ist und gut ohne ihre intensiven Gefühle zurechtkommt, aber das Retten ist eine so tiefsitzende Gewohnheit bei ihr, daß sie es nicht lassen kann.

Ihre Rettungsbemühungen lassen den Umgang mit Richard so mühsam werden, daß sie ihn schließlich meidet. Gleichzeitig ist sie sich aber bewußt, Richards Lage damit nur zu verschlimmern, und fühlt sich schuldig, weil sie Richard in ihr Rettungsspiel hineinzieht. Diese Situation ist typisch für June, ständig tut sie anderen Gutes, schafft damit aber eher Probleme, anstatt sie zu lösen.

Rettungsaktionen können auch dem Wunsch entspringen, die anderen von uns abhängig zu machen, oder aber unserer Unfähigkeit, anderen etwas abzuschlagen. Um noch einmal zusammenzufassen: Wir werden zu Rettern, wenn wir
- etwas tun, was wir eigentlich nicht tun wollten,
- in einer Situation mehr tun, als nötig wäre.

Retten als eine Form des humanitären Verhaltens müssen wir unbedingt unterscheiden von der emotional schädigenden Rolle des Retters.

Es steht außer Zweifel, daß wir helfen können und sollen, sofern jemand hilflos ist und Nahrung, medizinische Versorgung oder Tröstung braucht. Gelingt es uns, im entscheidenden Moment zur Stelle zu sein und einem Menschen im Wortsinn das Leben zu retten, dann haben wir etwas außerordentlich Positives geleistet. Oft aber sind unsere Rettungsaktionen dazu angetan, anderen zu schaden, auch wenn wir selbst in dem Glauben handeln, ihnen Gutes zu tun.

Ein gewohnheitsmäßiger Retter engagiert sich immer ein wenig mehr, als eigentlich nötig wäre; der Betreffende stürzt sich in Aktivitäten, an denen er gar nicht teilhaben wollte, und schafft so zwischenmenschliche Probleme. Unerwünschte Rettungsaktionen fördern Selbstsucht, Abhängigkeit und hilfloses Verhalten beim Geretteten/Opfer. Sie berauben den Geretteten seiner Initiative und persönlichen Macht und führen sowohl beim Retter wie beim Geretteten schließlich zu Verärgerung und Unmut.

Der Ankläger

Spielt man, und das ist charakteristisch, eine der drei Rollen, dann wird man über kurz oder lang auch in die anderen beiden schlüpfen. So ist es zum Beispiel unvermeidlich, daß die Retter schließlich von den Nöten jener, zu deren Rettung sie antraten, überfordert werden.

Sie haben mit der Zeit keine Lust mehr, immer nur für andere dazusein, und fangen an, sie wegen ihrer dauernden Anforderungen zu hassen. Auch wenn der auslösende Fehler beim Retter selbst liegt, wird er nie auf sich selber, sondern immer nur auf jene wütend sein, denen er so viel gegeben hat. »Jetzt habe ich mich aufgeopfert, und was ist der Dank?«

An diesem Punkt werden die Retter zu Anklägern ihrer Opfer.

Peter ist ein geschickter Mechaniker und notorischer Trinker. Nach Feierabend genehmigt er sich erst mal eine paar Biere in der Kneipe. Zu Hause angekommen, hockt er sich schon ziemlich angeheitert vor den Fernseher und hofft, daß Jacquie, sein Frau, bald heimkommt und das Abendessen macht.

Auch Jacquie ist berufstätig. Normalerweise kocht sie am Abend, obgleich sie weiß, daß Peter nicht bereit ist, bei der Hausarbeit zu helfen.

Sie kocht also und macht auch gelegentlich noch sauber, denn sie findet, daß Peter in seinem Job schon genug Streß hat und sie nicht an ihm herummäkeln sollte. Wenn es Zeit ist, ins Bett zu gehen, haben ein paar weitere Biere ihre Wirkung getan. Seit Jahren schon haben sie keinen Sex mehr miteinander gehabt.

Auch um die Finanzen der beiden steht es nicht zum besten. Häufiges Essen in Restaurants und die Strafen für Peters wiederholte Trunkenheit am Steuer reißen große Löcher in den Geldbeutel.

Nachdem das ein paar Jahre so gegangen ist, hat Jacquie die Nase voll. Sie lernt einen netten Arbeitskollegen kennen, der nicht trinkt, und fängt ein Verhältnis mit ihm an, zunächst nur, um sich an Peter zu rächen. Aber der neue Mann gefällt ihr, und als es ein paar Monate später wieder mal Streit wegen des Abwaschs gibt, verkündet sie, daß sie Peter verlassen wird.

Jacquie hat unvermittelt die Rolle des Retters mit der des Anklägers vertauscht.

Peter ist vor den Kopf gestoßen und fühlt sich als Opfer. Er heult, bettelt und behauptet, nichts zu begreifen. Er zieht durch die Kneipen, klagt den Wirten sein Leid und hört vorzugsweise Country Music, die die Grausamkeit der Frauen besingt. Er ist zum hundertprozentig »hilflosen« Opfer geworden.

Bestärkt von schlechtem Ratschlag und hochprozentigen Alkoholika beschließt er, nach Hause zu gehen und die Situation in die Hand zu nehmen. Er bricht die verschlossene Tür auf und bedroht Jacquie. Nun hat sich Peter vom Opfer in einen Ankläger verwandelt, während Jacquie nicht länger fürsorgende Retterin, sondern selbst bedrohtes Opfer ist.

Sie zieht zu ihrer Mutter, die sich auf Peters Seite stellt, worauf Jacquie für ein Wochenende in tiefe Depression und Verunsicherung fällt und sich die Schuld an allem gibt.

Schließlich geht sie zur Beratung. Als man sie dort in ihrer Position bestärkt, wandelt sie sich wieder vom Opfer zur Anklägerin. Sie erwirkt Hausverbot für Peter und besorgt sich einen Scheidungsanwalt. Peter wiederum agiert nun nicht mehr als Ankläger, sondern als Opfer, entschuldigt sich und bittet um Vergebung. Auch sie gibt daraufhin die Anklägerrolle auf und wird erneut zur Retterin, indem sie Mitleid für Peter empfindet und wieder mit ihm zusammenzieht. Eine Woche später ist Peter schon wieder betrunken, und das Ganze fängt von vorne an, nur mit dem Unterschied, daß Peter Jacquie jetzt schlägt.

Die beiden fahren noch ein paar Jahre weiter auf dem Retter-Ankläger-Opfer-Karussell, bis Peter eine andere Frau kennenlernt, die sich nicht an seiner Trinkerei stört und ihn nett findet.

Jacquie ist völlig fassungslos über diese Wendung der Dinge. So geht es dahin. Ohne Intervention oder Hilfe von außen werden die beiden das Spiel wahrscheinlich ewig so weiterspielen, bis einer von ihnen stirbt.

Jacquie muß diesem Prozeß Einhalt gebieten und die Retter-, Ankläger- und Opfer-Rolle gleichermaßen zurückweisen. Was sie jetzt braucht, ist die Unterstützung von Freunden oder einer Selbsthilfegruppe. Sie muß eine Strategie entwickeln, wie sie ihren Bedürfnissen gerecht werden und gleichzeitig Peter klarmachen kann, daß er sich um die seinen selbst kümmern muß. Dann sollte sie sich bei ihm wegen ihrer Rettungsaktionen entschuldigen und versprechen, so etwas in Zukunft zu unterlassen. Wäre das alles geregelt, könnte sie vielleicht fühlen, daß die Beziehung nicht mehr funktioniert und daß sie Peter verlassen sollte. Wenn sie sich so verhielte, wäre das kein Rollentausch mehr, sondern eine richtige Entscheidung für ein neues Skript.

Das Opfer

Wir haben eben gesehen, daß Retter irgendwann wütend werden. Dann wird derjenige, der von der fehlgeleiteten Großmut des Retters profitiert hat, dessen Ärger und Unmut zu spüren bekommen. Der Gerettete/das Opfer wird sich herabgesetzt und wie ein Almosenempfänger fühlen.

Nur wenigen gefällt es nämlich, als Opfer betrachtet zu werden. Deshalb fühlen sich Menschen, wenn sie sich plötzlich als Gerettete sehen, gedemütigt und werden böse.

Das obige Beispiel ist eine aus dem Leben gegriffene Illustration des Rettungs-Kreislaufs. Eric Berne sprach immer von Spielen ersten, zweiten und dritten Grades. Die schädliche Wirkung der Rollen läßt sich daran ermessen, wie sehr das jeweilige Opfer zu leiden hat.

Wird das Opfer körperlich mißhandelt, wie im Fall von Jacquie, handelt es sich um Rettung und Anklage ersten Grades. In den häufiger auftretenden Fällen dritten Grades bewegt sich der Schaden für das Opfer im Bereich von Demütigung, Schmerz und Trauer.

Jetzt wollen wir uns der heiklen Frage zuwenden, inwiefern das Opfer selbst für das verantwortlich zu machen ist, was ihm zustößt.

Es ist klar, daß viele Opfer einfach überwältigt werden von der Vorsätzlichkeit, mit der ihre Peiniger sie verfolgen, so etwa die Juden im Zweiten Weltkrieg, junge Farbige in Los Angeles oder die Opfer von Vergewaltigung und Inzest. Dennoch gibt es Fälle, wo die Opfer zu ihrem Leiden beitragen, indem sie es akzeptieren. Jacquie zum Beispiel hat offensichtlich an dem, was ihr zustieß, selbst mitgewirkt.

Man neigt beispielsweise auch dazu, Frauen die Mitschuld zu geben, wenn es in der Ehe oder in bezug auf Kinder zu Mißbrauch kommt. Doch wenn eine Frau sich aus einem so gewalttätigen Umfeld nicht aus eigener Kraft zu lösen vermag, so sollte man die Möglichkeit der eingeschränkten Verantwortlichkeit erwägen.

Ich möchte noch einmal zusammenfassen: Wir spielen drei Arten von ungesunden Rollen: den Retter, den Ankläger und das Opfer. Spielt man eine dieser Rollen, so ist es unvermeidlich, auch in die anderen beiden zu verfallen.

Immer wieder hervorheben muß man die Tatsache, daß Rettungsaktionen für andere unweigerlich Wut hervorbringen, und zwar: die Wut des Retters, der irgendwann die Nase voll hat,

Dinge zu tun, die er so gar nicht tun will; die Wut des Opfers, das auf eine Person reduziert wird, die nicht fähig ist, für sich selbst zu sorgen.

Unvermeidlich wird entweder der Retter zum Ankläger des Opfers oder das Opfer zum Ankläger des Retters. Die Wut wird sich in alle Richtungen gleichzeitig ausbreiten.

Wenn wir uns in einer dieser Rollen befinden, wäre es emotional kompetent, die Situation richtigzustellen und etwas dagegen zu unternehmen. Fangen wir mit den Rettungsaktionen an.

SCHRITT 9

Sich für Fehler entschuldigen

Eine Rettungsaktion wiedergutmachen

Auch wenn wir das dringende Bedürfnis haben, anderen zu helfen, und auch wenn uns das »Nein«-Sagen schwerfällt: Jeder, der eine sinnvolle Beziehung aufbauen und erhalten will, muß sich davor hüten, zum Retter zu werden. Wer sich immer wieder in die Rolle des Retters begibt, sollte mit diesem falschen Verhalten aufhören und sich entschuldigen. Hier lernen Sie, wie man das macht:

»Indem ich ... [beschreibe die Handlungsweise], habe ich eine Rettungsaktion für dich unternommen, denn a) habe ich das eigentlich gar nicht tun wollen oder b) habe ich mehr getan, als ich tun müßte. Ich entschuldige mich dafür und werde mich nächstes Mal besser verhalten. Nimmst du meine Entschuldigung an?«

Dabei sollte man behutsam zu Werke gehen. Es kann eine ziemliche Demütigung bedeuten, wenn man feststellt, daß man Objekt einer Rettungsaktion geworden ist. Auch wird man sich im Stich gelassen fühlen, wenn ein geliebter Mensch plötzlich nicht mehr für einen tun will, was er bislang immer getan hat. Daher muß man vorsichtig sein. Es ist wichtig, die Verantwortung für den Fehler zu übernehmen, aber dabei so schonungsvoll wie möglich vorzugehen.

Um mich aus der Retterrolle herauszulösen, muß ich mir zunächst einmal darüber klarwerden, was ich tun will und was nicht und welcher Teil einer Aufgabe mir zukommt. Und natürlich muß ich mir eine Vorstellung davon machen, worin genau meine Rettungsaktion besteht.

Der beste Weg dorthin ist, sich zu fragen, was wir eigentlich tun und ob wir es auch weiterhin tun wollen. Solche Fragen können lauten:

- Will ich diese Unterhaltung fortsetzen?
- Habe ich Lust auf Sex?
- Will ich helfen, dieses Auto zu reparieren?
- Habe ich Lust, zu diesem Fußballspiel zu gehen?
- Will ich meine Zeit mit der Familie meines Mannes verbringen?
- Habe ich Lust, heute abend zu kochen?

Manchmal fordert eine Rettungsaktion mehr Einsatz von Ihnen, als man verlangen kann. Wenn dies der Fall ist, müssen Sie sich zunächst fragen, was man in dieser Beziehung fairerweise von Ihnen erwarten kann. Dazu könnten die Fragen so lauten:

- Ist es in Ordnung, daß ich dafür, daß Mary kocht, den Abwasch mache, oder muß ich zusätzlich auch noch den Boden wischen?
- Ist es in Ordnung, daß immer ich es bin, der beim Sex die Initiative ergreift?
- Muß immer ich bezahlen, wenn wir auswärts essen?
- Muß immer ich die Kinder von der Schule abholen?
- Sharon jammert mir schon seit Monaten über die Probleme mit ihrer Schwester vor. Soll ich weiter zuhören oder ihr sagen, daß mich das Thema langsam langweilt?

Mit anderen Worten: Sie müssen lernen, klar zu äußern, was Sie tun möchten und welchen Teil der Verantwortung Sie in einer Beziehung für angemessen halten und zu übernehmen bereit sind. Lassen Sie mich das am Beispiel von Peter und Jacquie noch einmal darstellen:

- Wenn Jacquie jeden Abend kocht, während Peter vor dem Fernseher sitzt, dann tut sie mehr als ihren Teil und wird damit zur Retterin, ganz gleich ob sie gern kocht und durchaus bereit dazu ist.
- Wenn sie dann auch noch den Abwasch macht, weil Peter sagt, man könne doch bis morgen damit warten, tut sie etwas, was sie im Grunde haßt, und wird zur Retterin.

Fehler beim Entschuldigen

Lippenbekenntnisse ablegen: Die Bedeutung von Entschuldigungen ist allgemein anerkannt und braucht nicht betont zu werden.

Wiedergutmachung gehört bei den Anonymen Alkoholikern zum Zwölf-Punkte-Programm; und Leuten, die bei ihrer Arbeit Publikumsverkehr haben, wie etwa Bankangestellten und Flugbegleitern, wird nahegelegt, sich wenn nötig zu entschuldigen, um ärgerliche Kunden zu besänftigen.

Entschuldigungen können aber oberflächlich und damit wertlos sein. Es reicht nicht, einfach zu sagen: »Tut mir leid«; auch ein »Tut mir echt leid« genügt nicht, wenn keine aufrichtige Reue dahintersteht.

Peter zum Beispiel hat sich immer wieder überschwenglich bei Jacquie entschuldigt. Dennoch hat er kaum wahrgenommen, was er da eigentlich gesagt hat, und war nicht wirklich aufrichtig dabei. Er wußte, daß es Jacquie besänftigen würde, daher entschuldigte er sich bereitwillig, wann immer er Probleme mit ihr hatte. Sie nahm seine Entschuldigung an, doch innerhalb von Tagen – manchmal sogar Stunden – fühlte sie sich hintergangen.

Eine Entschuldigung muß von Herzen kommen und sich auf ein bestimmtes Verhalten beziehen, andernfalls hat sie keine Bedeutung und bleibt wirkungslos. Worte allein ändern noch nichts und können den Betroffenen nicht trösten. Wenn der Entschuldigung nicht unmittelbar auch Taten folgen, wird sie sich bald als bedeutungslos erweisen.

Dem Opfer die Schuld zuschieben: Entdeckt man, daß man einen anderen rettet, so ist man leicht versucht, ihm die Schuld dafür zu geben. Jacquie ist so ein Beispiel. Nachdem sie lange genug die Retterin gespielt hatte, wurde sie schließlich wütend auf Peter. Doch Zorn ist selten die richtige Reaktion, ganz besonders dann nicht, wenn man vorhat, sich aus der Retterrolle zu lösen.

Bedenken Sie, daß zwar immer zwei dazugehören, aber nur einer die Dynamik einer Beziehung aktiv verändern kann. Ihr Zorn kann die Bindung zum Objekt Ihrer Rettungsaktionen verletzen, deshalb ist es auch so wichtig, mit dem Retten aufzuhören, bevor sich Wut anstaut. Dies gelingt mit einer schonungsvollen Erklärung viel besser als durch abrupten Rückzug. Und geben Sie auf keinen Fall dem Opfer die Schuld. Vergessen Sie nicht, daß bei Rettungsaktionen die Schuld beim Retter liegt und nicht notwendigerweise beim Geretteten/Opfer.

Die zwei Seiten der Entschuldigung: eine Fallstudie

Hier folgt ein Beispiel für eine angemessen vorgebrachte und angenommene Entschuldigung:

Laura schlief immer wieder mit ihrem Ehemann Brian, auch wenn sie gar keine Lust dazu hatte. Er erzählte ihr, daß er einen harten Arbeitstag hinter sich habe und Sex brauche oder daß er zu aufgekratzt sei und ohne Sex nicht einschlafen könne. Wenn sie ihn zurückwies, wurde er wütend oder schmollte. Egal wie Laura zumute war, sie gab ihrem Mann immer nach.

Schließlich kam sie zu mir und fragte mich, wie sie ihre Beziehung zu Brian ändern könne. Sie liebe ihn, sagte sie, aber sie fühle sich von ihm ausgenutzt. In letzter Zeit hatte sie eine regelrechte Abneigung entwickelt und dachte sogar daran, ihn zu verlassen. Sie erhoffte sich Hilfe von einem emotionalen Kompetenztraining, und ich sollte ihr das nötige Wissen vermitteln.

Nach einem kurzen Gespräch wurde mir klar, daß Laura eine gewohnheitsmäßige Retterin war. Ihre Rettungsaktionen galten nicht nur Brian, sie rettete in allen möglichen Situationen. Am schwerwiegendsten war allerdings ihr Verhalten gegenüber Brian, ihre Bereitschaft, mit ihm zu schlafen, obwohl sie gar keine Lust dazu hatte. Jetzt fühlte sie sich ausgenützt und wurde zum Ankläger, indem sie ihn verlassen wollte.

Ich erklärte ihr, wie wichtig es für sie sei, Verantwortung für ihr Handeln zu übernehmen und sich für ihre Rettungsaktionen zu entschuldigen.

Ich sagte ihr, daß sie mit dem Retten überhaupt aufhören müsse und damit am besten in ihrer Beziehung zu Brian beginnen solle. Und dann passierte folgendes:

Am einem Freitag abend eröffnet sie Brian, daß sie für Samstag ein besonderes Abendessen plane, eines, bei dem sie etwas mit ihm besprechen wolle. Brian reagiert nicht sonderlich begeistert und ein wenig beunruhigt.

»Ich möchte über etwas sprechen, was mich schon eine Weile beschäftigt«, sagt Laura. »Ich mache das Essen schon ein bißchen früher fertig, dann können wir in aller Ruhe reden.«

Am Samstag abend dann, nachdem Brian seinen Teller geleert hatte, holt Laura tief Luft und fängt an:

»Brian, da ist etwas in unserer Beziehung, was mir Kummer macht. Kann ich es ansprechen?«

Brian zuckt die Schultern. Trotz des Lächelns auf seinem Gesicht ist er innerlich verstört. »Das ist ja wohl der Grund, warum wir hier sitzen«, erwidert er gelangweilt.

»Also, ich fürchte, du wirst dich aufregen, aber ich muß es loswerden.« Sie muß schlucken. »Ich fühle mich schlecht, weil ich in letzter Zeit manchmal mit dir geschlafen habe, obwohl ich gar keine Lust dazu hatte.«

Nervös beobachtet sie Brian, versucht, seine Reaktion zu ergründen. Doch sein Gesicht verrät ihr nichts, und sie fährt fort.
»Ich habe dir gegenüber nicht deutlich genug geäußert, daß ich nicht wollte. Wahrscheinlich habe ich dir keine klare Botschaft vermittelt, und ich möchte dir sagen, daß mir das leid tut.«

Da legt Brian los. »Willst du damit sagen, daß du nicht mehr mit mir schlafen willst?«

»Nein. Das heißt nicht, daß ich keinen Sex mehr mit dir haben will. Aber im Moment sieht es so aus, daß wir immer dann miteinander schlafen, wenn du Lust hast, und ich möchte in Zukunft keinen Sex mehr, den ich gar nicht will. Ich gebe dir ja nicht die Schuld daran, daß ich dir entgegengekommen bin und mich ignoriert habe. Ich will nur die Verantwortung dafür übernehmen und in Zukunft etwas daran ändern.«

»Irgendwie klingt das, als wäre ich nicht mehr anziehend für dich, als wäre ich dein sexueller Sozialfall ...«

»Nein, nein, ich finde dich attraktiv, aber manchmal bin ich halt einfach müde oder hab' anderes im Kopf als Sex. Manchmal ist mir einfach nicht danach.«

»Wann ist dir denn *überhaupt* danach? Mir scheint nämlich, daß rein gar nichts passieren würde, wenn ich nicht immer den Anfang machen würde.«

»Das ist schon wahr. Es liegt mir nicht, beim Sex die Initiative zu ergreifen. Aber manchmal gefällt es mir, wenn du sie ergreifst. Es gibt aber auch Tage, da bin ich, wie gesagt, einfach zu müde oder nicht wirklich bei der Sache. Und in solchen Situationen möchte ich lieber keinen Sex haben. Ich schäme mich dann vor mir selber, und manchmal werde ich sogar wütend auf dich. Vielleicht hätte ich öfter Lust, mit dir zu schlafen, wenn ich es nicht so oft lustlos täte.«

Brian hört schweigend zu, während sie fortfährt.

»Aber ich möchte nochmal betonen, daß es nicht deine Schuld ist. Es ist allein mein Fehler, wenn ich es gegen meinen Willen tue. Aber von jetzt an möchte ich das ändern. Ich will, daß wir ins reine kommen, so gut wie möglich, weil ich dich liebe, Brian.«

Er sieht sie unwillig an. »Na schön, dann werde ich dich künftig eben in Ruhe lassen. Man will ja anderen nicht zur Last fallen. Laß es mich wissen, wenn du in der richtigen Stimmung bist.«

Mit diesen Worten schaltet er den Fernseher ein und vertieft sich in ein Baseballspiel. Ich hatte sie bereits gewarnt, daß Brian wahrscheinlich in die Defensive gehen würde, aber seine Reaktion erschüttert sie dennoch. Ich hatte ihr aber auch prophezeit, daß er, sobald der erste Schock abgeklungen war, sicher lockerer werden und auf ihre Gefühle und Vorschläge eingehen würde.

Sie zieht sich ins Schlafzimmer zurück, wo sie ungestört telefonieren kann, und ruft ihre Schwester an, um ihr das Herz auszuschütten. Heute läßt sie das schmutzige Geschirr ausnahmsweise einmal stehen. Als Brian ins Bett kommt, stellt sie sich schlafend, denn sie will eine weitere Konfrontation vermeiden. Er legt sich neben sie, ohne sie zu berühren, liegt noch eine Weile wach und schläft schließlich ein. Sobald sie ihn gleichmäßig atmen hört, rutscht Laura zu ihm hinüber und hält ihn fest in den Armen, bis sie selbst eingeschlafen ist. Die Ereignisse haben sie beunruhigt, aber sie sagt sich, daß die Dinge sich zum Besseren wenden können.

Das Blatt wendet sich

Am nächsten Morgen sitzt Brian, dem Lauras Zärtlichkeiten während der Nacht nicht entgangen sind, mit der Zeitung am Frühstückstisch und verhält sich eher reserviert. Dann steht er unvermittelt auf und verkündet, er habe für den Sonntag kurzfristig einen Ausflug mit Freunden geplant.

Abends kommt er mit einem kleinen, armseligen Sträußchen Wiesenblumen an, das er auf dem Heimweg noch schnell für Laura gepflückt hat. Dankbar gibt sie ihm einen Kuß. Brian findet das erregend, für einem Moment würde er Laura am liebsten an sich reißen und küssen, doch ein unbestimmtes Gefühl der Erniedrigung hält ihn zurück. Laura, die seine innere Erregung sehr wohl bemerkt, geht in die Küche, um Tee zu machen.

Brian sitzt auf der Couch und ringt mit seinen Gefühlen: Immerhin hat sie mir keine Vorwürfe gemacht. Jetzt erinnert er sich an ein paar Anlässe aus der Frühzeit ihrer Beziehung, wo sie Interesse an Sex signalisiert hatte, er aber zu müde gewesen war. Er beschließt, die Sache nicht persönlich zu nehmen.

»Wollen wir heute abend auswärts essen?« verkündet er spontan.

Im Restaurant sagt er dann: »Kann ich dir sagen, wie ich mich fühle?« Laura ermutigt ihn eifrig.

»Als du mir das gestern abend erzählt hast, da war ich zuerst verärgert, und dann bekam ich Angst, daß du nicht mehr auf mich stehst. Es hat mich traurig gemacht, daß wir miteinander schlafen, ohne Spaß dran zu haben.«

Laura nickt.

»Ich nehme deine Entschuldigung an, ich meine dafür, daß du in etwas eingewilligt hast, was du nicht wolltest«, fährt er fort. »Laß uns versuchen, in Zukunft nur dann Sex zu haben, wenn wir beide es wollen.«

Am selben Abend, als sie im Bett sind, vermeidet es Brian, Laura zur Liebe zu bewegen, und sie schläft in seinen Armen ein. Er fühlt sich frustriert und kann zunächst nicht schlafen, doch die Nähe der schlummernden Laura beruhigt ihn allmählich.

Es hat ein paar Monate gedauert, bis die Spannung zwischen den beiden sich gelöst hat. Mit der Zeit hat er ihre Wünsche jedoch akzeptiert und ist mit dem Gefühl der Beschämung und Zurückweisung fertig geworden. Laura ihrerseits versucht nun öfter mal, im Bett die Initiative zu ergreifen, besonders an Wochenenden, wenn sie nicht so abgearbeitet ist.

Durch Gespräche und Kompromisse ist es ihnen gelungen, aus dem destruktiven Retter-Modell auszubrechen, das ihr Sexualleben und mit der Zeit auch ihre Ehe zu zerstören drohte.

Hilfe für den Ankläger

Die Rolle des Anklägers ist viel offenkundiger als die des Retters. Es muß nicht erst erklärt werden, warum ein Ankläger sich entschuldigen muß.

Manche Menschen sind gewohnheitsmäßige Ankläger, sie sind gefangen in der Rolle des Zornigen, des Schuld Zuweisenden. Nichts funktioniert, und immer sind die anderen schuld daran; der Ankläger befindet sich in beständiger Wut gegen etwas und jemanden.

Der Ankläger ist das Gegenbild zum Opfer. Auch bei denen geht immer etwas schief, aber immer haben sie selbst schuld daran.

Wer den Ankläger spielt, ist leicht reizbar. Er beleidigt und verhöhnt, macht den anderen schlecht oder ignoriert und unterbricht ihn, er brüllt seine Mitmenschen an, schulmeistert sie und widerspricht ständig. Das geht bis hin zur Lüge.

Hier wird Macht ausgespielt, wie ja die Anklägerrolle überhaupt eine Form des Machtspiels ist, um andere zu beherrschen. In subtilerer Weise sind aber auch Retter- und Opferrolle dem Machtspiel zuzurechnen, auch da werden andere mit Hilfe von Machtspielen manipuliert.

Die Rolle des Anklägers ist meist keine dauerhafte; man verläßt vielmehr für gewisse Transaktionen die Ebene vernünftigen Verhaltens und wird kurzzeitig zum Ankläger. Dann kehren die Betreffenden, ohne zu ahnen, was sie angerichtet haben, wieder zu ihrem Normalverhalten zurück, so als sei nichts gewesen.

Doch jede Verwundung, die der Ankläger seinem Gegenüber zufügt, wird sich, und sei sie noch so klein, anstauen und zu Abneigung führen. Mit der Zeit schaukelt sich das zu immer massiveren Übergriffen und entsprechend stärkeren Vorbehalten hoch. Die meisten Menschen werden diese Anlässe wahrnehmen und meinen, sie seien damit fertiggeworden, letztlich sind sie aber nur einen Schritt weiter auf dem Weg zur emotionalen Taubheit gegangen.

Wenn wir ein emotional ausgeglichenes Leben führen wollen,

müssen wir jede dieser Verletzungen ins reine bringen, und zwar indem wir unsere Fehler eingestehen und uns dafür entschuldigen. Um eine Anklage wiedergutzumachen, folgen wir demselben Muster wie bei den Rettungsaktionen. Lassen Sie mich das an einem Beispiel veranschaulichen.

Unordentlich und ordentlich: eine Fallstudie

Beth ist mit Richard zusammengezogen. Beth ist kein Organisationsgenie, versucht jetzt aber nach Kräften, ordentlich zu sein. Auch hängt sie sehr an ihren Besitztümern. Jede Platte, jedes Buch, ihre Kleidung, selbst die Zeitschriften bedeuten für sie kleine Schätze, die sie sorgfältig ausgesucht und während ihrer zahlreichen Umzüge immer mitgeschleppt hat.

Richard ist ein hemmungsloser Chaot. Er lebt nach dem Motto »schnell und schmutzig«, und sein Zimmer ist eine Ansammlung aus Papieren und Schachteln, über die er seine Klamotten verstreut.

Unabsichtlich legt er seine Sachen immer auf Beths Sachen, was diese ganz wahnsinnig macht, denn sie nimmt es sehr genau und merkt sich immer, wo sie was hingelegt hat. Nie würde sie ihren Mantel über Richards Schuhe werfen oder über seine neuen Zeitschriften. Zudem hat sie am Arbeitsplatz eine Menge Streß mit dem Chef und Sorgen mit ihrem depressiven Bruder. Sie stellt fest, daß sie Richards Schlamperei gegenüber immer unduldsamer wird.

Da sie sich unsicher ist, wie sie das Problem angehen soll, beklagt sie sich häufig in spöttisch erbostem Tonfall bei Richard: »Ach Darling ..., schau nur, wessen verdreckte Reparaturanleitung ich auf meinen Lieblingsschuhen gefunden habe ..., ganz schlimm finde ich das.«

Richard schaut zwar in ihre Richtung, ist sich aber nur vage bewußt, daß dieser Vorwurf ihm gilt. Das Problem eskaliert, und Beth wird richtig wütend. »Richard, warum zum Teufel machst du sowas! Schau dir doch mal meine Schuhe an, die sind völlig zerknautscht! Eine geschlagene Stunde habe ich nach meinem Pullover gesucht, und du hast ihn in die Waschmaschine geschmissen! Laß in Zukunft gefälligst die Finger von meinen Sachen!«

»Wenn ich das Zeug aber in meinem Zimmer finde?« Gibt Richard zurück.

»Dein Zimmer? Wenn es mir nicht mehr erlaubt ist, meine Sachen auf einem Stuhl in *unserem* Zimmer abzulegen, dann tut es mir leid, daß ich mit dir zusammengezogen bin. Vielleicht sollte ich besser ausziehen, damit du *dein* Zimmer wieder für dich hast.«

Beth ist nicht ganz wohl dabei, daß sie wie eine Rachegöttin auf Richard niederfährt. Was ist schiefgelaufen?

Vom Standpunkt der emotionalen Kompetenz aus gesehen, hat sie folgendes falsch gemacht:

Sie hätte ihre Gefühle in ruhigerem Ton vorbringen und sie in einer Handlung/Gefühl-Stellungnahme formulieren sollen, nachdem sie zuvor Richards Aufmerksamkeit auf das Problem gelenkt hat. Statt dessen hat sie ihre Kritik zunächst eher furchtsam und in halb scherzhaftem Ton vorgebracht, der Richard nur verwirrte und den er nicht wirklich ernst nahm. Im Grunde war es eine Rettungsaktion, daß sie seine Unordnung so lange ertragen hat. Als sie dann genug hatte, nahmen ihre Klagen plötzlich einen feindseligen Ton an.

So hätte sie es besser machen können:

Sobald sie ihren Fehler eingesehen hat, fragt Beth ihren Richard, wann er mal Zeit zum Reden hat. Es ist wichtig, für ein solches Gespräch den geeigneten Rahmen zu schaffen. Er erklärt sich nach dem Essen zu einer Aussprache bereit, und als der richtige Moment gekommen scheint, könnte Beth folgendermaßen beginnen:

»Richard, ich möchte mich bei dir für etwas entschuldigen.«

»Was denn?«

»Du weißt doch, wie wir uns immer in die Haare kriegen über die Art, wie du mit meinen Sachen umgehst.«

Richard hebt die Brauen und macht »tse, tse, tse«. Er will damit ausdrücken, daß ihm diese Auseinandersetzungen wohl bekannt sind und daß es ihm vorkommt, als würde da mit Kanonen auf Spatzen geschossen.

»Schön, ich gebe zu, daß meine Angriffe unfair waren. Ich habe mich nie hingesetzt und dich in aller Ruhe gebeten, sorgfältiger mit meinen Sachen umzugehen. Ich kann wohl auch nicht erwarten, daß du dich über Nacht änderst. Ich schätze an dir, daß du Dinge viel schneller erledigt bekommst als ich. Außerdem habe ich in letzter Zeit viel Ärger mit meinem Boss und mit meinem Bruder gehabt. Wahrscheinlich habe ich einen Teil davon an dir ausgelassen. Es tut mir leid, daß ich so böse und ungeduldig mit dir war.«

Auf so ein Ansinnen wird er bestimmt versöhnlich reagieren: »Na ja, mir war nicht so klar, wie sehr du an deinen Sachen hängst. Ich werde versuchen, mich zu bessern. Und dann möchte ich mich noch dafür entschuldigen, daß ich unser Wohnzimmer als ›mein Zimmer‹ bezeichnet habe.«

Sich aus der Opferrolle befreien

Der letzte, aber deshalb nicht weniger ernst zu nehmende Fall auf der Liste unserer Korrekturvorschläge ist das Opfer.

Die Opferrolle bietet die Möglichkeit, selbst aus einer völligen Niederlage heraus noch eine gewisse Macht auszuspielen.

Eines der ersten Spiele, das Eric Berne entdeckte und das dieses Prinzip treffend verdeutlicht, ist das »Warum nicht? – Ja aber«-Spiel.

In diesem Spiel bringt das Opfer eine oder mehrere Personen dazu, ihm in einer Situation, die es selbst als völlig hoffnungslos ansieht, Ratschläge zu erteilen. Zum Beispiel: Bruce haßt seinen Job und seinen Chef und ist außerdem davon überzeugt, daß seine Kollegen ihn hassen. Was tut er? Er fragt ein paar Freunde um Rat, und sie versuchen zu helfen:

Ted: »Warum kündigst du nicht und suchst dir einen anderen Job.«

Bruce: »Keine schlechte Idee, aber es gibt so gut wie keine Stelle, wo ich so gut bezahlt werde wie jetzt.«

Ned: »Wende dich doch an den Gewerkschaftsvertreter und versuche gemeinsam mit ihm ein klärendes Gespräch mit dem Chef zu führen.«

Bruce: »Daran habe ich auch schon gedacht, aber unser derzeitiger Gewerkschaftsvertreter ist eine Frau, und Frauen verstehen nichts von solchen Problemen.«

Fred: »Vielleicht solltest du zu einem Meditationswochenende gehen und dir einen Schutzschild gegen all die schlechten Wellen anmeditieren.«

Bruce: »Ja schon. Aber ist dir klar, was so was kostet?«

Red: »Du hast schon recht, die Lage ist ziemlich aussichtslos. Wenn ich in deiner Haut steckte, würde ich an Selbstmord denken.«

Bruce: »Es hat eben alles keinen Sinn. Ihr könnt mir auch nicht helfen. Letztlich muß ich selber da rausfinden. Bestellen wir noch 'ne Runde.«

An diesem Punkt angelangt, sind alle gleichermaßen deprimiert. Nur Bruce strahlt vor Stolz, weil er es geschafft hat, einer ganzen Riege von Saufkumpanen die Laune zu verderben, und weil er in seiner pechschwarzen Weltsicht bestätigt wurde.

Verwandelt durch das Training

Am nächsten Tag kauft sich Bruce das Buch *Emotionale Kompetenz* und liest das Kapitel über die Opferrolle. Er sieht ein, daß er aus Depression und Pessimismus eine gewisse Befriedigung zieht und daß der beste Weg, sich aus dieser Rolle herauszulösen, die Entschuldigung ist.

Als er seine Freunde das nächste Mal wiedertrifft, stößt er sie vor den Kopf, indem er sagt: »Hört mal Jungs, ich muß mich bei euch entschuldigen.«

Alle schweigen verblüfft.

Bruce: »Neulich habe ich mich doch bei euch über meine beschissene Arbeitssituation ausgeweint, aber eure guten Ratschläge habe ich nicht annehmen wollen. Statt dessen habe ich mich aufgeführt wie ein hilfloses Opfer. Inzwischen habe ich eingesehen, daß das für euch ganz schön blöd gewesen sein muß. Ich möchte mich dafür entschuldigen und werde mich in Zukunft anders verhalten.«

Red: »Was ist denn jetzt los? Gehört das zum Zwölf-Schritte-Programm der Wiedergutmachung oder wie?«

Bruce: »So was Ähnliches. Aber es ist mir Ernst damit. Ich möchte, daß ihr meine Entschuldigung annehmt. Abgemacht?«

SCHRITT 10

Entschuldigungen annehmen oder zurückweisen

Sich aufrichtig zu entschuldigen ist nicht einfach. Es bedeutet eine große Anstrengung.

Wenige Menschen begreifen aber, daß auch zum Annehmen und Ablehnen einer angebotenen Entschuldigung ein gewisses Geschick gehört.

Ed, der in einer Mitarbeitersitzung zuviel geredet hat, bekommt von seiner Kollegin Sue gesagt, er solle gefälligst mal den Mund halten. Eine weniger scharfe Ermahnung hätte es in diesem Fall auch getan, und Sue kommt anschließend in Eds Büro, um sich zu entschuldigen. Doch Ed ist weiterhin unglücklich über diese Kränkung, die ihm vor allen Kollegen zugefügt wurde. Die Entschuldigung hat also offensichtlich nicht funktioniert.

Wie ist er mit der Entschuldigung der Kollegin verfahren, wenn er sie noch nicht richtig akzeptiert hat?

Der häufigste Fehler beim Annehmen von Entschuldigungen ist, daß wir zu leicht verzeihen. Ed wird zu seiner Kollegin etwas gesagt haben wie:

»Kein Problem. Ist schon in Ordnung.«

Damit wollte er wahrscheinlich vermeiden, von anderen mit Herablassung behandelt zu werden. Vielleicht verbirgt sich dahinter auch eine Rettungsaktion, und er wollte seiner Kollegin die Verantwortung abnehmen. Jedenfalls sollte man ein vorschnelles Einlenken vermeiden.

Eine Entschuldigung, die ohne Vorbedacht angenommen wird, kann keine heilende Wirkung entfalten. Wenn sich jemand nur flüchtig bei Ihnen entschuldigt und Sie akzeptieren das mit »Kein Problem«, dann fühlen Sie sich anschließend um kein bißchen besser. Sie haben die Entschuldigung nur angenommen, weil man Ihnen beigebracht hat, daß sich das so gehört. Und selbst eine aufrichtige und von Herzen kommende Entschuldigung kann durch leichtfertige Anerkennung ihrer Wirkung beraubt werden.

Um emotional angemessen zu reagieren, muß man die Entschuldigung zunächst einmal überdenken und entscheiden, ob man sie annehmen will oder nicht.

Es gibt zwei triftige Gründe, warum eine Entschuldigung nicht funktioniert:
- Sie wirkt unaufrichtig.

In einem solchen Fall kann Ed sagen:»Hör mal, Sue, ich finde es gut, daß du kommst, um dich zu entschuldigen, aber mir scheint, dir ist es nicht wirklich Ernst damit. Tut dir tatsächlich leid, was du in der Sitzung zu mir gesagt hast? Ich habe zuviel geredet, das stimmt, aber es tut weh, so behandelt zu werden. Ich lege Wert darauf, daß du wirklich bedauerst, wie du mit mir umgegangen bist.«

Auf diese Weise nimmt Ed die Entschuldigung seiner Kollegin zwar zur Kenntnis, aber er nimmt sie nicht an.
- Der zweite Grund, warum eine Entschuldigung schiefgeht, ist, daß darin die eigentliche Verletzung nicht angesprochen wird.

Nehmen wir an, Sue kommt in Eds Büro und sagt mit großem Ernst: »Ed, es tut mir leid, wie das heute nachmittag gelaufen ist.«

Er mag das als Entschuldigung annehmen, aber es bleibt ein ungutes Gefühl zurück. Wofür entschuldigt sie sich eigentlich?

Er fragt also nach: »Was meinst du damit? Wofür willst du dich entschuldigen?«

Sue antwortet: »Na, daß ich so wütend auf dich war und dir in der Pause keinen Kaffee angeboten habe.«

Dann kann Ed etwa folgendes erwidern:

»Das mit dem Kaffee ist mir schon aufgefallen, Sue, aber was mir wirklich wehtat, das war die Art, wie du mir über den Mund gefahren bist. Wenn du dich entschuldigen willst, dann mußt du es dafür tun.«

Das überrascht Sue. »Oh, ... gut, du hast recht, das war wirklich schlimm. Ich habe wohl angenommen, du hättest ein ziemlich dickes Fell ... Es tut mir leid. Ich hätte nicht so mit dir reden dürfen.«

Jetzt kann Ed sich entspannen, das ist eine Entschuldigung, die er annehmen kann. Damit wollte ich zeigen, daß jemand unter Umständen eine ausführlichere Entschuldigung braucht als die, die ihm zunächst angeboten wurde.

Zurückgewiesene Entschuldigungen

Hier noch ein paar weitere Beispiele:
- Eine Frau ist völlig am Boden zerstört, als ihr Bräutigam am Tag vor der Hochzeit erklärt, daß er sie nicht heiraten will. Sie fühlt sich tief gedemütigt. Nach ein paar Tagen kommt der Mann, um sich zu entschuldigen, doch sie ist zu wütend und zu verletzt, um seine Entschuldigung annehmen zu können.

Erst Monate später, nach langen Debatten darüber, warum er die Feier abgesagt und das Verlöbnis gelöst hat, war sie soweit, die Entschuldigung annehmen zu können.
- Das Opfer einer langen Serie von kostspieligen impulsiven Einkäufen kann seiner Frau nicht so ohne weiteres verzeihen. Für all die Jahre finanzieller Sorgen, die seine Frau verursacht hat, bedarf es einer umfassenderen Entschuldigung, verbunden mit der konkreten Zusicherung, daß sie bereit ist, sich in Zukunft anders zu verhalten. Gutmachen kann sie ihre Fehler nicht.

- Jills Ehemann André entschuldigt sich, daß er in ihrem Namen die Einladung zu einem Abendessen ohne vorherige Rücksprache angenommen hat. Jill findet, daß André ihre Abneigung, fremde Leute zu treffen, einfach übergeht. Jede Party ist für ihn eine Ausnahme. Sie verweigert seine Entschuldigung, weil er sich nicht darum zu kümmern scheint, daß er sie damit jedesmal in unangenehme Situationen bringt.

Diese Beispiele illustrieren, daß man eine Entschuldigung nur dann akzeptieren sollte, wenn man sich danach wirklich besser fühlt. Aber man muß demjenigen, der sich entschuldigt, auch erklären, warum seine Entschuldigung zu kurz greift. Dann hat der andere die Chance, sich in einer Weise zu entschuldigen, die dem vorangegangenen Fehler auch gerecht wird.

Den Gerechten strafen

Einen anderen Fehler im Umgang mit Entschuldigungen nenne ich »den Gerechten strafen«.

Doch zurück zu Sue und Ed: Ed könnte Sues Entschuldigung auch dazu benutzen, sie zu verletzen.

Nehmen wir an, sie entschuldigt sich mit dem gehörigen Ernst für den Ton, mit dem sie ihn in die Schranken gewiesen hat.

Ed sieht die Gelegenheit gekommen, es ihr heimzuzahlen.

»Also wirklich, es war ja auch an der Zeit, daß du dich zu einer Entschuldigung herabläßt«, könnte er sagen. »Ich verbitte mir einen solchen Ton und bin sehr verärgert über dich. Manchmal bist du wirklich ganz schön unverschämt.«

Eine emotional kompetente Person würde so nicht reagieren. Ed sollte vielmehr eine Handlung/Gefühl-Stellungnahme machen, um seine Wut und seine verletzten Gefühle loszuwerden: »Die Art, wie du mit mir gesprochen hast, hat mich wütend gemacht. Außerdem fühle ich mich verletzt und gedemütigt. Aber ich akzeptiere deine Entschuldigung und hoffe, daß das in Zukunft nicht wieder vorkommt.«

Manchmal erzielt eine Entschuldigung einfach nicht die beabsichtigte Wirkung. Das ist meist dann der Fall, wenn die Verletzung zu groß ist, um durch eine einfache Entschuldigung aus der Welt geschafft zu werden. Dann muß man dem Opfer vielleicht eine zusätzliche Erklärung oder eine Form der Wiedergutmachung anbieten.

Zum Beispiel: Der Mann, der durch die Bedürfnisse seiner Frau finanziell ruiniert wurde, sollte von ihr eine Erklärung darüber erhalten, inwiefern sich ihr Verhalten nun ändern wird und wie sie sich eine Beschäftigung suchen will, um die Finanzen wieder in Ordnung zu bringen.

André gibt zu, daß er Einladungen angenommen hat in der Hoffnung, so dem ungeselligen Verhalten von Jill zu entgehen. Er verspricht, damit aufzuhören und mit Jill zu überlegen, welche gesellschaftlichen Kontakte sie gemeinsam aufnehmen könnten.

SCHRITT 11

Um Vergebung bitten

Wie man in emotional kompetenter Weise für eine Handlung um Vergebung bittet, die den anderen schwer getroffen hat.

Emotionale Fehler der harmlosen Art werden uns immer wieder unterlaufen, und es ist wichtig für unseren Gefühlshaushalt, daß wir uns ihrer bewußt sind und sie, falls nötig, bereinigen.

Manchmal jedoch verletzen wir einen anderen durch unser Verhalten so sehr, daß nachhaltiger Schaden daraus entsteht. In einem solchen Fall bedarf es einer Entschuldigung von Grund auf, und manchmal müssen wir Verzeihung erbitten.

»Ich entschuldige mich für ... [Handlung]; ich habe mich da falsch verhalten, und es tut mir leid, daß ich dich verletzt habe. Wirst du mir verzeihen?«

Um Verzeihung bitten: ein Fallbeispiel

Ein dramatisches Beispiel für solches Verzeihen lieferten die beiden Mittsechziger Rose und Edgar, die kurz vor ihrem vierzigsten Hochzeitstag standen, als sie einen meiner Workshops besuchten.

Wir sprachen gerade über die Macht von Entschuldigungen, da hob Edgar die Hand. Er sagte, es gäbe da einen Punkt, den er mit Rose zu klären habe.

Dann berichtete er, daß er vor fünfunddreißig Jahren, am Abend nach der Geburt ihres gemeinsamen Sohnes, mit einer anderen Frau geschlafen habe.

Es war unmittelbar nach seinem Besuch bei Rose und dem Neugeborenen passiert. Er war, nachdem er das Krankenhaus spät abends verlassen hatte, zu aufgeregt gewesen, um gleich nach Hause zu gehen.

Statt dessen landete er in der Eckkneipe. Als er vor seinem doppelten Whisky saß, bemerkte er eine junge Arbeitskollegin. Er erzählte ihr von der Geburt seines Sohnes und gab ihr einen aus. Doch bei diesem einen blieb es nicht, und bevor er recht wußte, was geschah, fand er sich in ihrem Apartment und mit ihr im Bett.

Als er am nächsten Morgen fortging, war er von Schuld geplagt. Er fühlte sich abscheulich, daß er seine Frau auf diese Weise betrogen hatte, und nahm sich vor, Rose offen einzugestehen, was er getan hatte.

Rose war von dieser Offenbarung schwer erschüttert. Auch seine Beteuerungen, daß er sturzbetrunken gewesen sei und die Frau nie wiedersehen wolle, nützten nichts. Rose war untröstlich und nicht bereit, ihm zu verzeihen.

In den folgenden fünfunddreißig Ehejahren gab es zwischen den beiden keinen einzigen Streit, in dem nicht auf dieses Ereignis Bezug genommen wurde. Jedesmal, wenn Rose das Gefühl hatte, Edgar sei sich ihrer zu sicher oder schenke ihr nicht die nötige Aufmerksamkeit, brachte sie diese Sache zur Sprache.

Beide litten sie darunter, aber selbst nach all den Jahren steckte dieser Vorfall wie ein Stachel im Fleisch. Und beide hatten es eigentlich aufgegeben, ihn noch herauszuziehen.

Dies war jedoch, so fand Edgar, die Gelegenheit, etwas zu tun, was er bislang immer versäumt hatte, nämlich die Verantwortung für seine Untreue zu übernehmen und Rose um Verzeihung zu bitten.

Er tat das auf die anrührendste Weise. Vor allen Teilnehmern kniete Edgar vor Rose nieder und ergriff ihre Hand. Mit Tränen in den Augen begann er zu sprechen:

»Rose«, fragte er, »kann ich mit dir über etwas sprechen?«

Sie willigte ein.

»Ich weiß, Rose, ich habe mich schon hundertemal für diese Sache entschuldigt und mich darüber beklagt, daß es offenbar nichts genützt hat.«

Sie nickte.

»Bei diesen Gesprächen hier ist mir klargeworden, daß das alles leere Entschuldigungen waren und daß sie deshalb nicht funktioniert haben.«

Wieder nickte Rose.

»Ich verstehe jetzt auch, warum. Es liegt daran, daß ich nicht wirklich anerkannt habe, wie tief du damals verletzt worden bist. Ich wollte einfach nicht eingestehen, daß ich dir so weh getan habe. Deshalb habe ich nach Ausflüchten gesucht und dabei nie aufgehört, deinen Schmerz zu verspüren.«

Er wischte sich die Augen und fragte: »Darf ich mich jetzt bei dir entschuldigen?«

Zu diesem Zeitpunkt waren wir alle zu Tränen gerührt, Rose erging es ebenso. Sie nickte ihr Einverständnis, diesmal mit warmer Zuneigung, und nahm seine Hand in ihre beiden Hände.

»Rose, nach all den Jahren merke ich jetzt, was ich dir angetan habe. Es tut mir so leid, daß es passiert ist und daß ich so lange gebraucht habe, das Maß deines Schmerzes zu begreifen. Kannst du mir bitte verzeihen?« Rose zeigte ihre Bereitschaft dazu, und die beiden fielen sich, umringt von den anderen Teilnehmern, in die Arme.

Ein Jahr später traf ich Edgar zufällig wieder. Ich fragte ihn, wie es ihm ginge, und er erzählte, sie hätten gerade im Kreise von Freunden und Verwandten einen wunderbaren Hochzeitstag gefeiert.

»Und übrigens«, fügte er noch hinzu, »Rose hat seitdem nie wieder von dieser Sache gesprochen.«

SCHRITT 12

Verzeihung gewähren oder verweigern

In diesem Schritt wird gezeigt, wie man nach erfolgter Entschuldigung Verzeihung gewährt, verweigert oder auf später verschiebt.

Wenn sich jemand bei uns entschuldigt hat, können wir nach entsprechender Abwägung folgendermaßen reagieren; wir können:

- Verzeihung gewähren,
- Verzeihung an zusätzliche Wiedergutmachung knüpfen,
- Verzeihung verweigern.

Man meint immer, daß selbst jemand, dem übel mitgespielt wurde, eine von Herzen kommende Entschuldigung nicht zurückweisen wird, sondern verzeiht oder zumindest verzeihen sollte.

In Wahrheit sollten wir Vergebung als ein großes Geschenk ansehen, das nicht immer gewährt werden kann. Es hängt ganz allein davon ab, ob die Entschuldigung mit vergebendem Herzen aufgenommen wird, und es ist nicht möglich und auch nicht ratsam, unser Herz in Fragen der Liebe, des Hasses oder der Vergebung beeinflussen zu wollen.

In emotional kompetenten Beziehungen ist daher das Bitten um Verzeihung genauso wichtig wie die Tatsache, daß Vergebung richtig gewährt oder verweigert wird.

Karla brauchte fünf Jahre, um über den Schmerz hinwegzukommen, der ihr durch die erlittene Trennung und nachfolgende Scheidung von Bill zugefügt worden war. Von einem Tag auf den anderen ließ Bill sie sitzen und ging zu seiner Geliebten, mit der er bereits seit einem halben Jahr eine heimliche Beziehung hatte. Dann versuchte er auch noch, Karla bei der Teilung des gemeinsamen Vermögens zu übervorteilen, was sie allerdings durch einen guten Rechtsanwalt vereiteln konnte. Nach fünf schmerzlichen Jahren überwand sie ihren Kummer, traf einen anderen Mann und ist inzwischen wieder glücklich verheiratet. Aber selbst heute treten ihr noch die Tränen in die Augen, wenn sie über ihre Scheidung spricht. Kurz nach der Trennung von Karla ging Bills Liebschaft in die Brüche, und er versuchte, mit Karla auf rein freundschaftlicher Ebene wieder in Kontakt zu kommen. Sie aber weigerte sich, auch nur mit ihm zu sprechen. Erst im Laufe der Jahre fand sie sich durch die Vermittlung von gemeinsamen Freunden und um des heranwachsenden Sohnes willen, den sie mit Bill hat, bereit, gelegentlich am Telefon mit ihrem früheren Mann zu reden. Sie war zu dem Schluß gekommen, daß diese Heirat ein Mißgriff war und die Scheidung der einzig richtige Ausweg. Die Lügen jedoch, die Bill ihr aufgetischt hatte, und seine krummen Touren in finanzieller Hinsicht konnte sie weder vergessen noch vergeben. Sie ließ ihn durch Freunde wissen, daß sie ohne vorherige Entschuldigung nicht zu weiteren Kontakten bereit sein würde.

Bill, dem sehr an einer Freundschaft mit Karla gelegen war, schrieb ihr folgende kurze Notiz:

»Liebe Karla,

ich möchte mich entschuldigen, daß ich meinen Teil zu dem Schmerz beigetragen habe, den Du erdulden mußtest. Es tut mir sehr leid.   Bill«

Als Karla diesen Zettel erhielt, war sie außer sich vor Wut. Sollte sie etwa diesen hastig hingekritzelten Wisch als Entschuldigung annehmen? Sie machte sich nicht einmal die Mühe, darauf zu reagieren.

Daraufhin rief Bill bei ihr an. Nach einigen höflichen Einleitungsfloskeln erkundigte er sich:

»Hast du meinen Brief bekommen?«

»Ja?«

»Und?«

»Was und?«

»Wirst du mir verzeihen?«

»Was?«

»Wieso, wie meinst du das? Ich dachte, du wolltest, daß ich mich entschuldige?«

»Ah, … ich verstehe. Nein, ich glaube, ich kann dir nicht verzeihen.«

»Und warum nicht?«

»Weil das keine richtige Entschuldigung war.«

»Aber du hast doch meinen Brief.«

»Dieser Zettel war bestenfalls ein Anfang. Wofür genau entschuldigst du dich?«

»Dafür, daß ich dich verletzt habe.«

»Ich brauche aber eine Entschuldigung für das, was du mir angetan hast.«

»Wie meinst du das?«

»Du hast mich belogen, du warst grausam zu mir, du hast versucht, mich um mein Geld zu betrügen.«

»Davon weiß ich nichts. Das kann man so und so sehen …«

»Also, wofür willst du dich dann entschuldigen? Es genügt nicht, einfach zu sagen, du hättest deinen Teil beigetragen zu meinem Schmerz. Welchen Teil genau hast du dir zuzuschreiben? Solange du nicht deutlich machst, inwiefern du mich verletzt hast, bin ich an deiner Entschuldigung nicht interessiert.«

Hier war das Gespräch zu Ende. Es dauerte einige Jahre, bis Bill den nächsten Anlauf unternahm. Er setzte sich noch einmal hin und schrieb:

»Liebe Karla,

ich habe über das nachgedacht, was Du mir bei unserem letzten Gespräch gesagt hast. Ich gebe zu, daß ich Dich belogen habe, aber ich habe es nur deshalb getan, weil ich befürchtete, die Wahrheit würde Dich schrecklich aufregen. Was das Finanzielle anbelangt, so wollte ich verhindern, daß Du mich übers Ohr haust. Es tut mir leid, daß ich Deine Gefühle verletzt habe, und ich möchte mich entschuldigen.«

Auch diesmal ist Karla keineswegs zufrieden. Bills Rechtfertigungen für das, was er getan hat, lenken zu sehr von der eigentlichen Entschuldigung ab, als daß ihr Herz sich öffnen könnte. Sie sieht keine Veranlassung, Bill in Gnaden wieder aufzunehmen. Er scheint immer noch nicht zuzugestehen, wie tief er sie verletzt hat.

Als Antwort schreibt sie ihm:

»Bill, ich habe Deinen Brief erhalten und werte ihn als einen Versuch, die Dinge zwischen uns wieder ins Lot zu bringen. Dennoch muß ich Dir sagen, daß Du mehr Worte darauf verwendest, Dich zu rechtfertigen, als darauf, die grausamen und schmerzlichen Erfahrungen einzugestehen, die Du mir zugemutet hast. Wir beide haben Fehler gemacht, für die wir bezahlen mußten. Auch ich habe mich nicht immer richtig verhalten. Wenn du aber möchtest, daß wir wieder Freunde werden, dann muß ich davon überzeugt sein, daß Du einsiehst, was Du mir angetan hast, daß der Schmerz, den ich erleiden mußte, das Ergebnis Deines Handelns war. Und Du mußt Reue und vielleicht sogar Schuld dafür empfinden und mir das auch zeigen. Ich muß dieses Gefühl von Dir vermittelt bekommen; bis dahin halte ich es für besser, daß wir auf Abstand bleiben.   Karla«

Dabei blieb es. Bill wird vielleicht irgendwann einsehen, was er zu tun hat, oder er fühlt sich dazu außerstande und unterläßt es.

Karla aber tut das Richtige für ihr emotionales Gleichgewicht, indem sie eine vorschnelle Vergebung ablehnt. Wenn sie sich erweichen läßt und Bill von seiner Schuld losspricht, ohne tatsächlich die Genugtuung einer aufrichtigen Entschuldigung zu erfahren, dann wird sie sich auch nicht wirklich für Bill öffnen können. Ihre sogenannte Freundschaft bliebe eine schmerzliche Farce. Der Prozeß des Entschuldigens und Vergebens spielt in emotional kompetenter Lebensführung eine wichtige Rolle. Und manchmal muß man diesen Weg bis zum qualvollen Ende gehen.

Mit der Zeit wird man im Umgang mit diesen Techniken geschickter werden und seine anfängliche Scheu verlieren. Sie werden Bestandteil der täglichen Routine im Umgang mit Gefühlen.

Haben sie sich erst einmal etabliert, werden sie ihren Beitrag zu einem wohlgeordneten Gefühlshaushalt leisten, in dem Emotionen zugestanden und als Quelle von Kraft und Wohlbefinden erkannt werden.

Aber emotionale Kompetenz wird Ihnen noch zu mehr verhelfen als nur zu einem wohlgeordneten Gefühlshaushalt. Wenn unsere Gefühle unmißverständlich und erschöpfend zum Ausdruck kommen und wir die Gefühle anderer genauso ernst nehmen wie unsere eigenen, dann wird neuer Schwung in unser Leben kommen, und wir können es erst richtig genießen. Erst dann kommen die Möglichkeiten eines emotional kompetenten Lebens zu voller Wirklichkeit.

Zusammenfassung
Verantwortung übernehmen

Der schwierigste, aber unerläßliche Teil auf dem Weg zu emotionaler Kompetenz ist, die Fehler einzugestehen, die wir in unseren Beziehungen machen.

Zunächst muß man vor sich selbst zugeben, daß man etwas falsch gemacht hat. Dann muß man dem anderen beichten. Der nächste Schritt besteht darin, aufrichtiges Bedauern zu empfinden und es den Betroffenen spüren zu lassen. Dann erst kann man mit der Wiedergutmachung beginnen.

Emotionale Fehler begehen wir auch dann, wenn wir uns in eine der drei Rollen hineinziehen lassen, wenn wir uns dazu bewegen lassen, den Retter, Ankläger oder das Opfer zu spielen.

Als Retter tun wir Dinge, die wir eigentlich gar nicht tun wollen und die Sache der anderen wären.

Als Ankläger werden wir wütend und selbstgerecht und fallen über andere her, nicht selten über jene, die zuvor Objekt unserer Rettungsaktionen waren.

Als Opfer überlassen wir uns entweder der Fürsorge eines Retters oder setzen uns den Verfolgungen eines Anklägers aus und jammern dabei, daß wir an unserer Situation nichts ändern können.

Haben wir die Rollen des Retters, Anklägers oder Opfers einem anderen gegenüber gespielt, so müssen wir uns bei ihm für den zugefügten Schaden entschuldigen und beschließen, uns künftig wie ein verantwortungsvoller Erwachsener zu benehmen. Ist Ihnen selbst Schmerz zugefügt worden, so müssen Sie lernen, auf die richtige Weise zu verzeihen.

7

Liebe, Elternschaft und Arbeitswelt

Emotionale Kompetenz entfaltet in allen Lebensbereichen ihre positive Wirkung. Wenn Sie die in diesem Buch vorgeführten Einzelschritte in die Praxis umsetzen, können all Ihre Beziehungen zu Menschen und Dingen Ihrer Umgebung davon profitieren. Doch am bedeutsamsten sind die Veränderungen, die Sie im Umgang mit sich selbst erfahren, und die wiederum resultieren aus dem veränderten Umgang mit anderen. Sie werden merken, wie diese Techniken Ihnen sowohl die Welt draußen als auch Ihre Innenwelt in einem klareren Licht erscheinen lassen.

Das umfassende Lernprogramm der vorangegangenen Kapitel hat Ihnen Anhaltspunkte zur Ausbildung Ihrer emotionalen Kompetenz in allen Lebensbereichen gegeben, dennoch gibt es drei Situationen, denen wir gesonderte Aufmerksamkeit schenken sollten: die Liebesbeziehung, die Kindererziehung und die Situation am Arbeitsplatz.

Fangen wir mit Liebesbeziehungen an.

Emotionale Kompetenz in Liebesbeziehungen

Eine befriedigende Partnerbindung einzugehen und aufrechtzuerhalten ist nicht einfach. Viele Menschen müssen feststellen, daß sie, auch wenn das alte System der Dominanz und Unterwerfung weitgehend obsolet geworden ist, immer wieder in derartige Verhaltensmuster zurückfallen, sofern sie nicht die Möglichkeit hatten, neue Formen der Partnerschaft zu erlernen.

In Beziehungen wird heutzutage häufig die Gleichheit der Partner betont, doch sind das meist nur Lippenbekenntnisse, und die Beteiligten sind sich nur selten im klaren darüber, wie das in der Praxis aussehen könnte. In Beziehungen zwischen Mann und Frau neigen Männer nach wie vor dazu, die dominierende Rolle zu übernehmen, während Frauen es schwer haben, sich durchzusetzen. Das spiegelt sich in dem neuen Spruch: »Männer sind vom Mars, Frauen von der Venus«.

Es ist daher kaum verwunderlich, daß immer mehr Menschen sich dazu entschließen, alleine zu leben.

Natürlich ist das keine Lösung, es sei denn, es ist der erklärte Wunsch eines Menschen, sein Leben allein zu verbringen. Die Antwort besteht vielmehr darin, emotionale Kompetenz *in* der Beziehung zu praktizieren, unabhängig davon, wie lange die Partnerschaft schon besteht. Dazu müssen Sie nach den Richtlinien für eine emotional kompetente Beziehung handeln und folgendes mitbringen:

- die Überzeugung, daß beide Partner gleichberechtigt sind,
- die Verpflichtung zur Aufrichtigkeit,
- die Übereinkunft, keine Machtspiele miteinander zu spielen.

Gleichberechtigung, Aufrichtigkeit und Übereinkünfte

Wer eine emotional kompetente Beziehung anstrebt, dem empfehle ich, sich mit seinem Partner schnellstens darüber zu verständigen, daß in der Partnerschaft Gleichheit und Offenheit herrschen, daß die Bereitschaft zur Kooperation besteht, daß keiner dem anderen gegenüber seine Macht ausspielt und keiner etwas gegen seinen Willen tut. Statt dessen sollen beide Partner rücksichtsvoll und liebevoll um das bitten, was sie möchten, und dabei einfühlsam beim anderen dessen Bedürfnisse heraushören.

Natürlich geht es nicht ohne Fehler ab, und Entschuldigungen und Wiedergutmachungen werden nötig sein. Die genannten Grundregeln erfordern, daß man aus den eingefahrenen Mustern von Machtspiel, Rettungsaktionen und Lügen ausbricht. Derartige Veränderungen sind nicht leicht zu bewerkstelligen und werden sich kaum über Nacht einstellen. Doch die Energie und der Optimismus, die ein solcher Prozeß freisetzt, wirken erfrischend auf jede Beziehung, egal ob diese noch jung oder schon langerprobt ist.

Gleichberechtigung

Gleichberechtigung besteht darin, daß beiden Partnern gleiche Rechte zugestanden werden und sie gleichermaßen zum Gelingen der Partnerschaft beitragen sollten. Die Idee, daß beide Partner gleiche Rechte haben, bedeutet nicht, daß sie nicht in unterschiedlicher Weise die Partnerschaft bereichern. Männer und Frauen sind in vieler Hinsicht verschieden, aber das sollte nicht dazu führen, daß einer dem anderen gegenüber Privilegien genießt.

Gleichheit bedeutet nicht, daß beide Partner gleichviel arbeiten und verdienen müssen und daß Ausgaben und Hausarbeit genau halbiert werden. Gleichheit in einer emotional kompetenten Beziehung heißt vielmehr, daß jeder nach Kräften seinen Beitrag leistet und beide Partner damit zufrieden sind. Fühlt einer der beiden sich unzufrieden, so muß er das in der Überzeugung vorbringen können, daß der andere sich fair damit auseinandersetzt und zu Kompromissen bereit ist.

Aufrichtigkeit

Die Übereinkunft, aufrichtig miteinander zu sein, ist die wichtigste Voraussetzung für eine gleichberechtigte Partnerschaft.

Keiner, der eine ernsthafte Beziehung eingeht, möchte mit Lügen konfrontiert werden. Man geht davon aus, daß zwei Menschen, die sich lieben, sich nicht anlügen.

Viele Ehen werden mit dem feierlichen Versprechen geschlossen: »In guten wie in schlechten Tagen, in Krankheit und Gesundheit, will ich dich lieben und ehren ...« Diese Versprechungen schließen normalerweise nicht die Verpflichtung zu völliger Offenheit ein. Das verwundert nicht, denn zu diesem Zeitpunkt hat in der Regel mindestens einer der Partner bereits gelogen, oft auch beide. Selbst in einer Beziehung, in der die Partner wirklich aufrichtig zueinander sind, gibt es Dinge, die unter den Teppich gekehrt werden. Vielleicht hat sie sich immer danach gesehnt, mehr Komplimente über ihr Aussehen zu bekommen, wagte aber nicht, darum zu bitten. Oder er hegt die heimliche Befürchtung, daß sie übertreibt, wenn sie immer wieder betont, was für ein guter Liebhaber er sei, oder daß sie im Grunde nur sein hohes Einkommen, aber nicht ihn liebt.

Auch die kleinste Lüge oder Verheimlichung wirkt sich schädlich auf die Beziehung aus, denn sie können die Keime für weitere und größere Unaufrichtigkeit sein.

Leben Sie bereits seit langem in einer Beziehung, dann ist die Situation ein wenig heikler. Beim Abbauen der Lügen, die sich im Laufe der Zeit abgelagert haben, können dunkle Geheimnisse zutage kommen, die den anderen zutiefst erschüttern. Womöglich kommt auf diese Weise eine kurze Verfehlung oder gar eine ausgewachsene Affäre ans Licht. Oder ein Partner hat sich in unverantwortlicher Weise am gemeinsamen Konto bedient, ohne den anderen zu informieren. Vielleicht schlummern da auch dauerhafte Vorbehalte und Unzufriedenheiten, die das Aussehen, die Intelligenz, den Humor oder die sexuellen Vorlieben des anderen betreffen. In einem solchen Fall spricht man über diese Punkte am besten in Gegenwart eines Dritten, eines vertrauenswürdigen Freundes, Therapeuten oder Geistlichen.

Hier handelt es sich um Lügen durch Unterlassung. Sie betreffen meistens Sex, Geld oder Aussehen und dürfen in einer emotional kompetenten Beziehung nicht unausgesprochen bleiben. Sie müssen auf den Tisch. Hat jemand Geheimnisse nicht offenbart und der Partner erfährt auf andere Weise davon, dann ist letzterer meiner Erfahrung nach von der Verheimlichung mehr getroffen als von der eigentlichen Verfehlung. Wie lange ein solches Geheimnis schon besteht, wie viele andere Personen davon wissen und was eine Lüge sonst noch an Nebenwirkungen hervorbringt, all das kann einer Beziehung schweren Schaden zufügen und sie möglicherweise zerstören. Es ist schwer, einen Fehltritt zu verzeihen, aber es ist noch schwerer, die Lügen zu verzeihen, die sich darum ranken.

Selbst Leute, die behaupten »lieber nichts wissen zu wollen«, werden sich verletzt und gedemütigt fühlen, sobald sie die Wahrheit herausfinden. Denn indem wir sagen, »wir wollen lieber nichts wissen«, antizipieren wir bereits den Schock der Offenbarung eines solchen Geheimnisses. Deshalb haben Lügen so schlimme Folgen und sollten aus einer emotional kompetenten Beziehung verbannt werden. Vor diesem Hintergrund möchte ich Ihnen ein paar Ratschläge für eine emotional kompetente Parnterschaft geben:

Zur Gleichberechtigung gehören zwei: Bedenken Sie, daß in einer emotional kompetenten Beziehung beide Partner auf Gleichberechtigung hinarbeiten müssen. Dazu müssen sowohl die Rechte wie auch die Pflichten gerecht verteilt sein.

Kooperation ist Voraussetzung: Sie müssen mit Ihrem Partner übereinkommen, daß die Beziehung frei sein soll von Machtspielen, insbesondere von Lügen und Rettungsaktionen. Machen Sie von vornherein deutlich, daß in dieser Beziehung jeder klar sagt, was er will und nichts gegen seinen Willen tut.

Thematisieren Sie diese Punkte gleich am Anfang, und zwar sobald eine neu eingegangene Beziehung dauerhaft zu werden verspricht.

Das gilt besonders für die Phase erster Verliebtheit, in der man noch alles durch die rosa Brille sieht. Solche Dinge offen anzusprechen, während man noch im siebten Himmel schwebt, schafft von Anfang an Klarheit in der Partnerschaft.

Fran und John lieben sich. An ihrem freien Tag liegen sie zusammen im Gras und lassen sich von der Frühlingssonne wärmen. Beide sind sich einig, daß sie heiraten wollen. Sie war schon einmal verheiratet, aber das ist schiefgegangen. Diesmal will sie es besser machen.

F: »John, kann ich etwas mit dir bereden, bevor wir heiraten?«
J: »Na klar. Was denn?«
F: »Ich hab da ein Buch gelesen, wie man eine emotional kompetente Beziehung aufbaut.«
J: »Was für 'ne Beziehung?«
F: »Eine Beziehung, in der jeder seine Gefühle einbringt und sich ihrer bewußt ist. Eine kooperative Beziehung, wo beide sich von vornherein über gewissen Dinge einigen.«
J: »Und worüber zum Beispiel?«
F: »Nun ja, in diesem Buch geht's um eine aufrichtige Beziehung zwischen gleichberechtigten Partnern, und was da steht, finde ich wirklich gut. Es geht darum, daß wir uns immer offen sagen, was wir wollen, und uns nicht in irgendetwas hineindrängen lassen, was wir eigentlich nicht wollen.«
J: »Klingt gut. Aber findest du nicht, daß wir das schon tun?«
F: »Ja, wir wollen das beide, aber manchmal, denke ich, gelingt es uns nicht ganz.«
J: »Wann denn zum Beispiel?«
F: »Manchmal sagen wir nicht ehrlich, was wir wirklich wollen, und passen uns dem anderen an. Zum Beispiel heute morgen, als wir ins Blue Barn zum Frühstück gegangen sind. Ich wollte nämlich eigentlich lieber ins Brick Shack, aber dir zuliebe habe ich gelogen.«
J: »Wieso gelogen? Du warst einfach großzügig.«
F: »In dem Buch heißt sowas Rettungsaktion, und es ist schlecht, weil die Person, die einen rettet, mit der Zeit wütend wird. Meistens bin ich es nämlich, der klein beigibt.«
J: »Ich weiß, und das mag ich ja so an dir. Du verwöhnst mich. Soll das heißen, daß du später deswegen die große Wut kriegst?«

191

F: »Könnte sein, und das möchte ich auf jeden Fall vermeiden. Und womöglich gibt es ja auch Dinge, wo du dich meinem Willen unterwirfst, und ich merke es gar nicht. Überleg mal!«

J: »Nun ja, das kommt vor, aber es macht mir nichts aus ...«

F: »Aber ich finde, der Autor des Buches, Claude Steiner hat recht. Es wäre besser, wenn wir in diesen Dingen ganz offen zueinander wären. Sag mal, welche Situationen das sind.«

J: »Warum sollen wir krampfhaft Gründe suchen, um uns zu beklagen. Ich liebe dich doch.«

F: »Ich möchte ja bloß lernen, eine kooperative, aufrichtige Beziehung mit dir zu haben.«

J: »Ich werd's versuchen.« Er denkt einen Augenblick nach. »Na schön, ehrlich gesagt, es wäre mir lieber, wenn wir uns nicht ständig mit allen deinen Freundinnen verabreden würden.«

F: »Ach so?«

J: »Es ist nur, daß ich da nicht so engagiert bin. Es interessiert mich nicht so. Ich möchte sie schon treffen, aber wir müssen vielleicht nicht mit jeder und jedem extra was ausmachen. Ich hab nicht genug Zeit, all deine Freunde einzeln kennenzulernen. Also ... es tut mir leid. Findest du das jetzt brutal?«

F: »Ein bißchen schon, aber es ist schon in Ordnung. Mach nur weiter. Und danke, daß du nachgefragt hast.«

J: »Gut, wenn du meinst.« Er sieht sie besorgt an und fährt dann fort. »Ich bin froh, daß du mich deinen Eltern vorgestellt hast, aber ich hab einfach keinen so ausgeprägten Familiensinn. Zum Beispiel die Thanksgiving-Party bei deiner Tante. Na ja, das war ein bißchen viel für mich. Alle diese Leute treffen, die uns eigentlich gar nichts angehen.«

F: »Also gut«, erwidert sie gedämpft. »Ich meine, es ist schon ziemlich frustrierend, wenn ich mir jetzt vorstelle, daß ich dir begeistert einen nach dem anderen vorgestellt habe und du am liebsten ganz weit weg gewesen wärst.«

J: »So schlimm war's nun auch wieder nicht.«

F: »Weißt du, mir liegt wirklich viel daran, Zeit mit meiner Familie zu verbringen. Das war schon so, als ich klein war. Aber wenn du keine Lust dazu hast, dann mach ich sowas eben alleine.«

Nachdenkliche Stille tritt ein. Dann setzt John noch einmal an.

J: »Warum sagst du mir nicht, welche von diesen Anlässen dir besonders wichtig sind. Dann gehe ich in solchen Fällen mit. Oder du kannst schon früher hingehen, und ich komme nach, dann wird es nicht so lang für mich.«

F: »Klingt gut.«

Er hält sie um die Hüfte gefaßt. Beide haben sie jetzt einiges zum Nachdenken, aber Fran ist stolz darauf, daß sie ein emotional kompetentes Gespräch in Gang gebracht hat, und John ist erleichtert, daß er ein paar dieser unliebsamen sozialen Verpflichtungen losgeworden ist.

Man mag sich fragen, warum ein jung verliebtes Paar solche kleinen Unzufriedenheiten in aller Breite erörtern sollte, wo solche Kleinigkeiten doch im Vergleich zu ihrer wunderbaren neuen Liebe völlig marginal erscheinen. Aber das sind genau jene Punkte, die, wenn die rosige Zeit der Verliebtheit einmal vorbei ist und die Realität Einzug hält, selbst Paare auseinanderbringen können, die ihre Liebe für unverwundbar hielten.

Fran hat das in ihrer ersten Ehe schmerzhaft erfahren müssen. Sie tut also gut daran, die Initiative zu ergreifen, um die Grundregeln einer aufrichtigen Beziehung festzulegen und damit späteren emotionalen Katastrophen vorzubeugen.

Ehrlich währt am längsten: Weiß Ihr Partner genug über Sie, um sich ein Bild von Ihrer wahren Persönlichkeit zu machen? Wenn nicht, dann raffen Sie sich auf und füllen Sie die Lücken. Offenheit kann ziemlich erschreckend sein, doch sie zahlt sich aus, wenn auf dieser Basis eine widerstandsfähigere, engere Bindung entsteht.

Sollten Sie Informationen vor Ihrem Partner zurückgehalten haben, dann erzählen Sie ihr oder ihm noch heute davon. Es bringt nichts, auf einen besseren Zeitpunkt zu warten, denn der wird sich kaum je ergeben. Packen Sie es an, statt es noch länger vor sich herzuschieben.

Zur Aufrichtigkeit gehört auch, daß wir dem anderen sagen, was wir wollen und wie es uns geht, und daß wir uns bei ihm entschuldigen.

Sloan und Carol sind seit ein paar Jahren verheiratet. Sie haben eine gute Beziehung, die bis in High-School-Zeiten zurückreicht. In einem romantischen Moment sagt Carol zu Sloan, wie gut sie es findet, daß keiner von ihnen beiden Sex mit einem anderen Partner gehabt hat.

Sloan schluckt hörbar. Es stellt sich heraus, daß er während einer sechsmonatigen Trennung vor etwa drei Jahren, die dazu dienen sollte, die Beziehung neu zu überdenken, ein flüchtiges Abenteuer mit einer Bekannten von Carol hatte. Er hat ihr nichts davon erzählt, weil er sich sagte, daß das zwischen ihnen nicht abgemacht war. Jetzt allerdings hat er das Gefühl, daß er reden muß.

»Carol, was meinst du dazu, daß jetzt, wo wir für immer zusammen bleiben wollen, keine Geheimnisse und Lügen zwischen uns sein sollten?«

Carol sieht ihn beunruhigt an. »Wieso, hast du mich denn angelogen?«

Sloan schaut ihr in die Augen. »Nein, Carol, soweit ich weiß nicht, und ich will jetzt nicht damit anfangen. Setzen wir uns mal. Es gibt da etwas, aber ich dachte, daß ich dir das nicht sagen mußte. Aber jetzt möchte ich es dir erzählen. Darf ich?«

»Was denn, um Himmels willen?«

Sloan schiebt sie zur Couch hinüber und fragt, während er sie ansieht: »Erinnerst du dich noch, als wir uns damals im College für eine Zeitlang getrennt haben?«

»Ja.« So langsam dämmert ihr, was jetzt kommen wird.

»Ich habe in all den Monaten immer an dich gedacht, aber ich habe auch überlegt, daß du dich gegen mich entscheiden könntest. Ich habe versucht, auf alles vorzubereitet zu sein, und ich fühlte mich ziemlich deprimiert. Eines Abends bin ich dann mir Suzie Green ausgegangen.«

»Mit meiner alten Freundin Susan?« fragt Carol; ihre Stimme hat einen schrillen Klang angenommen. Schon immer hatte sie sich neben der attraktiven und beliebten Susan ein wenig unsicher gefühlt.

»Ja, ich finde, du solltest das wissen.«

»Mein Gott, Sloan!«

»Es tut mir leid. Ich dachte immer, es wäre nicht nötig, daß du es erfährst, aber nach dem, was du vorhin gesagt hast, muß ich es dir erzählen. Ich möchte, daß du alles über mich weißt.«

Als er sie anblickt und ihren Gesichtsausdruck sieht, wird ihm mulmig. Aber er fährt fort. »Kann ich dir alles sagen?«

»Los, sag schon«, erwidert sie unter Schluchzen.

»Ich habe mit Suzie geschlafen.« Sie fängt laut zu weinen an. »Es war weiter nichts dabei, aber es ist eben nun mal passiert.«

Carol blickt mit tränenerfüllten Augen zu ihm auf und legt den Kopf an seine Schulter. Er will sie in die Arme schließen, aber sie wehrt in ab.

»Warum hast du mir das nicht schon früher erzählt?«

»Wir hatten ja ausgemacht, daß jeder frei sein sollte, mit anderen zusammenzusein, aber ich wußte, daß es dir was ausmachen würde. Und das wollte ich nicht. Ich fühlte mich schuldig und hab mir eingeredet, daß wir während dieser Zeit wahrscheinlich beide mit anderen Partnern schlafen würden. Von deinen wollte ich lieber nichts wissen, da dachte ich, dir ginge es genauso.«

»Ich bin so froh, zu erfahren, daß ich der einzige Mann in deinem Leben bin. Und du bist die einzige Frau, die ich je geliebt habe. Das ist die Wahrheit, Carol. Als du vorhin sagtest, daß keiner von uns beiden einen anderen hatte, da hab ich mich ganz elend gefühlt. Wie hätte ich dich belügen können, wo du doch so lieb zu mir warst. Ich wollte dich nicht in Verwirrung stürzen, aber du solltest die ganze Wahrheit erfahren. Jetzt habe ich keine Angst mehr, daß ich etwas vor dir verstecke.«

Carol ist außer sich. Sloan bemerkt, daß es weniger sein Verhalten war, das sie aufgeregt hat, sondern die Tatsache, daß er etwas so lange vor ihr geheimgehalten hat. Sie kommt sich lächerlich vor, weil sie sich von ihrem Mann, der vertrautesten Person in ihrem Leben, ein falsches Bild gemacht hat. Was Carol mehr schmerzt als diese Affaire ist der Verlust des Vertrauens.

In dieser Nacht sind sie zärtlicher zueinander als je zuvor. Sie werden diese Stunden so schnell nicht vergessen. Es brauchte lange, bis Carol ihre Kränkung verwunden hatte. Später fühlte sie sich sogar geschmeichelt, daß Sloan sie der umschwärmten Suzie vorgezogen hatte. Sie verstand jetzt, warum er ihr nicht schon früher davon erzählt hat, und beschloß, auch wenn es ihr zunächst schwerfiel, mit diesem neuen Wissen leben zu können. Und wenn sie sich in Zukunft gelegentlich fragte, ob Sloan nicht womöglich doch Geheimnisse vor ihr hatte, dann dachte sie beruhigt: »Wenn er mir dieses Abenteuer gebeichtet hat, wird er mich bestimmt nicht wegen anderer Sachen anlügen.« Sie fühlte sich absolut sicher mit ihm.

Es gibt Leute, die vehement die Ansicht vertreten, eine solche Aufrichtigkeit sei überflüssig, ja sogar unverantwortlich und auf sadistische Weise grausam. Sie behaupten, daß jemand wie Sloan für seinen Fehler mit verdienter Reue bezahlen und seiner Frau die schmerzliche Wahrheit ersparen sollte.

Doch diese Argumentation greift zu kurz. Sie verkennt den schädlichen Effekt, den selbst die kleinste Lüge haben kann. Aus ihr können sich größere, schwerwiegendere Lügen ergeben, und außerdem unterminieren Geheimisse den intuitiven und einfühlsamen Kontakt zwischen den Partnern. Diese Einstellung ignoriert, daß es viel schmerzhafter ist, wenn man herausfindet, daß man wiederholt und über lange Zeiträume hinweg belogen worden ist. Man stelle sich nur vor, wie es Carol zumute wäre, wenn sie Jahre später bei einer zufälligen Begegnung mit Susan Green von deren Mann beiläufig erfahren müßte, daß Sloan und Susan einmal eine Affäre hatten.

Emotionales Familienleben: Eine Beziehung ist nur so gut wie der Dialog, der zwischen den Partnern geführt wird. Nehmen

Sie sich Zeit für ein emotionales Familienleben. Erzählen Sie sich gegenseitig ihre Ängste und paranoiden Phantasien. Nutzen Sie die Gelegenheit, sich zu entschuldigen, falls Sie den anderen verletzt haben. Finden Sie vor allem genügend Zeit für positive Strokes.

Besprechen Sie solche Dinge nicht während der Fernsehwerbung oder wenn Sie zu müde sind. Zeitpunkt und Umgebung müssen stimmen. Meine Empfehlung ist ein ausgedehnter Spaziergang oder ein regelmäßiger Treffpunkt, bei dem man sich aussprechen kann.

Immer wieder neu überdenken: Sie sollten einmal getroffene Abmachungen immer wieder überdenken. In unserer schnellebigen Zeit können einmal getroffene Übereinkünfte schon nach sechs Monaten wieder hinfällig sein.

Sprechen Sie also Themen wie Geld oder Zeit und deren optimale Nutzung immer von neuem an. Nur weil sich im Lauf der Zeit eine gewisse Routine ergeben hat, heißt das noch lange nicht, daß beide Partner mit dieser Verfahrensweise auch zufrieden sind. Das gilt ganz besonders für die Sexualität.

… und seien Sie flexibel: Seien Sie bereit, auch mal etwas in Ihrer Beziehung zu ändern, selbst dann, wenn der Status quo das Ergebnis ausgedehnter Verhandlungen war. Begrüßen und akzeptieren sie Veränderungen. Schließlich sollten beide Partner Zukunftsperspektiven entwickeln und eine Atmosphäre der Kooperation und Zuneigung schaffen helfen, statt Vorbehalte und Hoffnungslosigkeit zu hegen.

Bill und Hillary sind vielbeschäftigte Menschen. Sie haben keine Kinder und arbeiten hart. Wenn sie sich abends zum Essen sehen, bleibt anschließend gerade noch genug Energie für eine paar Haushaltspflichten und ein bißchen Fernsehen im Bett. Sie schmusen beim Fernsehen und sind meist schon eingeschlafen, bevor das Gerät sich selbst ausschaltet. Es scheint eine unausgesprochene Übereinkunft zu bestehen, daß sie emotionsgeladenen Situationen aus dem Weg gehen. Doch Hillary hat das Gefühl, daß nicht genug Zeit für intime Gespräche bleibt und statt dessen viele Probleme unter den Teppich gekehrt werden.

Als sie sich eines Morgens fertigmachen, um zur Arbeit zu gehen, schlägt Hillary vor, daß sie sich den kommenden Samstag morgen freihalten sollten, um hinauszufahren und auf einem Spaziergang einiges zu besprechen. Bill sträubt sich zunächst, weil er eine Verabredung zum Golf hat, aber weil Hillary insistiert, willigt er schließlich ein.

Zu Beginn ihres samstäglichen Spaziergangs sagt Hillary: »Ich habe Angst, daß wir uns auseinanderleben. Wir kommen zwar gut miteinander aus und lieben uns auch, aber ich fürchte, daß vieles zwischen uns unausgesprochen bleibt, und das ist nicht gut. Ich zumindest empfinde das so.«

»Ich habe eigentlich keine Probleme damit«, sagt Bill. »Gibt es etwas, was dich bedrückt?«

»Siehst du, damit geht es schon los. Du scheinst nicht zu bemerken, daß es immer wieder kleine Unstimmigkeiten zwischen uns gibt und dann einer – meistens ich – klein beigibt, um Ärger zu vermeiden. Ich denke dann, ich bin einfach zu müde, oder wir reden am andern Tag drüber, oder auch, daß ich nicht so kleinlich sein sollte, aber mit der Zeit ist mir nicht mehr wohl dabei ...«

Bill unterbricht sie. »Ich merke schon, daß es da manchmal hakt, aber ich dachte, das gibt sich dann schon wieder. Für mich ist das okay so.«

»Vielleicht ist das das erste Problem, über das wir reden sollten. Für mich ist es nämlich überhaupt nicht okay. Wenn du sagst, das gibt sich schon wieder... Kann ich dir mal sagen, wie ich mich dabei fühle?« Bill nickt.

»Eigentlich bin ich nämlich sauwütend.«

Wieder nickt Bill, aber er ist betroffen.

Hillary sagt weiter: »Darf ich dir sagen, was ich denke? Ich glaube, du merkst gar nicht, daß bei unseren Auseinandersetzungen fast immer ich es bin, die um der Harmonie willen klein beigibt.«

Bill erwidert nach einigem Nachdenken: »Wahrscheinlich hast du recht, obwohl es so krass auch wieder nicht ist. Ich habe deine Umgänglichkeit wohl immer irgendwie für selbstverständlich genommen. Wir haben das früher schon mal angesprochen. Es tut mir wirklich leid.«

In der nächsten Stunde kramt Hillary verschiedene Anlässe hervor, wo Bill sich durchgesetzt hat. Manche davon sind zugegebenermaßen ziemlich banal. Etwa, daß Bill im Gedränge auf Bürgersteigen immer vorausgeht, daß fast immer er am Steuer sitzt, wenn sie zusammen wegfahren, daß er nie ein Restaurant vorschlägt und bei Unterhaltungen oft zerstreut und abwesend wirkt. Aber alles zusammengenommen macht Hillary wütend. Er sagt dazu, daß sie sich ja bisher immer angepaßt hat und er nicht ahnen konnte, daß ihr etwas nicht paßte. Das gesteht sie zu. Das läge aber daran, daß sie meistens einfach zu erschöpft sei, um solche Dinge zur Sprache zu bringen, und sie wünscht sich, er würde diese unterschwelligen Spannungen zwischen ihnen aufmerksamer wahrnehmen.

Im weiteren Gespräch wird deutlich, daß das Hauptproblem für Hillary darin besteht, daß sie zu wenig Zeit füreinander haben. Bill scheint es zu genügen, wenn sie gemeinsam fernsehen, schlafen, morgens oder am Wochenende Sex haben und manchmal auswärts essen. Für eine Weile schien auch Hillary damit zufrieden zu sein.

Aber mit der Zeit mochte sie die geschäftsmäßige Art ihrer Sexualität nicht mehr. Sie hatten sich zwar darüber verständigt, daß Sex am Morgen ihnen beiden am besten paßte, aber Hillary irritierte die Pünktlichkeit, mit der die Sache ablief.

»Ich mag nicht mehr am Morgen mit dir schlafen«, stieß sie hervor.

»Aber wann denn sonst? Du sagst doch selbst, daß wir abends zu müde sind. Außerdem sind wir beide Morgenmenschen.«

»Ich finde, wir sollten uns abends wirklich Zeit dafür nehmen, einen ganzen Abend freihalten, irgendwo einen trinken gehen, reden, endlich wieder gemeinsam über die Veränderungen in unserem Leben nachdenken.«

Dieser Vorschlag erschreckt Bill. Er war mit dem bisherigen Arrangement glücklich und fürchtet, nun könnte ihr sorgfältig geplantes Leben durcheinanderkommen. Er zögert, und Hillary fühlt sich irritiert. Ihre Gemüter erhitzten sich, und als sie kurz davor sind, das Thema zu wechseln, sagt Hillary: »Siehst du, so läuft das bei uns immer. Wir tragen unsere Unstimmigkeiten nie wirklich aus. Wenn ich jetzt wieder klein beigebe, sind wir wieder da, wo wir angefangen haben. Also laß uns das jetzt bitte zu Ende bringen, ja?«

Nach einer weiteren Stunde kommen sie zu einem Entschluß. Bill hat eingesehen, daß er seiner Frau zu wenig Platz in seinem Leben zugestanden hat. Er ist bereit, auf Hillarys irritierenden Vorschlag einzugehen. Außerdem einigen sie sich, einmal im Monat einen solchen »Hausfriedens-Spaziergang« zu machen.

Am Ende lief alles doch ein wenig anders. Bill hat nach wie vor eine gewisse Routine in seinem Leben mit Hillary. Aber ein Abend pro Woche ist fernsehfrei, so daß sie sich ganz einander widmen können. Zwischen ihren Spaziergängen vergehen schon mal drei Monate, doch alles in allem hatte diese Diskussion eine ausgesprochen segensreiche Wirkung. Sie können jetzt flexibler auf die Argumente des anderen reagieren und führen ihre Beziehung auf eine emotional kompetente Weise weiter.

Emotionale Kompetenz und Kinder

Emotionale Kompetenz erwirbt man am besten in der Kindheit, und zwar durch gute Vorbilder.

In der Kindheit, wenn unser Fenster der Gelegenheiten noch weit offen ist, lernen wir ganz anders als später, wenn sich dieses Fenster bereits wieder geschlossen hat. Lesenlernen zum Beispiel ist in der Jugend ganz leicht; für einen erwachsenen Analphabeten kann es dagegen zum Alptraum werden. Dasselbe gilt für sportliche Tätigkeiten, Fremdsprachen, Musik und – wundern Sie sich nicht – für emotionale Kompetenz.

Während dieser kritischen Lernphase entwickeln Kinder ihre Selbsteinschätzung. Sie beginnen sich selbst als gut oder schlecht, als gewandt oder ungeschickt, als glücklich oder unglücklich zu sehen. Manche identifizieren sich mit Märchenfiguren, etwa mit Schneewittchen oder mit einem der Sieben Zwerge. Andere sehen sich als Superman, Rotkäppchen, ja sogar als Jesus Christus oder als den Teufel.

Sie werden sich den emotionalen Habitus zulegen, der zu ihrem Selbstbild paßt und sich entsprechend grimmig, niedlich, unerschütterlich, ungeduldig, berechnend, heilig oder bösartig geben. Sobald Kinder nach solchen Verhaltensmustern agieren, werden sie von ihrer Umgebung auch auf diese Weise wahrgenommen und als gut, schlecht oder unglücklich klassifiziert.

Die emotionalen Muster werden größtenteils von den Eltern oder anderen Bezugspersonen übernommen. Sind sie erst einmal eingespielt, so verdichten sich diese Gewohnheiten zu Verhaltensmustern oder Skripts, die die zukünftige Weltsicht bestimmen. Ein solches Skript kann ein Leben lang wirksam sein, es sei denn, man unternimmt etwas, um es zu verändern.

- Ein Kind, das habituell schwermütig und ängstlich ist, könnte als Erwachsener an Depressionen leiden und suizidgefährdet sein.
- Ein Kind, das lernt, seine Tränen hinunterzuschlucken, wird dann vielleicht hartherzig werden.
- Ein Kind, das seine Wutimpulse nicht unter Kontrolle hat, könnte als Erwachsener zu Suchtverhalten neigen.

Der falsche und der richtige Weg

Als Beispiel dafür, wie ein emotionales Muster von den Eltern etabliert und weitergegeben wird, wollen wir uns eine der typischen Mini-Tragödien ansehen, wie sie in jeder Familie vorkommen. Die Eltern können auf zweierlei Weise damit umgehen. Hier zunächst die emotional inkompetente Variante:

Der fünfjährige Matthew ist bei dem Versuch, sich ein paar Kekse zu besorgen, von der Anrichte gefallen. Jetzt brüllt er; er ist mit den Knien schmerzhaft auf dem Boden aufgeschlagen, und zudem fühlt er sich gedemütigt, weil man ihn beim Plündern der Keksdose erwischt hat. Er fühlt sich verletzt und schuldig, und er hat Angst.

Sein Vater kommt in die Küche, überblickt sofort, was vorgefallen ist, und reagiert verärgert. »Was ist los? Hast du dir wehgetan?« fragt er ärgerlich. »Hör schon auf zu heulen!«

Wie soll Matthew die Reaktion seines Vaters deuten? Erwartet man von ihm, daß er keinen Schmerz mehr empfindet? Und wie soll er mit seiner Angst und seinem Schuldgefühl umgehen? Soll er sie weiter empfinden, aber aufhören zu weinen? In seiner Verunsicherung heult er nur um so lauter.

Wenn ein Vater emotionale Kompetenz besitzt, läßt er es damit gut sein. Doch der Vater von Matthew sieht hier die Gelegenheit, seinem Sohn eine Lehre fürs Leben zu verpassen.

»Nun hör schon auf, wie ein Baby zu heulen«, sagt er. »Du bist ja schlimmer als deine Schwester.«

Das vermittelt Matthew die Idee, daß Weinen etwas Schlechtes sei und er »schlimmer als seine Schwester« ist. Womöglich kommt er zu dem Schluß, daß Mädchen weinen dürfen, Jungen aber nicht, und das setzt ihm zu. Er versucht also, sein Schluchzen zu unterdrücken, aber es geht nicht; er hat einfach viel zu viel Angst vor der Mißbilligung des Vaters.

Es ließe sich denken, daß sein Vater daraufhin noch mehr in Rage gerät und seine Belehrung fortsetzt.

»Jetzt reicht's aber, Matthew! Du führst dich auf wie eine Memme. Was hattest du überhaupt auf dem Schrank zu suchen?«

Matthew weiß von den anderen Kindern, daß eine Memme ein Junge ist, der sich so zimperlich benimmt wie ein Mädchen. Er fühlt sich schlecht, weil er fürchtet, als eine solche Heulsuse hingestellt zu werden. Er beschließt, mit dem Weinen aufzuhören und die Zähne zusammenzubeißen.

»Na also, so benimmt sich ein richtiger Junge«, lobt sein Vater.

Viele Eltern finden, daß es nicht den männlichen Verhaltensnormen entspricht, wenn ein Junge weint. Jungen, die so erzogen wurden, werden sich als Erwachsene ihrer Tränen schämen. Wenn ein solcher Mann dann eine schmerzliche Erfahrung macht und es ihm eigentlich nach Heulen zumute wäre, wird er das hinter einer Lüge verstecken.

Mit der Zeit wird ihm dann die eigene Traurigkeit gar nicht mehr richtig bewußt werden, er wird sie sich nicht eingestehen. Auch andere, möglicherweise verletzende Gefühle wie Scham oder Liebe wird er nicht mehr zulassen. Nur ganz starke Emotionen wie rasende Wut oder überdrehte Liebe werden noch zu ihm durchdringen.

Mit Mädchen geht man anders um. Ihre Tränen werden allgemein als niedlich oder rührend empfunden. Man legt ihnen kaum jemals nahe, daß Weinen nicht feminin oder lady-like sei.

Hier liegt wohl der Grund dafür, daß Frauen in der Regel emotionaler reagieren als Männer.

Wie man es besser machen könnte

Jetzt wollen wir uns einen emotional kompetenteren Umgang mit dem Keks-Zwischenfall ansehen. Nachdem Matthew hingefallen ist und sich die Knie angeschlagen hat, könnte sein Vater ihn aufheben und sagen:

»Herrje, jetzt bist du aber erschrocken! Hast du dir wehgetan?«

Statt einer Antwort bricht Matthew in lautes Heulen aus. Er empfindet körperlichen Schmerz und zudem fühlt er sich schuldig, weil er beim Stehlen ertappt wurde.

»Klingt, als wärst du sauer auf mich«, sagt der Vater und wischt ihm die Tränen ab.

»Jaaa«, schluchzt Matthew.

»Aber warum denn? Ich bin doch nur hier, um dir zu helfen«, erklärt der Vater. »Soll ich dir einen Kuß geben?«

Er wiegt Matthew in den Armen, bis der sich beruhigt.

»Hast du dir ein paar Kekse holen wollen?«

Matthew beginnt wieder zu weinen.

»Jetzt hast du ein schlechtes Gewissen, nicht wahr? Hast du Angst, daß ich schimpfen werde?«

Matthew antwortet nicht, ist jetzt aber sichtlich ruhiger.

»Du weißt doch, daß ich es nicht gut finde, wenn du zwischen den Mahlzeiten so viel Süßes ißt. Aber es tut mir leid, daß du dir wehgetan hast«, sagt sein Vater. »Versuch in Zukunft lieber nicht mehr, alleine an die Kekse ranzukommen, in Ordnung?«

Statt Matthew am Weinen zu hindern, hat der Vater dem Sohn geholfen, die eigenen Empfindungen zu verstehen. Er hat Einfühlung gezeigt und ihm mit körperlichen Zärtlichkeiten Strokes gegeben.

Wenn Matthew sich beruhigt hat, kann sein Vater mit ihm darüber reden, was vorgefallen ist, wie sich beide dabei gefühlt haben und wie sich solche Tragödien in Zukunft vermeiden lassen.

Ist Matthew erwachsen, dann wird er gelernt haben, daß seine Gefühle ernst genommen werden und daß er sie gefahrlos ausdrücken kann.

EQ-Regeln für Kinder

Kinder können emotionale Kompetenz von dem Augenblick an lernen, wo man sie ihnen vermittelt. Sobald sie ganze Sätze bilden, kann man mit ihnen über ihre Gefühle sprechen. Ungefähr im Alter von zwei oder drei Jahren beginnen Kinder, Schuld zu empfinden und sich in andere einzufühlen, also können sie sich auch bei denen, die sie verletzt haben, entschuldigen.

Dieselben Kooperationsregeln, die in einer Partnerschaft zwischen Erwachsenen gelten, sollten auch auf die Beziehung Erwachsener/Kind angewandt werden. Gleichberechtigung, Offenheit und die Vermeidung von Machtspielen sind im Umgang mit Kindern genauso wichtig, man muß sie nur der Situation etwas anpassen. Das heißt in der Regel, daß den Kindern soviel

Macht wie möglich zugestanden wird und daß die Erwachsenen zu größtmöglicher Offenheit bereit sind und jede Art von Lügen vermeiden.

Hier folgen einige Anregungen, wie Sie Ihren Kindern emotionale Kompetenz vermitteln können:

Bewahren Sie ein offenes Herz: Küssen und umarmen Sie Ihre Kinder häufig und sagen Sie ihnen, daß Sie sie gern haben. Wie wir alle sehnen sich auch Kinder nach Zärtlichkeit und genießen sie. Wird ihnen in jungen Jahren Zuneigung durch körperliche Strokes zuteil, dann werden sie zu aufgeschlossenen Mitmenschen heranwachsen.

Keine Machtspiele mit Kindern: Schlagen Sie Kinder nie. Setzt man seine Macht ein, um etwas bei Kindern zu erreichen, so werden sie schließlich nur noch durch Furcht und Kontrolle zu motivieren sein. Falls Sie doch einmal Ihre Macht ausspielen (was jedem von uns im Umgang mit Kindern passieren kann), dann entschuldigen Sie sich und erklären Sie dem Kind, was Sie empfunden haben. Versprechen Sie, so etwas nicht wieder zu tun, und versuchen Sie, mit dem Kind oder anderen Familienmitgliedern eine Methode auszuarbeiten, wie Sie Ihre eigenen Interessen besser durchsetzen können.

Die dreijährige Sarah liebt es, überall auf Schalter und Knöpfe zu drücken und an ihnen zu drehen. Schon oft hat sie so Fax-Geräte ausgestellt, die Einstellungen an Stereogerät und Fernseher verändert und telephoniert. Als sie kürzlich am Gasherd herumspielte, hat ihre Mutter Jane es ihr aus Angst vor ausströmendem Gas verboten. Wiederholt hat sie nein gesagt, und doch war Sarah fasziniert davon, es immer wieder zu tun. Als Jane Sarah wieder mal dabei überrascht, wie sie versucht, das Gas anzudrehen, hat sie die Kontrolle verloren und ihr mit einem lauten Schrei einen energischen Klaps auf den Po gegeben. Erschreckt hat Sarah aufgeschrien und ein paar Minuten lang laut geheult. Nachdem sie sich beruhigt hatte, ergab sich folgendes Gespräch:

»Bist du noch immer sauer?«
Sarah nickt.
»Weißt du, ich war so wütend, und es tut mir leid, daß ich dich gehauen habe. Du darfst nicht am Herd herumspielen.«
»Doch.«
»Nein, darfst du nicht! Der Herd ist heiß, und du kannst dich verbrennen. Wenn du das noch mal machst, dann mußt du schon früher ins Bett.«
»Nein, muß ich nicht.«
»Wenn du mir versprichst, daß du nicht mehr an Schaltern und Knöpfen herumspielst, dann werde ich dir auch keine Angst mehr einjagen. Versprichst du es mir?«
Sarah nickt zaghaft.
»Ist das ein ›Ja‹?«
Sarah nickt wieder.
»Gut, wenn du es versprichst, werde ich dich auch nicht mehr ausschimpfen, und du mußt nicht früher ins Bett gehen. Es tut mir leid, daß ich dich erschreckt habe.«
Sarah bricht wieder in Tränen aus und umarmt ihre Mutter, die sie auch fest an sich drückt.
»Es ist alles in Ordnung, Schatz, ich habe dich lieb, du bist ein liebes Mädchen.«
Seien Sie den Bedürfnissen der Kinder gegenüber aufgeschlossen, egal wie töricht diese Wünsche auch sein mögen. Reagieren Sie verständnisvoll, wenn das Kind etwas ablehnt, was ihm Angst macht, unangenehm ist oder gegen seinen Schönheitssinn oder Geschmack verstößt. Seien Sie flexibel, wenn Sie Forderungen stellen.

Seien Sie aufrichtig: Ganz wichtig ist es, Kindern gegenüber ehrlich zu sein; diese Regel kommt gleich nach der Vermeidung von Machtspielen. Setzen Sie den Kindern auseinander, was Sie fühlen und was Sie von ihnen erwarten. Lügen Sie sie niemals an, und auch Unterlassungslügen sollten auf ein Minimum beschränkt bleiben. Die Beziehung zum Kind sollte schon so früh wie möglich von Offenheit bestimmt sein. Erwartet man Offenheit von den Kindern, dann muß man zunächst mit gutem Beispiel vorangehen. Kinder haben ein sicheres Gespür für die Geheimnisse, die man vor ihnen hat, und lernen schnell, ihrerseits Dinge zu verheimlichen.

Wenn Sie aufrichtig gegenüber Ihren Kindern sind, sollten Sie davon ausgehen, daß auch die Kinder aufrichtig sein werden. Angesichts der Tatsache, wie verbreitet Verlogenheit ist, sollten Sie genauso auf Lügen achten wie auf Anzeichen für Drogenmißbrauch. Denn früher oder später wird Ihnen Ihr Kind eine große Lüge auftischen, und ich glaube, das ist eine gute Gelegenheit anzuwenden, was Sie hier lernen konnten.

Sally ist von der Schule nach Hause gekommen und in ihrem Zimmer verschwunden. Sie bleibt länger als sonst. Als Sie nachsehen, sitzt sie dort und liest.

»Hallo Sally, du bist zurück?«

Sie schaut auf und verdeckt das, was sie gelesen hat, mit einem Buch.

»Was liest du da?«

»Nichts.«

»Das sieht aus wie eine Zeitschrift.«

»Ich habe ›nichts‹ gesagt.«

Spätestens nun wissen Sie, das etwas dahintersteckt. Bleiben Sie ruhig, zeigen Sie sich erwachsen.

»Eine Zeitschrift, oder?«

»Ja, Mamie«, antwortet sie mißmutig.

»Von wem hast du sie?«

»Die gehören Kathy, sie hat sie mir geliehen.« Sie sieht ängstlich aus. In der Zwischenzeit sind Sie zu Sally gegangen und haben eine Zeitschrift in die Hand genommen.

»Die sieht ganz neu aus. Wo hast du sie her?«

»Ich hab's dir doch gesagt!« Sie sehen, wie sie den Blick abwendet. Freundlich und ganz direkt fragen Sie:

»Sally, sagst du mir auch die Wahrheit? Lüg mich bitte nicht an. Du weißt, wie ich über Lügen denke. Mir ist nicht so wichtig, wo du die Zeitung her hast, als daß du mir die Wahrheit sagst. Also erzähl's mir einfach, und wir sprechen darüber.«

»Ich habe sie gekauft.«
»Oh, gut, ich hatte schon Angst, daß du sie geklaut hast. Ich kenne Kinder, die denken es wäre cool, bei ›Seven-eleven‹ was zu stehlen.«
»Mamie, ich würde doch nie was stehlen. Das weißt du doch.«
»Gut. Und woher hast du das Geld dafür gehabt? Sag ruhig die Wahrheit.«
Sally wird immer unruhiger. Sie schaut nach unten und bringt kein Wort mehr heraus. Sie warten. Nach ein paar Minuten Stille sagt Sally schließlich:
»Ich habe das Geld aus deinem Portemonnaie genommen.«
»Oh, wirklich?«
»Ja.«
Erneut Stille. Sie versuchen, sich Ihrer Gefühle bewußt zu werden. Sie sind erschrocken darüber, was Sally getan hat, und Sie sind traurig, daß sie Sie belogen hat. Sie sind wütend, weil sie in der letzten Zeit so aufsässig war. Sie wollen ihr gerne sagen, daß Geld von Ihnen zu nehmen genauso schlimm ist, wie bei ›Seven-eleven‹ etwas zu stehlen. Zeit für eine Handlung/Gefühl-Stellungnahme.
»Sally, kann ich dir sagen, wie mir jetzt zumute ist?«
Sally nickt.
In liebevollem und herzlichem Ton erklären Sie: »Ich bin ganz erschrocken, daß du Geld aus meinem Portemonnaie nimmst, um eine Zeitschrift zu kaufen, und mich deswegen auch noch anlügst. Ich bin sehr traurig und auch wütend. Kannst du das verstehen?«
Sie hört zu und nickt. Nun haben Sie die Chance zu fragen, warum Sie glaubte, Ihnen Geld stehlen zu müssen für diese Schundzeitschrift. Sie meint, daß Sie ihr nie die Zeitschrift gekauft oder ihr erlaubt hätten, sie von ihrem Taschengeld selbst zu kaufen. Aber es wären sehr interessante Geschichten darin. Sie schlagen eine auf und überfliegen den Inhalt: eindeutig Schund.
»Nun, Sally, ich find die wirklich nicht gut, aber ich merke schon, daß ich dich nicht davon abhalten kann, dich dafür zu

interessieren. Aber ich erlaube dir nicht, Geld aus meinem Portemonnaie zu nehmen, und ich möchte, daß du dich dafür entschuldigst. Wichtiger ist mir aber, daß du mich nicht mehr anlügst. Deine Lüge hat mich so erschreckt und traurig gemacht. Denn wenn du anfängst zu lügen, können wir uns nicht mehr so unterhalten wie sonst. Und das wäre doch schade, oder?«

Sally stimmt zu.

Stecken Sie zurück: Räumen Sie Ihren Kindern Macht ein, indem Sie ihnen beim Spielen die Oberhand lassen. Raufen Sie mit ihnen, lassen Sie sich im Spiel auch einmal von ihnen verhauen und geben Sie vor, zu weinen oder traurig zu sein. Dieses Verhalten wird den Kindern deutlich machen, daß auch Sie nicht immer alles unter Kontrolle haben.

Auch das Kind soll erfahren, wenn Sie sich traurig, ärgerlich oder verletzt fühlen. Fragt es Sie dann nach der Ursache Ihrer Empfindungen, so erklären Sie ihm den Sachverhalt in klaren, kurzen Sätzen.

Zeigen Sie Verständnis für Ängste: Registrieren Sie die Ängste Ihrer Kinder und akzeptieren Sie sie. Lernen Sie erkennen, wann das Kind Angst hat und warum. Sprechen Sie mit ihm darüber, nehmen Sie seine Befürchtungen ernst und helfen Sie dem Kind, solche Situationen zu meiden. Geraten Ihre eigenen Emotionen einmal außer Kontrolle, so verschonen Sie die Kinder möglichst vor dieser Erfahrung, die sie unter Umständen schwer verunsichern kann.

Sorgen Sie für emotional kompetente Anleitung: Lesen Sie Ihren Kinder Bücher vor, in denen emotional kompetentes Verhalten geschildert wird. Nehmen Sie sie in entsprechende Filme und Theaterstücke mit. Vermeiden Sie Geschichten mit viel Gewalt und Grausamkeit, es sei denn, sie enthielten eine klar formulierte Moral und zeigten, wie man seinen Ärger auf eine gute Weise los wird. Dasselbe gilt für Liebe und Sex; achten Sie darauf, daß die richtige Botschaft vermittelt wird.

Anleitung zu emotionaler Selbstverteidigung: Bringen Sie Ihren Kindern bei, wie sie ihr eigenes Territorium verteidigen oder ein Verhalten zurückweisen können, das ihnen nicht paßt, indem sie sagen »Das will ich nicht« oder »Laß mich in Ruhe«.

Das alles sind akzeptable und wirkungsvolle Methoden, mit unangenehmen Situationen fertig zu werden. Üben Sie solches Verhalten in Rollenspielen ein, und zeigen Sie dem Kind, wie es auf verschiedene Szenarien reagieren kann.

Haben Sie Geduld: Kindererziehung braucht viel Zeit, doch was Kinder einmal begriffen haben, das bleibt haften. Wiederholen Sie Ihre Lektionen immer wieder auf sinnvolle Art und Weise, und gehen Sie selbst mit gutem Beispiel voran. Sie wissen ja: Der Apfel fällt nicht weit vom Stamm.

EQ am Arbeitsplatz

Emotionale Kompetenz läßt sich am besten in einer Umgebung erlernen, in der Kooperationsbereitschaft besteht, keine Machtspiele ablaufen und Rettungsaktionen und Unaufrichtigkeit nach Kräften vermieden werden.

Am Arbeitsplatz trifft dies in der Regel nicht zu. Hier finden die meisten Machtspiele statt, ja gewisse Strukturen fordern sie geradezu heraus. Immer wieder hört man von Managern, die ihre Angestellten mit dem Rausschmiß bedrohen, falls sie aus der Reihe tanzen, oder von Frauen, die sexuellen Belästigungen ausgesetzt sind. Selbst wenn die Arbeiter das Recht auf ihrer Seite haben, so nützt ihnen das wenig, solange sie sich keinen teuren Rechtsanwalt leisten können, der es für sie durchsetzt. Den meisten bleibt also nichts anderes übrig, als sich zu fügen.

Oft laufen Machtspiele am Arbeitsplatz verdeckt ab. Subtiler Druck, nicht nur aus der Chefetage, sondern auch von Mitarbeitern, ist an der Tagesordnung. Hackordnungen etablieren sich, und in der Folge kommt es zu unterschwelligen Beleidigungen, Lügen und kränkenden Späßen.

Auch wenn die meisten wissen, was da abläuft, wird keine Übereinkunft erzielt, die solches Verhalten verhindern und ihm vorbeugen könnte. Viele erleben daher ihren Arbeitsplatz als ein Minenfeld negativer Transaktionen.

Wie kann nun ein einzelner emotionale Kompetenz am Arbeitsplatz schaffen, an dem sie dringend vonnöten ist?

Das ist keine leichte Aufgabe. Selbst wenn in einem Betrieb ein freundlicher, lockerer Umgangston herrscht, kommt es unter der Oberfläche häufig zu emotional inkompetentem Verhalten. Die Gefühle eines Mitarbeiters thematisieren, geschweige denn verändern zu wollen, ist ein heikles Unterfangen. Seien Sie vorsichtig. Auf jeden Fall solllten Sie nicht allein zu Werke gehen.

Am besten können Sie einen Veränderungsprozeß einleiten, indem Sie sich zunächst innerhalb der Institution einen Verbündeten suchen, der, wie Sie, an emotionaler Kompetenz interessiert ist. Dann weiten Sie den Personenkreis aus, zum Beispiel dadurch, daß Sie auf dieses Buch hinweisen, oder die Liste der Gebote der emotionalen Kompetenz, die Sie am Ende dieses Kapitels finden, öffentlich anschlagen.

Alles, was ich in diesem Buch zu vermitteln versucht habe, kann man am Arbeitsplatz ausprobieren, doch könnte es sich als bei weitem schwieriger erweisen. Emotionale Kompetenz am Arbeitsplatz einzusetzen ist riskant, denn dort steht man nicht unter dem Schutz der Übereinkunft zur Kooperation, die einen vor Machtspielen, Lügen und Rettungsaktionen schützt. Sie müssen darauf vorbereitet sein, daß einige Leute die Kooperation verweigern, ja sogar feindselig auf sie reagieren.

Mark zum Beispiel, einer Ihrer Mitarbeiter, macht ständig Bemerkungen über ihre farbenfrohen Krawatten. Sie denken dann immer, daß er Sie als Konkurrenz empfindet, da Sie über Computerkenntnisse verfügen, die er nicht hat. Jedenfalls wollen Sie ihm klar machen, daß Ihnen die Art, wie er sich über Ihre Krawatten lustigmacht, auf die Nerven geht. Sie steigern sich in die

Sache hinein, und schon der Gedanke, mit diesem Mann zusammenarbeiten zu müssen, macht Sie lustlos und deprimiert. Sie sehen ein, daß Sie Ihren Teil zu dem Problem beigetragen haben, indem Sie diese Scherze überhaupt so lange geduldet haben, und Sie möchten, daß damit endlich Schluß ist.

Dabei müssen Sie alle Grundregeln beherzigen: Sie müssen zunächst um Erlaubnis bitten. Das ist in einem solchen Fall besonders heikel, da Ihr Gegenüber derartige Fragen nicht gewöhnt ist und Ihnen gedankenlos zustimmen könnte. Sie müssen also darauf achten, daß Sie seine »wissentliche Einwilligung« bekommen, nicht nur seine Zustimmung.

»Hey, Mark, wenn Du mal 'ne Minute Zeit hast, muß ich was mit dir klären. Ist das in Ordnung?«

Mark: (verblüfft) »Na klar.«

»Also, ich möchte mich über etwas beschweren. Bist du sicher, daß du es hören willst?«

Mark: (schaut jetzt ehrlich bestürzt) »Hab ich was falsch gemacht?«

»So schlimm ist es nicht, aber ich möchte sicher sein, daß Du es wirklich hören willst.«

Mark: »Also gut. Raus mit der Sprache.«

»Jetzt sofort? Ich glaube, später, wenn wir etwas mehr Zeit haben, wäre besser.«

»Wie wär's nach der Arbeit?«

»Das ist gut. Und mach dir keine Gedanken, nur eine Kleinigkeit, die mich in letzter Zeit irritiert hat. Wir werden uns sicher darüber verständigen können. Treffen wir uns am besten beim Italiener.«

Wir sehen, daß ein Vorgang, der in einer kooperativen, verständigungsbereiten Beziehung nur eine einzige Transaktion benötigt hätte, im realen Leben eine Konversation von mehreren Minuten nötig machen kann. Und natürlich muß sie nicht immer so positiv enden, wie hier beschrieben.

Doch das soll nicht heißen, daß es unmöglich wäre. Aller Wahrscheinlichkeit nach wird Mark nach einer geschickten und offenen Annäherung bereit sein, Ihr Feedback anzuhören, und

Sie werden sich mit ihm darüber verständigen können, daß er seine Scherze über Ihre Kleidung einstellt.

Sie können Strokes geben, welche einfordern, sie annehmen oder zurückweisen, aber jede dieser Transaktionen kann möglicherweise sehr viel mehr Vorbereitung verlangen, Komplikationen mit sich bringen, langwieriger und riskanter sein. Wenn Sie Handlung/Gefühl-Stellungnahmen machen und Vermutungen äußern, können Sie nur auf eine emotional kompetente Erwiderung hoffen. Falls diese nicht kommt, können Sie versuchen, eine positive Reaktion herbeizuführen. Aber das kann sehr schwierig sein.

So haben Sie zum Beispiel den Eindruck, ausdauernd und hart an einem Projekt für Ihren Boss gearbeitet zu haben, haben aber Ihrer Ansicht nach zu wenig Anerkennung dafür erhalten. Sie fühlen sich schlecht und brauchen Strokes. Sie können in einem solchen Fall aber nicht einfach um Erlaubnis fragen und Ihren Boss dann um Strokes bitten. Sie müssen die Sache diplomatischer angehen.

»Helen, hast du einen Moment Zeit? Ich möchte dich etwas fragen.«

»Bin grade beschäftigt.«

Helen ist keine Frau vieler Worte. Sie spüren zwar, daß sie Sie mag, aber einfach wird das nicht werden. »Vielleicht hast du später Zeit?« probieren Sie es weiter.

»Okay«, erwidert sie, ohne von der Arbeit aufzublicken; nicht unfreundlich, nur einfach beschäftigt.

»Wann würde es dir denn passen?«

»Ich sag dir Bescheid, wenn ich so weit bin. In einer halben Stunde etwa.«

So weit so gut. Jetzt kommt der schwierige Teil.

Helen ruft in Ihr Büro durch. »Du wolltest mit mir reden?«

Sie haben Angst, ihr Mund ist trocken. Am liebsten würden Sie die Sache abblasen, aber Sie reißen sich zusammen.

»Ja, kann ich jetzt rüberkommen?«

»Können wir das nicht am Telefon klären?«

»Ich würde lieber persönlich mit dir sprechen, wenn dir das

recht ist.« Den Bruchteil einer Sekunde herrscht Schweigen; Helen merkt, daß es hier um etwas Besonderes geht. »Na gut, komm rüber.«

Als Sie kurz darauf in Helens Büro kommen, blickt sie von ihrer Arbeit auf, winkt Sie herein und bietet Ihnen einen Platz an. Sie ist neugierig geworden.

»Was hast du denn auf dem Herzen?«

»Helen, das Ganze macht mich ein bißchen nervös, aber ich möchte dich etwas fragen. Darf ich?«

»Aber natürlich, schieß los.«

»Du weißt, daß wir gerade ein sehr großes Projekt abgeschlossen haben und daß ich viele Stunden harter Arbeit da reingesteckt habe.«

»Ja.«

»Nun, ich bin mir nicht ganz sicher, ob du mit meiner Leistung zufrieden bist.«

»Ich dachte, ich hätte dir gesagt, wie hoch ich deinen Einsatz in dieser Sache schätze.«

»Ja, schon, aber ich hatte das Gefühl, daß du nur die Tatsache schätzt, daß ich hart gearbeitet habe. Aber harte Arbeit bedeutet nicht automatisch auch Qualität. Fandest du, was ich abgeliefert habe, war besonders gut?«

»Ja natürlich. Das versteht sich doch von selbst.«

»Könntest du das vielleicht präzisieren. Ist da etwas, was dich besonders beeindruckt hat? Ich fühle mich in letzter Zeit nämlich nicht anerkannt. Nicht nur von dir, überhaupt. Könntest du irgendwas Anerkennendes sagen?«

»Ehrlich gesagt, fand ich das eine ganz außerordentliche Leistung.«

»Ich möchte nicht gern insistieren, aber kannst du sagen, in welcher Hinsicht?«

»Du hast sehr kreativ und gleichzeitig ganz präzise gearbeitet. Ich dachte, du weißt das.«

»Im Grunde weiß ich es wohl, aber es tut gut, es von dir zu hören. Danke, daß du darauf eingegangen bist. Ich hoffe, ich war nicht allzu lästig ...«

»Nein, überhaupt nicht. Es tut mir leid, daß du nicht genügend Anerkennung bekommen hast. Ich bin sehr froh, daß du für mich arbeitest.«

Natürlich ist das ein denkbar positives Szenario. Helen hätte Sie auch dafür schelten können, daß Sie Strokes einfordern oder sich kindisch benehmen. Sie hätte sich auch weigern können, ihr Lob zu spezifizieren. In einem emotional inkompetenten Klima sind solche Verhaltensweisen an der Tagesordnung. In diesem Fall wäre Ihnen nichts anderes übriggeblieben, als sich diskret zu entschuldigen und die Sache auf sich beruhen zu lassen. Oder Sie hätten diese Information nutzen können, um Ihre Arbeit zu verbessern. Aber selbst in einer emotional inkompetenten Umgebung streben die meisten Menschen danach, anderen Gutes zu tun, daher gehen solche Situationen in aller Regel gut aus.

Praktiziere, was du predigst

Befinden Sie sich in einer Position, wo Sie eine Gruppe von Menschen anleiten, dann können Sie einige dieser Prinzipien in die Tat umsetzen. Fragen Sie immer vorsichtig um Erlaubnis, bevor Sie ein emotionsgeladenes Thema anschneiden. Sie können Strokes geben und darum bitten. Diejenigen Strokes, die Ihnen gefallen, dürfen Sie unbesorgt annehmen, andere können Sie höflich zurückweisen. Sie können sich sogar selbst mit Strokes versorgen.

Üben Sie sich darin, den Leuten zu vermitteln, welche Reaktionen deren Handlungen bei Ihnen hervorrufen. Dabei sollen die anderen Ihnen zuhören, ohne in Abwehrstellung zu gehen. Haben Sie immer ein offenes Ohr für die Gefühle der anderen.

Legen Sie Ihre intuitiven Vermutungen offen und versuchen Sie, Bestätigung dafür zu finden. Geschieht dies in aufrichtiger und flexibler Weise, dann wird sich dem kaum jemand verschließen, denn Sie sind in einer Position, wo Sie die anderen vor Machtspielen schützen können. Als Chef müssen Sie sich aber auch davor hüten, solche Ideen wehrlosen Abhängigen aufzudrängen, die eigentlich gar nicht zur Kooperation bereit sind. Nehmen wir an, Sie haben in einer Fabrik eine Gruppe von 25 Mitarbeitern unter sich. Sie sind freundlich zu ihnen und möchten selbst auch gern freundlich behandelt werden.

Eine Ihrer zuverlässigsten Mitarbeiterinnen wirkt eines Tages sehr verdrossen. Sie grüßt nicht auf die übliche freundliche Art und zieht sich von ihren Kollegen und Kolleginnen zurück. Ihre Intuition sagt Ihnen, daß hier etwas nicht stimmt, und Sie wollen der Sache in emotional kompetenter Weise auf den Grund gehen.

In der Pause gehen Sie zu Paula. »Wie geht's dir heute, Paula?«

»Prima.«

»Darf ich dich was fragen?«

Sie nickt.

Sie müssen sicherstellen, daß Paula auch wirklich einverstanden ist. »Bist du sicher? Ich will mich nicht aufdrängen.« Der Tonfall Ihrer Frage muß Paula überzeugen, daß sie frei entscheiden kann, und Sie selbst müssen auch wirklich akzeptieren und empfinden, daß Paula Ihr Ansinnen ebenso gut ablehnen könnte.

Gehen wir davon aus, daß Sie Paulas Zustimmung erhalten. »Natürlich.«

»Mir ist aufgefallen, daß du so schweigsam bist. Mir scheint, du hast dich über etwas aufgeregt.«

»Aber nein, alles in Ordnung«, antwortet sie ohne Nachdruck.

In einer kooperativen Situation wäre es jetzt völlig normal und erlaubt, auf einer genaueren Antwort zu bestehen. In einer solchen Konstellation aber könnten Sie durch solches Insistieren Ihre Machtposition mißbrauchen. Es kann sein, daß Paula Ihnen nicht erzählen will, was los ist, oder überhaupt nicht mit Ihnen reden will.

»Nun, das freut mich. Darf ich dir sagen, wie es mir dabei geht?«

Wieder nickt sie.

»Wenn du so schweigsam bist, denke ich, daß etwas nicht in Ordnung ist, und es täte mir leid, wenn ich dir mit etwas helfen könnte und du dich nicht rühren würdest.«

Paula schaut Sie zweifelnd an.

»Glaubst du mir?«

Nicken.

»Okay. Denk daran, daß ich da bin, um dich zu unterstützen, so gut ich kann. Laß mich bitte wissen, wenn es irgend etwas gibt, was ich für dich tun kann.«

Dabei lassen Sie es am besten bewenden. Paulas mangelnde Gesprächsbereitschaft mag Sie traurig machen oder sogar verärgern. Es könnte aber auch sein, daß Sie sich täuschen und daß gar nichts vorgefallen ist. Jedenfalls haben Sie eine Basis für einen zukünftigen emotional kompetenten Umgang mit Paula geschaffen. Wenn Sie sich zuverlässig so verhalten, dann werden Ihre Mitarbeiter Sie schätzen lernen, und womöglich auch Ihre Vorgesetzten. Vielleicht können Sie mit Ihrem Verhalten zeigen, daß sich Arbeitsmoral und Produktivität in Ihrer Gruppe verbessern lassen, und unter Umständen greifen Ihre Vorgesetzten dann Ihr Beispiel auf.

Für eine Person in einer Machtposition gibt es keine bessere Möglichkeit, emotionale Kompetenz zu beweisen, als sich zu entschuldigen. Natürlich machen Sie Fehler, aber am Arbeitsplatz werden diese Fehler üblicherweise nicht zur Kenntnis genommen. Sie werden großen Eindruck hinterlassen, wenn Sie diese Fehler zur Kenntnis nehmen, sie eingestehen und denjenigen Wiedergutmachung anbieten, die darunter zu leiden hatten.

Die Zehn Gebote der emotionalen Kompetenz

1 **Du sollst deine Macht nicht ausspielen.** Besser ist es, um das zu bitten, was man möchte, und zwar so lange, bis man es bekommt.

2 **Du sollst keine Machtspiele mit dir spielen lassen.** Tue nur, wozu du aus freien Stücken bereit bist.

3 **Du sollst nicht lügen,** weder durch Unterlassung noch zugunsten anderer. Es sei denn im Dienste der eigenen Sicherheit oder zum Schutze anderer.

4 **Du sollst zu deinen Gefühlen und Wünschen stehen.** Das tut kein anderer für dich, also mußt du es selbst tun.

5 **Du sollst die Gefühle und Wünsche anderer respektieren.** Das heißt aber nicht, daß man sich ihnen unterordnen muß.

6 **Du sollst die Ideen der anderen gelten lassen.** Man kann die Dinge immer von verschiedenen Seiten betrachten.

7 **Du sollst dich für deine Fehler entschuldigen und sie wiedergutmachen.** Das wird dich weiterbringen.

8 **Du sollst anderen ihre Fehler vergeben.** Begegne den anderen, wie du willst, daß sie dir begegnen.

9 **Du sollst keine leeren Entschuldigungen annehmen.** Sie sind weniger wert als gar keine Entschuldigung.

10 **Du sollst nach bestem Wissen diesen Geboten folgen.** Vergessen wir aber nicht: Sie sind nicht in Stein gemeißelt.

8

Der Gefühlskämpfer

In diesem Buch habe ich Ihnen eine Reihe von wirkungsvollen Methoden gezeigt, mit denen Sie Ihre emotionale Kompetenz ausbilden können. Sie werden Ihnen ein Leben lang helfen, die Beziehungen zu Ihren Mitmenschen positiv zu gestalten. Und sie werden Ihnen zu Macht und Einfluß verhelfen.

Im Laufe der Jahre bin ich einer Reihe von Leuten begegnet, die im Training zur emotionalen Kompetenz ein Instrument für den gesellschaftlichen Wandel sehen, das sie über ihre eigene Person hinaus anwenden wollen. Sie sind bereit, sich zu dem zu machen, was ich einen Gefühlskämpfer nenne.

Das alte Regime

Die Geschichte ist voll von Herrschern, die mit allen Mitteln ihre Macht über ihre Untertanen zu erhalten suchten. Dies kann mit physischen wie mit psychologischen Methoden geschehen, immer aber steht die Androhung von Gewalt dahinter. In einem solchen Herrschaftssystem leben die Menschen in einer Machtpyramide; immer gibt es einen über mir und einen unter mir. Auf jeder Stufe wird Kontrolle nach unten ausgeübt. Wichtigste Mittel der Machterhaltung sind dabei Geheimwissen und Informationskontrolle.

Das klassische Beispiel für eine solche auf Macht und Kontrolle gebaute Institution ist das Militär. Jeder Angehörige der unteren Ränge hat jemanden über sich, den er grüßen und dem er gehorchen muß. Befehlsverweigerung wird in einem solchen System strengstens bestraft, und nur soviel an Information wird weitergegeben, »wie jeder unbedingt braucht«.

In den meisten Wirtschaftsunternehmen wird nach der Pfeife der Chefetage getanzt. Oft sind den dort Beschäftigten die Intentionen ihrer Bosse völlig unbekannt, oder aber sie werden absichtlich in die Irre geführt.

Diese auf Herrschaft und Gehorsam beruhenden hierarchischen Systeme haben sich nicht durch Zufall etabliert. Sie sind Teil unserer patriarchalischen Gesellschaftsstruktur.

Im klassischen Patriarchat, in dem ein Vater einen Klan oder Stamm befehligt, wird die väterliche Autorität über die männliche Linie vererbt. Die Vaterfiguren unserer modernen Patriarchate dagegen können ihre Macht nach Gutdünken an einen oder mehrere ihrer männlichen Gefolgsleute weitergeben, in seltenen Fällen kommen auch sorgfältig ausgewählte Frauen an die Macht.

Solche Systeme – sei es in der Politik, am Arbeitsplatz oder in der Familie – funktionieren auf der Basis von Herrschaft.

Die Herrschaft der einen über die anderen wird gewährleistet durch interpersonelle Transaktionen oder Machtspiele. Der Unteroffizier, der einem einfachen Soldaten wegen dessen schlampiger Uniform einen Rüffel erteilt, der Chef, der von seiner Sekretärin einen Gruß erwartet, es aber nicht für nötig hält, ihn zu erwidern, der Vater der bloß die Brauen hebt, wenn seine kleine Tochter sich Gehör zu verschaffen sucht, all dies gehört in die Kategorie jener Transaktionen, mit denen Herrschaft sich etabliert.

Wie funktioniert Kontrolle?

Da wir von Geburt an damit leben, nehmen wir gar nicht mehr wahr, wie wir im einzelnen bevormundet werden.

Hier erweist sich die Transaktionsanalyse wieder einmal als

wertvolles Instrument zum Verständnis zwischenmenschlicher Beziehungen. Mit ihrer Hilfe kann man Machtverhältnisse aufdecken, auseinandernehmen und – hat man sie erst einmal durchschaut – auf bessere Weise wieder zusammensetzen.

Nachdem wir unsere Kindheit unter der Willkür anderer verbracht haben, scheint es uns nur natürlich, daß wir später entweder zu Opfern oder zu Tätern werden. Das geprügelte Kind wird auch die eigenen Kinder schlagen, ein Kind, das seine Umgebung dominierte, wird auch später in der Erziehung dominant bleiben und alles unter Kontrolle haben wollen. Wir sind gewohnt, Kontrolle und sogar Machtmißbrauch als etwas in dieser Welt völlig Normales hinzunehmen.

Wenn wir uns wirkungsvoll gegen ungerechtfertigte Kontrolle und Machtmißbrauch zur Wehr setzen wollen, müssen wir zunächst die Mechanismen der Macht durchschauen lernen. Das folgende Schaubild zeigt, wie Macht über andere ausgeübt wird. Es gibt zwei Formen der Machtausübung: physische und psychische. Beide können entweder subtil und verdeckt oder auf offene, rohe Weise zum Ausdruck kommen.

Machtausübung, die als rohe körperliche Gewalt daherkommt, schließt Schlagen, Rempeln, das Werfen von Gegenständen und das Knallen von Türen, im schlimmsten Fall sogar Vergewaltigung und Mord ein.

Der Einsatz subtiler körperlicher Gewalt ist zwar nicht so offenkundig, doch man spürt sie genau, sobald man ihr zum Opfer fällt. Wenn sich zum Beispiel jemand drohend vor uns aufbaut oder so dicht heranrückt, daß unser persönlicher Freiraum eingeengt wird; wenn uns andere am Ellenbogen oder an der Hand führen, vor uns hergehen oder eine prominente Position im Raum einnehmen, dann wird diese Art von Kontrolle ausgeübt. Solche Machtspiele setzen vor allem Männer gegenüber Frauen ein, die dies als typisch männliches Verhalten zu akzeptieren gelernt haben.

Psychische Machtspiele haben deshalb Erfolg, weil wir von Kindesbeinen an zum Gehorsam angehalten werden. Ich kann einen anderen mit Drohungen oder allein durch einen bestimm-

	Roh	
Physische Rohheit		**Psychische Rohheit**
Mord		Beleidigen
Vergewaltigung		Drohen
Gefangenschaft		Herausfordern
Folter		Unterbrechen
Schlagen		Schmollen
Rempeln		Ignorieren
Roher Umgang mit Dingen		dreistes Lügen
Physische Subtilität		**Psychische Subtilität**
Anrühren		Sarkasmus
Drohgebärden		Herabsetzung
Einbruch in den privaten Freiraum		Lügen durch Unterlassung
		Spitzfindiges Verhalten
		Werbung
		Propaganda
	Subtil	

(Physisch / Psychisch)

ten Tonfall einschüchtern. Ich kann ihm ein bestimmtes Verhalten aufzwingen, indem ich in ihm Schuldgefühle wecke, und genauso kann ich ihn mit einem Lächeln oder einem Versprechen verführen und ihm einreden, daß das, was ich von ihm will, auch in seinem Interesse ist. Ich kann Menschen etwas vormachen, sie reinlegen und ihnen Lügen auftischen. Wenn ich ihren Widerstand breche, ohne körperlich Gewalt einsetzen zu müssen, dann habe ich ein psychisches Machtspiel angewandt. Unser Alltagsleben ist voll davon. Manchmal zeigen sie sich ziemlich unverblümt, manchmal aber bedienen sie sich subtilerer Methoden.

Offenkundige psychische Machtspiele können sich in drohendem Tonfall und Blickkontakt, in Beleidigungen, dreisten Lügen und unverhohlenem Schmollen äußern. Aber auch wenn wir jemanden einfach unterbrechen, ignorieren, Grimassen schneiden, wenn wir ungeduldig mit den Fingern trommeln, während andere reden, spielen wir unsere Machtspiele mit ihnen.

Zu den subtileren Formen des psychischen Machtspiels gehören raffinierte Lügen, Lügen durch Vorenthalten von Information, Verstimmungen, sarkastischer Humor, Klatsch und Tratsch, bewußt eingesetzte falsche Logik und das Übergehen von Äußerungen anderer; im großen Stil äußern sich Machtspiele etwa in der Werbung und in politischer Propaganda.

Fälle von körperlichem Machtmißbrauch schockieren uns mehr als die subtilen psychischen Methoden, und erstere sind auch weniger weit verbreitet. Aber dennoch leiden die Menschen selbst in gewalttätiger Umgebung, etwa in Gefängnissen oder im Krieg, nicht primär unter direkter Gewaltanwendung, sie werden vielmehr unter Kontrolle gehalten, indem man ihnen diese Gewalt lediglich androht. Dies gilt vor allem auch für Familien, in denen Frauen und Kinder geschlagen werden.

Wege zur Macht

In dieser unserer Welt gibt es zwei ganz unterschiedliche Wege, sich in eine Machtposition zu bringen: Machtspiele und kompetenter Umgang mit Macht.

Machtspiele erfordern einen Menschentyp, der nichts für andere empfindet und daher auch keine Grenzen bei der Verfolgung seiner Ziele kennt. Einfühlung ist bei ihm ganz schwach ausgeprägt; die Leiden seiner Opfer lassen ihn kalt, denn er ist zu allem fähig, wenn es darum geht, die Oberhand zu behalten. Die Macht solcher Menschen basiert auf Machtspielen.

Der kompetente Umgang mit Macht

Es gibt aber noch eine andere Möglicheit, Einfluß auszuüben, und die heißt emotionale Kompetenz. Um ein Gefühlskämpfer zu werden, bedarf es allerdings noch mehr. Man braucht dazu eine Form des Wissens, die ich als »Macht-Kompetenz« bezeichnen möchte. Das heißt, man muß wissen, wie Macht funktioniert, wie man sie an sich bringt und ausübt, wie man sie mit anderen teilt und sie auch abgeben kann, wenn der Zeitpunkt dafür gekommen ist.

Leider wird in hierarchisch strukturierten Systemen wie dem unseren Macht fälschlicherweise definiert als »die Fähigkeit, andere unter seine Kontrolle zu bringen«. Dementsprechend wird Macht immer in Zusammenhang mit Kontrolle gesehen.

Die Theoretiker der Macht übersehen, daß es auch andere wirkungsvolle Formen der Machtausübung gibt, zum Beispiel die Macht der Kommunikation, des Wissens oder der Liebe.

Wer leidenschaftlich, selbstsicher und geistig aufgeschlossen ist, verfügt über Macht. Nelson Mandela zum Beispiel, der aus seiner Gefängniszelle das politische Schicksal Südafrikas gewendet hat. Und welche historische Gestalt hat mehr Macht ausgestrahlt als Jesus Christus?

Auch Wissen kann machtvoller sein als Kontrolle. Deshalb haben autoritäre Regime ihren Untertanen immer schon Bildung vorenthalten und sie daran gehindert, sich zusammenzufinden, um voneinander zu lernen.

Einer der Gründe für den Zusammenbruch der totalitären Regime in Osteuropa war die verbesserte Nachrichtentechnik, die an den Grenzen des Eisernen Vorhangs nicht mehr haltmachte. Sie unterwanderte das Informationsmonopol jener Regierungen und machte ihre Propaganda wirkungslos. Auch hier zeigte sich, daß Kontrolle ein schlechtes Mittel der Machtausübung ist.

Vielen Leuten ist Macht suspekt, weil sie sie immer nur als Mittel der Unterdrückung und Kontrolle erleben. Sie denken, daß, wer Macht besitzt, nicht gleichzeitig seinen Nächsten lieben und das Wohl seiner Mitmenschen im Auge haben kann. Deshalb sehen wir den Verzicht auf Macht als etwas Positives an.

Doch wer Machtlosigkeit als Tugend preist, beweist damit nur seine Inkompetenz im Umgang mit der Macht.

In Wirklichkeit nämlich besteht die Macht eines Menschen darin, Dinge in Bewegung zu setzen. Daher sollten Menschen danach streben, soviel Machtfülle als möglich zu besitzen, unter der Voraussetzung natürlich, daß sie andere damit nicht einschränken.

Die vielen Gesichter der Macht

Macht bedeutet weit mehr als nur Kontrolle über andere Menschen.

Sie verfügen über Macht, wenn Sie erreichen, was Sie sich vorgenommen haben, und zu verhindern wissen, was Ihnen nicht paßt. Machtlos dagegen sind Sie, wenn Sie nicht erreichen, was Sie möchten, und geschehen lassen müssen, was sie lieber verhindern würden. Der Wirtschaftsboss, der Politiker an der Leine führt und vor dem die Arbeiter zittern, ist in Wirklichkeit machtlos, wenn seine Frau und seine Kinder ihn nicht lieben. Seine ganze Machtfülle ist nutzlos, wenn sie ihm nicht zu einem erfüllten Privatleben verhilft. Ganz besonders machtlos, und zwar spürbar machtlos, sind Sie dann, wenn Sie der Unterdrückung und Kontrolle anderer nicht Einhalt gebieten können.

Wenn Sie die nötige Energie und Fähigkeit aufbringen, sich diesen Problemen zu stellen, wird sich Ihr Leben zu Ihrer Zufriedenheit gestalten. Schaffen Sie das nicht, so werden Sie ein freudloses Dasein voller Unruhe, Depression, Ängste und Suchtabhängigkeiten fristen. Die Hauptursache für unsere Machtlosigkeit besteht darin, daß wir einen Feind in uns tragen, der uns immer wieder zu schwächen sucht.

Der innere Feind

Wenn Menschen immer wieder systematisch mißbraucht werden, so werden sie irgendwann selbst zu Tätern, die andere mißbrauchen. Sie werden sich selbst und anderen zum Peiniger, Kerkermeister und Folterknecht.

Ein gutes Beispiel dafür sind die jüdischen Aufseher in den Konzentrationslagern der Nazis, die von der Lagerleitung dazu bestimmt wurden, über ihre Mitgefangenen zu wachen, und die sich oft als ebenso grausam erwiesen wie ihre Unterdrücker.

Ähnliches läßt sich beobachten, wenn Menschen subtilem psychischen Druck ausgesetzt sind. Diese Form des Mißbrauchs läuft unter der Oberfläche ab und wird daher leicht übersehen und vergessen. Doch zeitigt sie natürlich ihre Wirkung und entwickelt sich langsam zu jener inneren Stimme, die wir als Kritischen Elternteil kennengelernt haben. Sie bestraft uns für jeden Gedanken oder jede Handlung, die ihrem repressiven Gesetz zuwiderläuft.

Werden Kinder, Schüchterne, Frauen, Farbige, Arbeiter, Lesben, Schwule, Behinderte, Alte, Arme oder »Häßliche« von ihrer Umwelt schlecht behandelt, dann fühlen sie sich häufig so machtlos, daß sie diese Behandlung schon als ganz normal empfinden. Im nächsten Schritt werden sie sich selber körperlich oder seelisch mißhandeln und damit dem Diktat des Kritischen Elternteils folgen, der sie zu Selbstzerstörung und Selbsthaß aufruft.

Auf diese Weise haben sie das patriarchalische Credo unserer Gesellschaft verinnerlicht, das da heißt, daß es durchaus in Ordnung ist, wenn einige wenige das Sagen haben, während auf den anderen herumgetrampelt wird. Dabei wird impliziert, daß die Getretenen »im Unrecht« sind. Die patriarchalische Gesellschaft brandmarkt die Armen als »faul«, Frauen als »irrational« oder Minderheiten als geistig und materiell »unterlegen«.

In diesem Buch habe ich die Vorgehensweise des Kritischen Elternteils erläutert. Selbstzerstörung ist das Werk des Kritischen Elternteils, den man auch das »gestrenge Über-Ich«, das

»Elternschwein«, den »zersetzenden Kritiker« oder den »inneren Feind« nennt. Wie man es auch nennen will, es handelt sich um eine Stimme oder ein Bild in unseren Köpfen, das uns glauben machen möchte, wir seien schlecht, dumm, häßlich, verrückt oder vom Schicksal verfolgt – jedenfalls alles andere als »okay«. Diese Stimme vererbt sich von Generation zu Generation, von den Eltern auf die Kinder, und durchdringt mit ihren bösen Drohungen die Köpfe ganzer Völker.

Indem Sie ein Training zur emotionalen Kompetenz machen, haben Sie sich gegen diese Stimme in Ihrem Kopf entschieden. Diese Stimme ganz aus unserem Leben zu verbannen ist nicht leicht, aber es lohnt sich. Es genügt jedoch noch nicht, gegen unseren eigenen Kritischen Elternteil anzugehen. Im Gegenteil, der Kampf bleibt fruchtlos, solange wir nicht auch gegen die patriarchalischen Strukturen in allen Lebensbereichen ankämpfen.

Wir sind bei diesem Kampf nicht auf uns allein gestellt. Überall gibt es Menschen, die auf diese Weise ihr Leben in die eigenen Hände nehmen. Wenn wir fern von jedem Mißbrauch Macht entwickeln und ausstrahlen, dann bekommen wir etwas, das man als »Charisma« bezeichnet.

Die sieben Quellen der Macht

Im Folgenden werde ich die sieben Quellen nicht-mißbräuchlicher Macht beschreiben. Kenner östlicher Religionen werden feststellen, daß sie ihren Ursprung in der alten Theorie der »chakras« des Kundalini Yoga haben: Erde, Sex, Macht, Herz, Hals, Drittes Auge und Kosmos.

In meinem System nenne ich die sieben Quellen Gleichgewicht, Leidenschaft, Kontrolle, Liebe, Kommunikation, Information und Transzendenz.

Keine dieser Kräfte sollte über eine andere gestellt werden; sie sollten vielmehr im Zusammenspiel genutzt werden, denn jede einzelne birgt Möglichkeiten zu positiver Veränderung. Wenn wir dieses kombinierte Potential einsetzen, werden wir bald merken, daß der breite Fächer von Optionen sehr viel mehr Macht verleiht als die krude, oft brutale Macht, die auf Befehlskontrolle beruht und der sich so viele von uns ausgesetzt sehen.

I. Gleichgewicht: Festigen Sie Ihren Stand. Sein Gleichgewicht finden ist die Fähigkeit, fest und sicher auf den Füßen zu stehen, egal ob wir stillstehen, klettern, gehen oder laufen.

Wer einen gut entwickelten Gleichgewichtssinn hat, der »weiß, wo er steht«. Und wenn Sie sich Ihres Standortes sicher sind, wird man Sie nicht so leicht aus Ihrer Position verdrängen können. Ihr Körper wird ebenso fest verankert sein wie Ihr Geist.

Wie bei allen Kraftquellen sollten Sie auch beim Gleichgewicht ein vernünftiges Mittelmaß anstreben. Mangelt es Ihnen an Gleichgewicht, dann sind Sie zu fügsam, leicht zu erschrecken und ängstlich. Wenn Sie aber zuviel Bodenhaftung haben, werden Sie stur, verstockt, dumm, unbeweglich und langweilig sein.

Gleichgewicht ist vor allem für Frauen eine besonders wertvolle Kraftquelle. Das Patriarchat hindert Frauen daran, ihre optimale Balance zu entwickeln. Die Kleidung der Frau bedient männliche Wünsche – enge Sachen, Miniröcke, hohe Absätze –, ist physischer Stabilität aber abträglich. Dasselbe bewirken die Regeln der Bescheidenheit, die einer Frau aus gutem Hause keine weit ausholenden, ungehinderten Bewegungen erlauben.

Männer dagegen dürfen es sich ungeniert bequem machen; sie tragen legere Kleidung und Schuhe und müssen sich kaum um ihr Äußeres und die Anforderungen der Zurückhaltung kümmern.

In Amerika, wo die Frauen auf ihre Gleichberechtigung hinarbeiten, sind, was Kleidung und Äußeres anbelangt, bereits viele dieser Zwänge gefallen. Die Frauen verspüren entsprechend mehr Macht – sie sind ausgeglichener, standfester, stabiler.

2. Leidenschaft: Die Wärme, die Sie in Schwung hält. Nichts kann einen Menschen so sehr beleben wie die Macht der Leidenschaft. Leidenschaft kann aufbauen und zerstören. Sie vereint Gegensätze, kann aber auch Konfrontation und Veränderung bringen.

Ohne sexuelle Leidenschaft wären Romeo und Julia nicht denkbar, kaum eine Ehe käme zustande, und es gäbe keine unerwiderte Liebe. Aber Leidenschaft muß nicht immer mit Sex zu tun haben. Von ihr werden auch missionarischer Eifer, weltfremdes Glücksstreben und Obsessionen revolutionärer Art gespeist.

Wenn Sie zuwenig Leidenschaft aufbringen, werden Ihre Mitmenschen Sie als halbherzig, langweilig und feige empfinden. Sprühen Sie dagegen vor Leidenschaft, so wird diese leicht außer Rand und Band geraten.

3. Kontrolle: Sich im Griff haben. Kontrolle wurde und wird immer wieder mißbraucht, gleichwohl ist sie eine essentielle Form der Macht. Kontrolle ermöglicht es uns, unsere Umwelt und die Objekte, Maschinen, Tiere und Menschen in ihr zu manipulieren.

Derartige Kontrolle, die zugleich physischer und psychischer Natur ist, gibt uns auch Macht über uns selbst. Kontrolle ist besonders dann wichtig, wenn sie, in Form von Selbstdisziplin, die anderen Kräfte wie Leidenschaft, Vernunft, Kommunikation und alle Emotionen reguliert. Lebenswichtig kann sie dann werden, wenn die Ereignisse in Ihrem Umfeld plötzlich eskalieren und Ihre Existenz bedrohen. Emotionale Kompetenz zeigt sich auch darin, daß wir Gefühle in einer Weise auszudrücken verstehen, die unserer Persönlichkeit Macht verleiht.

Verfügen Sie nicht über die Fähigkeit zur Kontrolle, so machen Sie sich zum Opfer Ihres inneren Selbst, werden süchtig, depressiv, leiden unter Schlaflosigkeit und Antriebslosigkeit. Aber auch die Außenwelt kann Sie zum Opfer machen; Sie verlieren Ihre Arbeit, Ihr Heim, werden geschlagen, verfolgt, geistig oder körperlich krank. Sie wirken undiszipliniert, unfähig, ihre Äußerungen, Handlungen oder Gefühle zu kontrollieren, und sind nur noch damit beschäftigt, Ihre Sucht zu bedienen. Man sieht in Ihnen den Verlierer.

Sind Sie dagegen ein Kontroll-Fanatiker, werden Sie krampfhaft bemüht sein, in jeder Lebenslage die Oberhand und den Überblick zu behalten.

4. Liebe: Der Motor der Veränderung. Jeder von uns möchte lieben und geliebt werden, denn wir alle wissen, was für ein wohltuendes Gefühl das ist. Nur wenige Menschen begreifen, daß die Liebe nicht nur angenehm ist, sondern auch Macht verleiht. Den wenigsten aber gelingt es, diese Kraft zur vollen Entfaltung zu bringen.

Liebe bedeutet mehr als ein Kärtchen zum Valentinstag: der Schauer, der uns überläuft, wenn wir der oder dem Liebsten gegenüberstehen, die Wärme, mit der eine Mutter ihr Kind umfängt. Liebe kann Menschen aneinander binden und befähigt sie, Seite an Seite unermüdlich einem Ziel entgegenzuarbeiten; sie läßt Hoffnung aufkeimen, die diesen Menschen einen Weg selbst aus den ausweglosesten Situationen – Hungersnöten, Kriegen, Flugzeugabstürzen – weist.

Wenn die Macht der Liebe bei Ihnen nur schwach entwickelt ist, dann sind Sie kalt, es mangelt Ihnen an Wärme oder Mitgefühl für andere, Sie sind unfähig, zu nähren oder genährt zu werden, ja nicht einmal sich selbst können Sie lieben.

Ist diese Macht bei Ihnen zu stark ausgeprägt, dann werden Sie zu einem gewohnheitsmäßigen Retter. Sie opfern sich ungebührlich für andere auf, während Sie sich selbst vernachlässigen.

Liebe steht im Mittelpunkt unseres Reigens ethischer Urkräfte. Der Gefühlskämpfer wird von der Liebe geleitet. Diese Liebe umfaßt drei Bereiche: die Liebe zu sich selbst, die Liebe zu anderen und die Liebe zur Wahrheit.

Während emotionale Kompetenz die nötigen Hilfsmittel für ein gutes Leben bereitstellt, versorgen uns diese drei Qualitäten mit der ethischen Vision und dem Willen, unser Leben aus dem Herzen heraus zu leben. Lassen Sie mich diese Qualitäten näher beschreiben:

Fest verankerte Individualität: Die Liebe zu uns selbst. Dies bedeutet, daß wir für unsere Eigenheiten einstehen und sie verteidigen. Eine fest verankerte Individualität hilft uns dabei, uns auf unsere Ziele zu konzentrieren, zu entscheiden, was uns darin weiterbringt und was uns bloß ablenkt. Nur leidenschaftliche Selbstliebe kann uns die Kraft geben, unseren Weg auch dann weiterzuverfolgen, wenn andere ihn in Frage stellen.

Standfeste Loyalität: Die Liebe zu anderen. Wenn wir uns loyal verhalten, dann sind wir uns bewußt, welche Rolle wir im Leben unserer Mitmenschen spielen; wir bringen ihnen die gleiche Leidenschaft entgegen wie uns selbst. Eigenliebe ohne die Liebe zu anderen ist selbstsüchtig. Liebe zu anderen ohne eine gewisse Eigenliebe läßt uns zu Rettern werden, die alles weggeben.

Voraussetzung für beide Formen der Liebe aber ist, daß wir unsere eigenen Gefühle, wie auch die der anderen zulassen können.

Bewußte Wahrheitstreue: Die Liebe zur Wahrheit. Die Liebe zu sich selbst und zu anderen kann ohne Aufrichtigkeit nicht gedeihen.

In unserem Informationszeitalter kommt der Wahrheitsliebe eine ganz besondere Bedeutung zu. Wir können gut informiert sein, aber gleichzeitig dem Einfluß falscher, trügerischer Nachrichten unterworfen werden.

Deshalb sollte jeder einzelne sich zu »radikaler Wahrheitsliebe« bekennen, sich zur ausschließlichen Verbreitung von wahren Informationen verpflichten.

5. Kommunikation: Ihre Stimme. Um die eigenen Gedanken und Gefühle in anderen wirksam werden zu lassen, müssen wir uns der Macht der Kommunikation bedienen. Zwei Vorgänge sind dabei im Spiel: senden und empfangen, sprechen und hören. Kommunikation brauchen wir, um Wissen zu vermitteln, um Probleme zu lösen, um befriedigende Beziehungen aufzubauen, kurz, um emotionale Kompetenz zu erreichen.

Mangelt es Ihnen an der Macht der Kommunikation, so werden Sie nicht fähig sein, zu lernen oder sich an der Gesellschaft anderer zu erfreuen. Haben Sie sich dagegen zu sehr auf Kommunikation eingestellt, dann erlebt Ihre Umgebung Sie als zwanghaften, rücksichtslosen Schwätzer, der nicht zuhören kann und sich auch nicht um die Wirkung seiner Äußerungen auf andere schert.

Alle Formen der Macht ergänzen einander. Eine besonders wirkungsvolle Kombination aber, derer sich viele große Lehrer bedienen, ist die Verbindung von Kommunikation, Information und Liebe. Ihre Kommunikation ist durchdrungen von der Liebe zur Wahrheit und der Liebe zu ihren Mitmenschen. Sie schüchtern nicht ein, und sie üben keine Kontrolle aus. Dadurch erhalten ihre Schüler Gelegenheit, das vom Lehrer Vermittelte mit dem zu vergleichen, was sie schon wissen, und können sich so eine eigene Meinung bilden. Das hilft ihnen, ihre persönliche Ausstrahlung zu stärken.

6. Information: Das Heilmittel gegen Unsicherheit. Die Macht der Information kann Unsicherheit abbauen. Verfügt man über Informationen, so kann man Ereignisse in Gang bringen oder sie verhindern.

Wer nicht die Macht der Information besitzt, verharrt in seiner Ignoranz. Man kann es aber auch übertreiben; solche Leute werden wissenschaftsgläubig, vertrauen einzig auf Technologie, benehmen sich kopfgesteuert und herzlos.

Information begegnet uns viererlei Form: Wissenschaft, Intuition, Weisheit und visionäres Wissen.

Die Wissenschaft bemüht sich um ein methodisches Sammeln von Information. Phänomene werden sorgfältig studiert, und man registriert ihre Erscheinungs- und Funktionsweise. Wissenschaftliches Vorgehen ist mit einer Kamera vergleichbar, die die Wirklichkeit ablichtet. Sie ist eine der Hauptquellen dessen, was wir für sicher und gewiß halten.

Intuition begreift den Lauf der Dinge. Sie kann »begründete Vermutungen« darüber abgeben, wie etwas beschaffen ist.

Intuition arbeitet nicht mit derselben Genauigkeit wie die Wissenschaft, dennoch ist sie ein wirksamer Leitfaden auf dem Weg zu einer wahrscheinlichen Wahrheit. Deshalb spielt Intuition vor allem im Anfangsstadium großer Entdeckungen eine so wichtige Rolle. Verläßt man sich jedoch zu sehr und ausschließlich auf seine Intuition, kann das zu Paranoia führen.

Weisheit oder historisches Bewußtsein gewinnt man durch die Kenntnis vergangener Ereignisse, entweder aufgrund persönlicher Erfahrung oder durch das Studium der Geschichte. Wenngleich Weisheit die Exaktheit der Wissenschaft vermissen läßt, so kann sie doch wirkungsvolle Prognosen über die Zukunft machen.

Visionäres Wissen kann uns Aufschluß über das geben, was unmittelbar vor uns liegt, und zwar aufgrund von Träumen oder Visionen.

In unserer Gesellschaft gilt wissenschaftliche Forschung gemeinhin als die einzige Quelle des Wissens: Weisheit ist etwas für alte Leute, Intuition für Frauen, und wer Visionen hat, ist ein Spinner. Trotzdem hat jede dieser Informationsformen ihre Berechtigung.

Information wird zum Zweck der Kontrolle häufig mißbraucht. In der Vergangenheit wurde sie vor allem zur Kriegführung und zur Aneignung von Macht und Geld oder zur Durchsetzung politischer oder religiöser Doktrinen genutzt.

Heute, im Informationszeitalter, begegnet uns dieser Mißbrauch in Form von Desinformation und Propaganda, die zu nichts anderem dient, als die Massen zu manipulieren.

Information im Dienste der Liebe wäre dagegen eine ganz andere Sache. Sie würde dazu eingesetzt, um Menschen mehr Macht zu verleihen. Sie könnte ihre Gesundheit durch medizinisches und psychologisches Wissen befördern helfen, würde Weisheit auf dem Wege der Bildung vermitteln und die zwischenmenschlichen Beziehungen durch emotionale Kompetenz verbessern.

7. Transzendenz: Über allem stehen. Betrachtet man die Transzendenz als eine Quelle von Macht, so liegt ihre Kraft vor allem darin, daß sie uns Abgeklärtheit ermöglicht. Wir können den Dingen ihren Lauf lassen, ohne uns aufzuregen oder uns über Gebühr einzumischen. Ruhe bewahren inmitten erschütternder Ereignisse, klar sehen, was um uns herum vorgeht, ohne von anderen manipuliert zu werden.

Transzendenz erfordert einzusehen, wie bedeutungslos der einzelne in diesem Universum ist, wie kurz die Spanne, die uns bleibt, bevor wir wieder zu kosmischem Staub werden, wie nichtig unsere Erfolge und Niederlagen und wie unerheblich unsere Schmerzen und Freuden letztlich doch sind.

In welcher Situation Sie auch immer sein mögen, selbst größten Leidensdruck können Sie erdulden, wenn Sie das alles vor dem Hintergrund der Unendlichkeit von Zeit und Raum begreifen. Eine solche Einstellung wird Ihnen die Angst vor der Zukunft, ja selbst vor dem Tod nehmen, denn Ihr Eingebundensein in den Kosmos wird von diesen Ereignissen nicht berührt.

Die Macht der Transzendenz gibt Hoffnung und Glauben und die Gewißheit, daß im Universum ein höherer Sinn waltet, den wir mit unserer begrenzten Intelligenz nicht erfassen können.

Transzendenz verhilft Ihnen zu einem Standpunkt »über den Dingen«, läßt Sie eine Macht spüren, die sich nicht auf Materielles stützt. Sie werden von dem Bewußtsein der Teilhabe und des Wunders erfaßt werden und können Ihre Ängste und Befürchtungen überwinden.

Fehlt es Ihnen an Transzendenz, dann sehen Sie sich grundsätzlich als den Mittelpunkt des Geschehens an, um keinen Preis wollen Sie ablassen von Ihren Überzeugungen und Ihrem Glauben. Im Umgang mit anderen und der Umwelt sind Sie egoistisch und unsensibel.

Haben Sie aber zuviel an Transzendenz, dann reicht Ihre Abgeklärtheit so weit, daß Sie schließlich »abheben« und den irdischen Dingen kein Interesse mehr entgegenbringen.

Wertewandel für das neue Jahrtausend

Indem Sie jede dieser sieben Quellen der Macht kultivieren, werden Sie sich zum Gefühlskämpfer heranbilden.

Die heutige Fixierung unserer Gesellschaft auf das Konzept der Kontrolle führt dazu, daß viele Menschen in einem hierarchischen System stecken und dessen Stellvertretern ausgeliefert sind: korrupten Politikern, herzlosen Wirtschaftsführern, zynischen Werbeleuten und Managern mit der Mentalität von Bulldozern.

Untersuchen wir die Hintergründe von Macht in den westlichen Gesellschaften unserer Tage, so werden wir erkennen, daß sie weitgehend auf Kontrolle basiert, was sich auf die anderen Quellen der Macht negativ auswirkt.

- Transzendenz wird zu einer Religion entstellt, der ein zürnender Gott vorsteht und die von vorlauten Geistlichen, Ayatollahs und TV-Evangelisten in Beschlag genommen wird.
- Information wird in den Dienst der Forschung und Technologie zu Zwecken der Kriegführung und Warenproduktion gestellt.
- Kommunikation verkommt zu einseitiger Manipulation im Sinne von Machthabern, die den Bürger durch Werbung, Propaganda und Halbwahrheiten im Stadium der Unwissenheit halten soll.
- Liebe wird in Schlagern und Seifenopern zu einer Parodie ihrer selbst herabgewürdigt, unter Eifersucht und Obsessionen begraben und im wirklichen Leben selbst überhaupt nicht mehr wahrgenommen.
- Leidenschaft wird auf Lust und Gewalt reduziert.
- Gleichgewicht und Standfestigkeit besitzen allenfalls noch athletische Superstars.

Doch so muß es nicht sein. Als Gefühlskämpfer können wir unsere positiven Waffen einsetzen, um Veränderung herbeizuführen. Wir können die Welt vom Konzept der Kontrolle weg- und zu einem Konzept der Liebe hinführen.

Sie können Ihren Teil zu dieser Aufgabe beisteuern, indem Sie an Ihrer individuellen Macht und Ihrem Charisma arbeiten. Notwendig ist:

- Gleichgewicht, um standfest zu sein,
- Leidenschaft, aus der Sie Kraft schöpfen,
- Kommunikation, um zutreffende Informationen auszusenden und zu empfangen,
- Transzendenz, um eine Perspektive zu haben,
- Liebe, um all diese Fähigkeiten in Harmonie miteinander zu bringen und zur vollen Entfaltung kommen zu lassen.

9

Ein Wort zum Schluß

Das viel gebrauchte und häufig mißbrauchte Wort Liebe kommt auch in diesem Buch oft vor; sie ist es aber – da werden mir wohl die meisten zustimmen –, die die Welt in Bewegung hält. Was Liebe genau ist, läßt sich nicht sagen, aber mit Sicherheit geht sie über die Leidenschaft zweier Liebender und die Hingabe an die Kinder hinaus. Sie ist die tiefverwurzelte Triebkraft, die es uns genießen läßt, mit einem anderen Menschen zusammenzusein, für ihn zu sorgen und etwas mit ihm zu unternehmen.

Liebe ist der Kern der emotionalen Kompetenz. Jede Form von emotionaler Intelligenz, die wir erwerben und die nicht mit einem Gefühl der Liebe einhergeht, ist wie eines dieser Fließbandbilder; auf den ersten Blick mag so ein »Kunstwerk« bestechend wirken, aber es ist keines. Sobald Sie damit begonnen haben, Strokes zu geben und anzunehmen, werden Sie auch Ihr Herz öffnen und so die einzig dauerhafte Basis für ein emotional kompetentes Leben schaffen.

Wie können ein paar transaktionale Übungen so viel Energie und Macht freisetzen? Ist das nicht wieder eine dieser psychologischen Mogelpackungen, die Blei in Gold zu verwandeln verspricht? Ich sage nicht, daß ich ein liebevolles Herz *erschaffen* kann, aber ich kann versichern, daß diese Übungen – ernsthaft und mit einem willigen und zugewandten Partner ausgeführt – solche Kräfte freisetzen können. Das Geben und Empfangen von Strokes wird die Schranken aufbrechen, die unsere Herzen einzwängen. Den Rest muß der unwiderstehlichen Naturgewalt, der Liebe, überlassen bleiben.

Ob es Ihnen gelingen wird, emotionale Kompetenz auszubilden, hängt von einer Reihe von Faktoren ab: davon, ob Sie es wirklich wollen, ob Sie die geeigneten Übungspartner finden, welche Möglichkeiten Ihnen diese grausame Welt bietet und wie erfolgreich Sie deren düsteren Seiten aus dem Weg gehen. Auf diesen letzten Seiten möchte ich meinen Lesern klarmachen, daß die Botschaft dieses Buches unendlich viel mit Liebe zu tun hat, mit der Liebe zu sich selbst, zu anderen und zur Wahrheit.

Anmerkungen für Philosophen

Hier folge ich dem Beispiel von Eric Berne, der seine Leser immer mit dem historischen und philosophischen Hintergrund seiner Ansichten vertraut gemacht hat. Die Anmerkungen entstanden in Gesprächen mit Jude Hall, und sie behandeln philosophische Fragen, die im Kontext dieses Buches aufgeworfen wurden.

Liebe als fundamentales Gut

Das Ideal von der Liebe als einem grundlegenden Gut, das alle befördern sollen und das allen gleichermaßen zusteht, ist ein zutiefst christlicher Gedanke.

In Friedrich Nietzsche fand das christliche Konzept der Liebe seinen einflußreichsten Kritiker. Er hielt die Idee der universalen Liebe im Sinne des Christentums für unaufrichtig, heuchlerisch und neurotisch und war überzeugt, daß sie in depressivem Nihilismus (er nannte das »passivischer Nihilismus«) und einer Degeneration der Gesellschaft und der Künste enden müsse *(Zur Genealogie der Moral)*. Er war der Ansicht, daß universale Liebe und Altruismus mit ihrer Gleichverteilung an Privilegien zu einer Egalisierung innerhalb der Gesellschaft führen und so das Zustandekommen herausragender Leistungen verhindern müsse. Privilegien sollten statt dessen nur den Fähigen zustehen, diese sollten mit der nötigen Macht ausgestattet werden, um ihre Visionen verwirklichen zu können. Nietzsches Idole waren Napoleon, Julius Caesar und die ersten römischen Kaiser – starke Persönlichkeiten, die seinem Ideal vom Übermenschen entsprachen. Nietzsches Kritik am verborgenen psychologischen Ursprung des Altruismus wurde von so unterschiedlichen Denkern wie Herbert Marcuse, Max Horkheimer, Theodor W. Adorno und Michel Foucault aufgegriffen.

Die Ansichten, die dieses Buch vertritt, entspringen den Idealen der Nächstenliebe, wie sie Jesus von Nazareth lehrte. Gleichwohl könnten sie leicht dem säkularen Humanismus zugeschlagen werden, der für fundamentalistische Christen eine Ketzerei ist.

Lüge und Aufrichtigkeit

Die Vorstellung, daß Lügen ein unversales Übel sei, wurde zum ersten Mal in den Zehn Geboten niedergelegt, die Moses vom Berg Sinai mitbrachte: »Du sollst nicht falsch Zeugnis reden wider deinen Nächsten«. Obwohl dieses Gebot zu den grundlegenden jüdisch-christlichen Regeln gehört, hat man sich wenig darum gekümmert, was genau seine Befolgung bedeutet. Wenn ich in diesem Buch von Wahrheit spreche, so wende ich auf diesen Begriff die bekannten Kriterien aus der Rechtsprechung an, daß man nämlich, um nicht zu lügen, »die ganze Wahrheit (ohne Lüge durch Weglassen) und nichts als die Wahrheit (ohne Lüge durch Hinzufügung)« sagen muß.

Gemäß dieser Definition ist Lügen ein vorsätzlicher Akt. Jemand kann also nicht lügen, ohne sich dessen bewußt zu sein. Wahrheit ist, was der Sprecher dafür hält. In diesem Sinne haben Lügen und die Wahrheit sagen mehr mit subjektiver Wahrheit zu tun als mit einem abstrakten und unerreichbaren Konzept von Wahrheit als solcher.

Augustinus, der bedeutendste Verfechter absoluter Wahrhaftigkeit, glaubte, daß »Gott jegliches Lügen verbietet«. Der Gedanke, daß man niemals lügen dürfe, wurde bei Immanuel Kant auf die Spitze getrieben *(Kritik der praktischen Vernunft)*. Er ging so weit zu behaupteten, daß es ein Verbrechen wider die Moral sei, wenn man einen Mörder über den Aufenthaltsort eines potentiellen Opfers belügt. Benjamin Constant hielt dem entgegen, »daß niemand Anrecht auf eine Wahrheit hat, die anderen Schaden zufügt«. Wenn ich in diesem Buch Aufrichtigkeit als eine Voraussetzung für emotionale Kompetenz darstelle, so räume ich gleichzeitig ein, daß die Sicherheit eines Menschen Vorrang vor der Forderung nach Aufrichtigkeit hat. Also muß jemand, der absolute Wahrhaftigkeit anstrebt, sich darüber im klaren sein, daß die Wahrheit in manchen Fällen Schaden stiften kann. Er wird das von Fall zu Fall abwägen müssen. Das wiederum scheint Tür und Tor zu öffnen für Lügen im Dienste der Sicherheit eines anderen. Doch gibt es im Alltag nur wenige Situationen, die solche Lügen rechtfertigen, und beständige Unaufrichtigkeit wird dadurch schon gar nicht legitimiert. Solche Schwindeleien haben nichts mit dem Schutz anderer zu tun, sie dienen vielmehr zu deren Manipulation im Dienste der eigenen Interessen, oder sie sind ein falscher Versuch, dem anderen »unnötigen« Schmerz zu ersparen.

Laut Bella de Paulo gehören »Alltagslügen zum Geflecht unseres sozialen Lebens«. In ihrer Studie über das Lügen (*Lying in Everyday Life*, 1996) fand sie heraus, daß die Leute in einem Fünftel ihrer mitmenschlichen Kontakte lügen und daß siebzig Prozent derer, die gelogen haben, dies auch wieder tun würden. Sechzig Prozent der Lügen sind glatter Betrug, ein Zehntel waren Übertreibungen, der Rest waren kleine Schwindeleien, meist durch Vorenthalten von Informationen. Allerdings hat sie nicht untersucht, wie viele dieser Lügen dem Schutz vor eigenem oder fremden Schaden dienten.

Sissela Bok hat in ihrem Buch *Lügen* (1978) alle Arten von Lügen und Geheimnissen klassifiziert und beschrieben, welchen Schaden chronisches Lügen anrichten kann. Dennoch geht sie nicht so weit, uns gänzlich vom Lügen abzuraten. Wahrscheinlich liegt das an ihrer Befürchtung, daß radikale Wahrheitsliebe auch zu sadistischem Mißbrauch führen kann.

In seinem Buch *Radikale Aufrichtigkeit* (1996) stellt Brad Blanton zunächst fest: »Wir alle lügen unentwegt, und es macht uns fertig. Lügen ist die Hauptursache von menschlichem Streß. Lügen bringt die Leute um.« Doch auch er empfiehlt uns nicht, gänzlich aufs Lügen zu verzichten. Trotz des Titels fordert er keine radikale Aufrichtigkeit, denn unser chronisches Lügen schließt auch den Selbstbetrug mit ein, etwas, was man schwer definieren und noch viel weniger abstellen kann. Ich gehe dem Problem des Selbstbetrugs aus dem Weg, indem ich die Lüge als bewußten Akt definiere. Demnach ist es unmöglich, sich selbst anzulügen.

Von der Wahrheit

Wenn ich über Wahrheit und Wahrheitsliebe schreibe, dann lasse ich mich auf eine philosophische Debatte sein, die größere und bei weitem sorgfältiger arbeitende Geister als den meinen gefesselt hat.

Die Vorsokratiker des 6. und 5. vorchristlichen Jahrhunderts waren die ersten, die entdeckten, daß Wahrheit dem Geist entspringen und nicht von der Religion bestimmt werden sollte. Sokrates und Platon setzten diese Vorstöße ins Reich der Ethik, Ästhetik, Politik und Psychologie fort. Während Platon sich um logische Spekulation und weniger um deren empirische Grundlagen bemühte, lenkte sein Schüler Aristoteles das Augenmerk zurück auf die Empirie. Die griechischen Sophisten, Platons Zeitgenossen und intellektuelle Widersacher, haben dann als erste darauf hingewiesen, daß Gefühl und Vorurteil bei der Wahrheitsfindung eine ebenso wichtige Rolle spielen wie der Verstand. Platon forderte die absolute Wahrheit, die in einem dialogischen Prozess gefunden werden könne; die Sophisten glaubten, daß die Wahrheit in Meinungen, in »doxa« zu suchen und ganz und gar relativ sei. Daher Protagoras' berühmter Ausspruch »Der Mensch ist das Maß aller Dinge«.

Im Mittelalter kehrte die Dominanz der religiösen Wahrheit zurück, doch während der Epoche der Aufklärung wurde die Debatte neu entfacht. Die Rationalisten hielten sich an Platon und sahen den Verstand als besten Wegweiser zur Wahrheit;

Empiristen jedoch verließen sich lieber auf sichtbare Fakten. Die Romantiker beriefen sich unvorsichtigerweise, wie schon die Sophisten vor ihnen, auf die Bedeutung des Gefühls und des Irrationalen. Mit dem Unterschied, daß die Sophisten vielfach unaufrichtige Taktiker waren, während die Romantiker sich als ernsthafte Wahrheitssucher gegen die Exzesse von Rationalismus und Industrialisierung wandten.

Nietzsche, der von seinem frühen Vorbild Schopenhauer die romantische Tradition übernommen hat, argumentierte gleichwohl, daß Sprache (ja sogar das Denken) schon als solche trügerisch seien und daß keine Gesellschaft ohne Übereinkunft auf der Basis von Unwahrheiten existieren könne: »... Wahrhaft zu sein, das heißt, die usuellen Metaphern zu brauchen, also moralisch ausgedrückt: von der Verpflichtung, nach einer festen Konvention zu lügen, herdenweise in einem für alle verbindlichen Stile zu lügen.« (*Über Wahrheit und Lüge im außermoralischen Sinne*, 1873).

Er gelangte zu dieser radikalen Position, indem er einerseits die Platonische Idee der Wahrheit als einzig gültige erkannte und dann aber nachwies, daß sie unerreichbar war.

Heutzutage spotten Nietzsches strukturalistische und poststrukturalistische Erben, wie Derrida und Foucault, über die Annahme, daß dem Konzept der Wahrheit irgendeine Bedeutung zukomme und daß man überhaupt zu ihr gelangen zu können meint.

Meiner Ansicht nach gibt es nichts, was man als »die Wahrheit« bezeichnen könnte. Wahrheit wandelt sich mit den Zeitläuften, und es existieren immer mehrere, manchmal scheinbar widersprüchliche Wahrheiten nebeneinander. Die unendlich komplexen Fakten der Natur lassen sich einfach nicht mit einem einzigen Repertoire an Wörtern fassen. Ich glaube aber, daß manche Äußerungen mehr Wahrheitsgehalt haben als andere. Dieses Buch erhebt nicht den Anspruch, im Besitz der allein seligmachenden moralischen Wahrheit zu sein. Statt dessen macht es ein Angebot, wie man in unserer Kultur glücklicher und erfüllter leben kann. Um in den Genuß der Vorteile einer praktizierten emotionalen Kompetenz zu kommen, muß man sich ernsthaft um »Wahrheitsliebe« bemühen und versuchen, immer aufrichtig zu sein. Wahrheitsliebe bedeutet in den Worten von George Sand: »Wir müssen die Wahrheit auch dann akzeptieren, wenn wir dazu von unserem Standpunkt abrücken müssen. Aufrichtig sein, bedeutet, immer die Wahrheit zu sagen, so wie wir sie verstehen. Besonders wachsam müssen wir in Liebesdingen und freundschaftlichen Beziehungen sein. Dort scheinen Lügen oft nötig, um Schmerzen abzuwenden, doch richten sie häufig größeren Schaden an als den, den sie hätten vermeiden sollen.«

Gewalt und die dunkle Seite

Die meisten Menschen haben tief im Inneren das aufrichtige Bedürfnis nach mitmenschlicher Nähe, nach Offenheit, Liebe und Respekt für die Gefühle des anderen. Eine der Grundannahmen der Transaktionsanalyse ist, daß jeder »okay« ist, wenn er auf die Welt kommt (*Spiele der Erwachsenen*, 1964). Diese Idee hat Eric Berne wahrscheinlich von dem Philosophen Jean-Jacques Rousseau, der davon überzeugt war, daß der Mensch gut geboren wird und nur die gesellschaftlichen Mißstände ihn böse machen. Herbert Marcuse und zunächst auch Sigmund Freud haben dieses eingeborene Gute im Menschen den »angeborenen sozialen Instinkt«, Eros, genannt; die dazugehörige Energie heißt »Libido«. Freud glaubte ursprünglich, daß die Fähigkeit der Menschen zu harmonischem und liebevollem Zusammenleben diesem »Eros-Prinzip« entspringt, wohingegen Gewalt und Ausbeutung ihren Ursprung im »Ego-Prinzip« haben, einem Aspekt der menschlichen Natur, der auf Selbsterhaltung ausgerichtet ist und sich soviel Macht (sprich Sicherheit) wie möglich zu verschaffen sucht, auch wenn dies auf Kosten anderer geschieht.

Andere, wie etwa Francis Fukuyama (*Das Ende der Geschich-*

te. Wo stehen wir?, 1992), haben darauf hingewiesen, daß diese Rousseausche Überzeugung eine naive, liberale Annahme sei. Freud selbst hat später, nachdem er die Greuel des Ersten Weltkrieges miterlebt hatte, neben dem einen destruktiven Ego-Prinzip noch einen weiteren angeborenen antisozialen Instinkt angenommen, den er Thanatos oder Todestrieb nannte.

Neben der positiven, hilfsbereiten Seite des Menschen existiert also auch eine dunkle Seite, der wir uns stellen müssen. Über die simplen Lektionen dieses Buches hinaus wird uns das Leben mit harten Situationen konfrontieren, doch als Gefühlskämpfer sollten wir darauf vorbereitet sein, daß unsere Bemühungen bisweilen auf massiven, sogar bösartigen Widerstand stoßen.

Wer an seiner emotionalen Kompetenz arbeitet, geht davon aus, daß der Mensch eine Neigung zum Guten, zur Kooperation und zur Liebe hat, das heißt, er hat die Tendenz zu ethischer Stärke. Ohne diese Stärke würde er auf verlorenem Posten kämpfen. Wir alle haben aber auch negative Kräfte in uns, die uns vermutlich angeboren sind. Dazu gehören Aggression, Gier und unverantwortliche Manifestationen von Sexualität. Sie haben ihren Ursprung in primitiven, nicht unterdrückbaren, aber gleichzeitig vitalen und wertvollen Überlebensinstinkten.

Jean-Jacques Rousseau und andere Moralisten aus der Epoche der Aufklärung definierten das Böse als Fehlverhalten. In den Begriffen dieses Buches ist dieses Fehlverhalten gleichbedeutend mit emotionaler Inkompetenz oder einem Mangel an Kenntnis des eigenen Selbst, denn wir bemerken nicht, daß unsere bösen Taten uns über kurz oder lang selbst Schaden zufügen, indem sie uns isolieren. Das Böse resultiert wohl nicht nur aus Fehlverhalten, sondern ist auch Ausdruck eines tiefen, unkontrollierten Überlebenstriebes.

Um als Gefühlskämpfer wirksam sein zu können, müssen wir uns die eigenen Aggressionen, Eigensucht und Gier und den angeborenen Impuls, mit allen Mitteln zu überleben, zunächst einmal eingestehen. Ebenso müssen wir diese Impulse auch in anderen wahrnehmen und billigen. Als Gefühlskämpfer wissen wir, daß jeder von uns eigensüchtige und aggressive Triebkräfte hat. Oberstes Gebot emotionaler Weisheit muß daher sein, mit diesen Instinkten in ethisch vertretbarer Weise umzugehen. Fjodor Dostojewskij erkannte die unvermeidliche Selbstsucht der menschlichen Natur an, indem er schrieb: »Es ist unmöglich, das christliche Gebot zu erfüllen, wonach man seinen Nächsten lieben solle wie sich selbst. Der Mensch ist auf Erden dem Gesetz seiner Person unterworfen. Sein Ego hält ihn davon ab. Nur Christus hat das fertiggebracht, aber Christus ist ein immerwährendes ewiges Ideal, nach dem die Menschen streben ...« (Tagebuchaufzeichnung vom 16. April 1864).

Aber nicht nur die menschliche Natur hat ihre dunklen Seiten, auch die Conditio humana. Die Sterblichkeit ist der erste und elementarste Aspekt dieser Schattenseite; alle Tragik fällt in ihren Zuständigkeitsbereich. Jeder Menschen lebt tagtäglich unter der Bedrohung durch Verluste, Tragödien, Katastrophen und andere »Taten Gottes«.

Wir modernen Menschen versuchen, uns vor solchen Tragödien mit Hilfe des technischen Fortschritts zu schützen. Dennoch haben wir damit möglicherweise den Weg zu einer großen, kollektiven Tragödie gebahnt – zu einer weltweiten Katastrophe –, denn eben jener technische Fortschritt kann, wenn er nicht in die Schranken gewiesen wird, die Biosphäre zerstören.

Tragödien sind eine wichtige Erfahrung auf dem Weg zu emotionaler Kompetenz – besonders für den Gefühlskämpfer –, denn sie entfesseln die dunklen Seiten unserer Natur, Aggression und Selbstsucht. Wer eine Tragödie durchlebt hat, fühlt sich häufig nicht mehr in der Lage, sich um andere Sorgen zu machen. Man verfällt in nihilistische Gleichgültigkeit und sagt: »Nach allem, was ich durchgemacht habe, steht es mir jetzt zu, glücklich zu sein, egal auf wessen Kosten« oder »Ich habe leiden müssen, warum nicht andere auch«. Als Gefühlskämpfer müssen wir Verständnis für die Versuchung aufbringen, uns nach einer tragischen Erfahrung der dunklen Seite unseres Wesens hinzugeben, doch selbst müssen wir dieser Versuchung widerstehen.

Ein Gefühlskämpfer weiß nicht nur um die Schattenseiten der menschlichen Natur (angeborene Gier und Aggression), sondern auch um die Schattenseiten menschlicher Lebensumstände (tragische Ereignisse), und er versucht, seine ethischen Kräfte zu mobilisieren, falls einer oder beide Aspekte dieser dunklen Seite ein Leben zu verwüsten drohen.

Gewalt und Mißhandlung

Es existiert ein unbestreitbarer Zusammenhang zwischen Kindesmißhandlung und gewalttätigem Erwachsenenverhalten; die Verbindung zwischen beidem ist die emotionale Abstumpfung.

Das gilt nicht immer. Auch gewisse neurologische Determinanten, die in Verbindung mit Gehirnverletzungen auftreten, können gewalttätiges Verhalten hervorrufen. Das heißt, Kinder, die – sei es durch einen Unfall oder durch Mißhandlung – Kopfverletzungen davontragen, weisen häufig eine herabgesetzte Hemmschwelle auf, die zu unkontrolliertem, gewaltsamem Verhalten führen kann oder mit ihm in Verbindung zu bringen ist. Auf der anderen Seite wachsen mißhandelte Kinder fast immer zu gewalttätigen Erwachsenen heran. Die Relation zwischen Mißhandlung und Gewalttätigkeit ist dabei deutlich stärker als die zwischen Hirnverletzungen und gewalttätigem Verhalten. Das unterstreicht nur die Notwendigkeit, gegen häusliche Gewalt vorzugehen.

Eine besonders gefährliche Kombination im Hinblick auf spätere Gewalttätigkeit ist die Verbindung von Mißhandlung und Gehirnverletzung.

Nimmt man die Dauer der Haftstrafe als ungefähres Maß für gewalttätiges Verhalten, dann zeigt ein Untersuchungsergebnis an 95 männlichen Jugendlichen ein erschreckendes Ergebnis (Malcolm Gladwell, *Damaged*, in: The New Yorker, 24. Februar 1997):

Keine neurologische Determinante, keine Mißhandlung
keine Haft
Neurologische Determinante, keine Mißhandlung
360 Tage Haft
Keine neurologische Determinante, aber Mißhandlung
562 Tage Haft
Neurologische Determinante plus Mißhandlung
1214 Tage Haft

Menschen mit Hirnverletzungen ziehen sich diese meist in der Kindheit im Zusammenhang mit Vernachlässigung oder Mißhandlungen zu. Kindesmißhandlung, vor allem dann, wenn die Kinder auf den Kopf geschlagen werden, ist ein entscheidender Faktor im Hinblick auf spätere Gewalttätigkeit. Die traumatische Erfahrung von Vernachlässigung und Mißhandlung stumpfen das Kind darüber hinaus emotional ab, so daß das Opfer es später fertigbringt, das eigene Kind zu mißhandeln oder zu vernachlässigen. Hier sind Interventionen und emotionales Training dringend vonnöten.

Der Kritische Elternteil

Manche werden das Konzept vom Kritischen Elternteil in Frage stellen. Sie sagen, es komme ihnen zu sehr wie ein Homunkulus vor, wie ein kleines Menschlein in unseren Köpfen. Doch es soll damit lediglich veranschaulicht werden, daß hier gegen rekurrente vorurteilsbehaftete, mißgünstige Gedanken, die mit der Realität nichts zu tun haben, vorgegangen werden soll. Diese Gedanken sind Überbleibsel aus unserer Kindheit, die uns ablenken, lustlos werden lassen und demoralisieren. Manche Menschen können sie geradezu als beleidigende und schmähende »Stimmen in ihrem Kopf« hören. Das macht es leichter, etwas gegen sie zu unternehmen; man kann mit ihnen in Dialog treten, Widerspruch einlegen und sie verjagen, wohingegen es sehr viel schwieriger ist, einem Bild oder dem vagen Gefühl der Unzulänglichkeit seinen Widerstand entgegenzusetzen.

Andere ziehen das Konzept der Ich-Zustände in Zweifel. Gibt es wirklich drei und nur drei voneinender unterscheidbare Zustände des Ich, die sich abwechselnd einstellen und in markant verschiedener Weise agieren?

Auch hier liegt der Wert dieses Konzeptes darin, inwiefern es seinem Zweck dient: Es soll uns verdeutlichen, wie menschliches Sozialverhalten abläuft. Die drei Zustände können das soziale Wesen in seinen Transaktionen abbilden. Wenn also ein Transaktionsanalytiker zwei Menschen in ihren drei Ich-Zuständen an die Tafel malt, dann repräsentiert diese Zeichnung genausowenig den realen Menschen wie ein Stadtplan eine Stadt repräsentiert. Dennoch ist sie genauso nützlich wie ein Stadtplan, um den Weg durch unser soziales Umfeld zu finden, und das macht sie zu wertvollen Hilfsmitteln.

Literatur

Berne, Eric, *Transactional Analysis in Psychotherapy*, New York 1961
–, *Games People Play*, New York 1964, dt. *Spiele der Erwachsenen*, 1996
–, *Beyond Games and Scripts*, Claude Steiner, hg., New York 1976
Blake, D.D. »Treatment Outcome Research on Post Traumatic Stress Disorder«, in: *CP Clinician Newsletter*, Nr. 3, S. 14–17
Brom, D., Kleber, R. J., und Defares, P. B., »Brief Psychotherapy for Post Traumatic Stress Disorder«, in: *Journal of Consulting and Clinical Psychology*, 57(5), S. 607–612
Eisler, Riane, *The Chalice and the Blade*, New York
Fenestra, M., u. a., *The Ultimate IQ book*, New York 1993
Geller, M., und Ford, Sonna, *Violent Homes, Violent Children*, New Jersey Department of Corrections, 1984
Gilligan, James, *Violence: Our Deadly Epidemic and its Causes*, New York 1996
Gladwell, Malcolm, »Damaged. Do new studies of the brain explain why some people turn into violent criminals?«, in: *The New Yorker*, 24. Februar 1997
Goleman, Daniel, *Emotional Intelligence*, New York 1996, dt. *Emotionale Intelligenz*, München 1996
Goleman, Daniel, *Vital Lies Simple Truths. The Psychology of Self Deception*, New York 1985
Gottman, John, *The Heart of Parenting: Raising an Emotionally Intelligent Child*, mit einem Vorwort von Daniel Goleman, New York 1997, dt. *Kinder brauchen emotionale Intelligenz*, München 1997
Gray, John, *Men are from Mars: Women are from Venus. A Practical Guide for Improving Communication and Getting What you Want in Your Relationships*, New York 1992
Judith, Anodea, *The Truth about Chacras*, New York 1990
Karpman, Stephen, »Fairy Tales and Script Drama Analysis«, in: *Transactional Analysis Bulletin*, Bd. 7, Nr. 26
van der Kohl, Bassel, A., Alexander C. McFarlane, und Lars Weesaeth, hg., *Traumatic Stress*, New York 1996
Laing, Ronald D., *The Politics of the Family*, New York 1971
Milgram, Stanley, *Obedience to Authority*, New York 1974

Plutchík, Robert, *The Emotions. Facts, Theories and a New Model*, New York 1962

Salovey, Peter, und Mayer, John, D., »Emotional Intelligence«, in: *Imagination, Cognition and Personality*, 1989–90, Bd. 9, Nr. 3, 185

Steiner, Claude, *When a Man Loves a Woman; Sexual and Emotional Literacy for Men*. New York 1978

–, *Healing Alcoholism*, New York 1979

–, *Scripts People Live*, New York 1974, dt. *Wie man Lebenspläne verändert*, München 1992

–, *The Other Side of Power*, New York 1981

Stewart, Ian und Joines, *Transactional Analysis Today*, Lifespace UK, 1989

Tagney, J. P., und Kurt W. Fisher, hg., *Self-conscious Emotions: The Psychology of Shame, Guilt and Pride*, New York 1995

Toch, Hans, und Kenneth Adams, *The Violent Offender*, American Psychological Association, 1987

Dank

Dieses Buch bildet den Höhepunkt von zwanzig Jahren Arbeit. Buchstäblich Hunderte von Menschen waren in geringerem oder stärkerem Maße daran beteiligt.

Dank schulde ich zuallererst Eric Berne dafür, daß er mich als Schüler angenommen und mich den größten Teil dessen gelehrt hat, was ich als Psychotherapeut weiß.

Dieses Buch war, mehr als jedes andere, das ich zuvor geschrieben habe, das Ergebnis engster Teamzusammenarbeit. Ich danke Jude Hall, meiner Redaktionsassistentin, die – neben der Bearbeitung dieser Seiten über viele Versionen und Revisionen hin – Beispiele, Ausarbeitungen und Ideen beigesteuert, meine Sprache bereichert und als mein intellektuelles und philosophisches Gewissen fungiert hat, während diese Arbeit Gestalt annahm.

Dank schulde ich Nat Sobel, meinem Agenten dafür, daß er den Prozeß der Niederschrift von Anfang bis zum Ende begleitet hat. Seine Anregungen und sein Einfluß durchdringen dieses Buch.

Ich danke Paul Perry, der, um sich auf die Mitarbeit an diesem Buch vorzubereiten, alles gelesen hat, was ich geschrieben habe, der sich im mein Leben vertieft, dann einen ersten Entwurf geschrieben und damit die Basis für die vielen Veränderungen geliefert hat, die mittlerweile vorgenommen wurden. Sein Gespür dafür, die essentiellen Elemente aus meiner Arbeit herauszuholen, gab diesem Buch seine jetzige, hoffentlich leicht zugängliche Form und Struktur.

Ganz besonders danken möchte ich Fred Jordan, der vor vielen Jahren mein Lektor bei Grove Press war und nun leitend bei der Fromm International Publishing Corporation tätig ist, der, nur einen einfachen Telefonanruf entfernt, stets bereit war, seinen unschätzbaren Rat hinsichtlich Planung, Verhandlung und Niederschrift des Buches zu geben. Ich schätze mich glücklich, einen so weisen und freundlichen Fachmann für mein Team zu besitzen. Ich danke auch Ron Levaco und Charles Rappleye, die in gleicher Weise kluge Ratschläge bei einigen strategischen Kreuzungen auf der Reise dieses Buchs gaben.

Ich danke Deirdre English und Gail Rebuck, die mein Schreiben viele Jahre lang unterstützten, bevor dieses Buch einen Agenten und einen Verleger fand. Ich danke Beth Roy, Mimi Steiner, Bruce Carrol, Ron Levaco und Saul Schultheis-Gerry für erschöpfende Lektüre des endgültigen Manuskripts und ihre zahlreichen Anmerkungen dazu sowie Ramona Ansolabehere, Charles Rappleye und Michael Hanigan für nützliche kritische Kommentare zum Text. Die Lektüre von Adrians Rainer war dank eines in vielen Stunden der früheren Mitarbeit erworbenen Sachverstandes besonders nützlich.

Schließlich zum Team: AnnMcKay Thoroman, meine Lektorin bei Avon, mochte das Buch auf Anhieb und hielt mit unermüdlichem Interesse und harter Arbeit daran fest. Sie las das Manuskript mehrere Male sorgfältig, stand stets zur Verfügung, wenn es notwendig war, und hielt häufig mit großer Freundlichkeit meine Hand, wenn die Arbeit gelegentlich ins Stocken geriet.

Dank schulde ich all denjenigen, die über die Jahre hin an meinen Seminaren, Workshops, Gruppen- und Einzeltherapiesitzungen teilnahmen, und all meinen Freunden und Verwandten, die ihre Lebenserfahrung mit mir teilten und die Informationen bereitstellten, auf denen die Behauptungen basieren, die ich in diesem Buch aufstelle. Dies gilt besonders für meine engere Familie, dann für meine Kinder Noemi, Eric und Denali, meinen Bruder Miguel, meine Schwester Katy und schließlich Jude Hall, meine Redaktionsassistentin, die über Monate zur Stelle war, wenn es darum ging, gemeinsam nachzudenken und Schwierigkeiten zu überwinden, so daß ich weitermachen konnte.

Insbesondere möchte ich den vielen Gefühlskämpfern rund

um den Globus danken, unter ihnen Marc Devos, Becky Jenkins, Ron Hurst, Denton Roberts, Beth Roy, Hartmut Oberdieck, Noemi Steiner und Elisabeth Cleary.

Für die Zeit der sechziger Jahre, als diese Ideen entstanden, schulde ich Nancy Graham Dank dafür, daß sie als erste den Ausdruck »emotionale Kompetenz« benutzt hat, den ich sofort aufgegriffen und seither stets verwendet habe. Ich danke Hogie Wyckoff dafür, daß sie die Konzepte des »Elternschweins« (nun nennen wir es »Kritischer Elternteil«) und die Stroke-Ökonomie formen half. Hogie war auch die erste, die darauf bestand, daß Aufrichtigkeit eine essentielle Komponente einer kooperativen Lebensführung ist. Bob Schwebel gebührt Dank dafür, daß er Kooperation in mein Denken eingeführt hat, und Marshall Rosenberg war der erste, der auf die Bedeutung der Zusammenfügung von Handlungen und Gefühlen hinwies.

Dank schulde ich allen Mitgliedern des RAP Center in Berkeley, die mit ihrem Leben und ihren Ideen zu den Theorien beigetragen haben, die in diesem Buch präsentiert werden, insbesondere Becky Jenkins, Carmen Kerr, Hogie Wyckoff, Robert Schwebel, Joy Marcus, Rick de Golia, Sarah Winter, sowie jenen, die sich später der Gruppe »Radical Psychiatry« anschlossen: Sandy Spiker, Darca Nicholson, Melissa Farley, Mark Weston, Marion Oliker, Jann Costello, Beth Roy, Randy Dunigan und Barbara Moulton.

Schließlich danke ich David Geiseinger für die Klarstellung, daß eine Beziehung so gut ist wie der Dialog darüber, Chris Moore dafür, daß er mich über die neuesten philosophischen Argumente über das Wesen der Wahrheit informiert hat und Marc Devos für seinen Vorschlag, daß die Einübung in emotionale Kompetenz in drei Phasen eingeteilt werden kann: Öffnung des Herzens, Sammeln von Information und Übernahme von Verantwortung.

Hinweise

Workshops und Trainingsseminare zur emotionalen Kompetenz finden an verschiedenen Orten in Europa und den Vereinigten Staaten statt. Literaturhinweise, Informationsmaterial und Adressenlisten dazu können angefordert werden bei: 2901 Piedmont Ave, Berkeley, CA 94705, Fax (510) 848-9789, e-mail: emlit@igc.apc.org.

Das *Transactional Analysis Journal*, der Informationsbrief *The Script*, Grundlagenliteratur zur Transaktionsanalyse, Mitgliederverzeichnis, die angeschlossenen Organisationen sowie Informationen über die jährlichen Konferenzen zur Transaktionsanalyse können angefordert werden bei: International Transactional Analysis Association (ITAA), 450 Pacific Ave, Suite 250, San Francisco, CA 94133-4640, Tel. (510) 989-5640, Fax (510) 989-9343, e-mail: 76734.2074@compuserve.com.